Keith R. Anderson & Randy D. Reese
GEISTLICHES MENTORING

Keith R. Anderson & Randy D. Reese

Geistliches Mentoring

Geistliche Patenschaften entwickeln,
die persönliches Wachstum fördern

Titel der Originalausgabe:
Spiritual Mentoring

© 1999 by Keith R. Anderson und Randy D. Reese
Published by InterVarsity Press,
P.O. Box 1400, Downers Grove, IL 60515, USA

© 2000 der deutschen Ausgabe
by Gerth Medien GmbH, Asslar
1. Auflage 2000

ISBN 3-89490-319-8
Auf der Grundlage der neuen Rechtschreibregeln.
Übersetzung: Christian Rendel
Umschlaggestaltung: Hanni Plato
Lektorat und Satz: e&f-Studio
Druck und Verarbeitung: Schönbach Druck, Erzhausen
Nachdruck, auch auszugsweise, nur mit Genehmigung des Verlages.

Meiner Mutter,
meiner ersten und besten Mentorin,
voll Dankbarkeit gewidmet
Keith

Für Susan, meine Reisegefährtin,
die für mich der lebende Beweis dafür ist,
dass Gott seine Gnade über mir ausgeschüttet hat
Randy

Inhalt

Vorwort von James M. Houston 9

Einleitung 11

Erstes Kapitel
Glaube ist Nachahmung 15

Zweites Kapitel
Was ist geistliches Mentoring? 37

Drittes Kapitel
Die Kunst des guten Anfangs 71

Viertes Kapitel
Vertrauen und Nähe aufbauen 89

Fünftes Kapitel
Offen und belehrbar 119

Sechstes Kapitel
Die Gnade der Rechenschaft 149

Siebtes Kapitel
Das Ziel – die Befähigung 181

Anhang 1: Clintons Mentoring-Typen 203

Anhang 2: Moderne Definitionen für geistliches Mentoring .. 207

Anhang 3: Eine Auswahl klassischer christlicher Autoren 211

Anhang 4: Eine persönliche Zeittafel aufstellen 215

Anhang 5: Empfehlenswerte Bücher über geistliches Mentoring 219

Anmerkungen 221

Vorwort

Wir leben in einer Zeit, in der sich nur selten jemand »Wissen um des Wissens willen« aneignen möchte. Auch in der Theologie sucht man verstärkt nach einem Wissen um Gottes willen, das uns hilft, Gott näher zu kommen. Dieses Buch, verfasst von zwei erfahrenen geistlichen Lehrern, entfaltet das Wesen und die Praxis des geistlichen Mentorings auf einer soliden theologischen Grundlage. Denn Jesus Christus ist der Mentor par excellence. Sein Leben und seine Worte sind eins – und ihre verwandelnde Wirkung ist gewaltig!

Mit Sicherheit ist die Beobachtung richtig, dass das Neue Testament in seinen grundlegenden Lehren nicht Wissensvermittlung betreiben will, sondern den Menschen zu einer »Herzensbeziehung« mit Gott herausfordern möchte. Was wir also brauchen, ist ein offenes Herz vor Gott. Nur ein solches Herz vermag uns für ein unstillbares Verlangen zu öffnen, das in Gott allein seine Erfüllung findet. Augustinus beschreibt diese Sehnsucht in unnachahmlicher Weise in seinen »Bekenntnissen«. Haben wir erst dieses offene Herz, werden wir auch Teil der »Gemeinschaft der Heiligen«, jener alle historischen Traditionen überspannenden Schar derer, die »Freunde Gottes« waren und sind.

Jedem, der dieses Buch liest, wird sehr schnell klar, wovon seine Autoren zutiefst überzeugt sind. Christ zu werden ist nicht in erster Linie Sache irgendeiner religiösen Ausbildung, sondern ein höchst personales Geschehen, das letztlich seinen Ursprung darin hat, dass wir alle völlig unverdient in die liebevolle Beziehung des dreieinigen Gottes eingeladen sind. Diese Art von »Ausbildung« kann nur an Menschen delegiert werden, die selber von ganzem Herzen Jesus nachfolgen. Bücher können dabei helfen – sonst wäre dieses hier nicht geschrieben worden! Doch es gehört mitten in diese Beziehung hinein, will persönlich besprochen und nicht nur im stillen Kämmerlein gelesen werden.

Geistliche Mentoren bewirken dann am meisten, wenn das geistliche Leben seinen Mittelpunkt in geistlichen Freundschaften hat. Lesen Sie also dieses vorzügliche Buch, um ein weiserer Mentor für andere zu werden, und lesen Sie es, um zu erfahren, welche Art von Persönlichkeit Ihnen am meisten helfen kann, eine tiefere, freundschaftliche Beziehung zu Gott zu erlangen.

Gerade weil die praktische Anwendung dieses Buches so einfach ist, wird sie von beiden Autoren besonders eindrücklich vermittelt. Um im Lichte der Liebe Gottes, seinem Vater- und Brudersein zu leben, müssen wir im grundlegenden Vertrauen zu Gott wachsen – ein zentraler Punkt der biblischen Botschaft – und ebenso im Geist des Gehorsams, in der Aufgeschlossenheit gegenüber allem, was Gott schenken möchte, aber auch in der Art, wie wir mit der Verantwortung umgehen, die Gott uns anvertraut hat. Kurz, wir müssen in allem wachsen, was uns mehr in seine Nähe bringt und was wir unter der biblischen »Gerechtigkeit« verstehen. Dann wird uns das zuteil, was der puritanische Gottesmann Robert Bolton einen »behaglichen Wandel mit Gott« nannte.

Dieses Buch lädt Sie, lieber Leser, als einen durch Gottes Gnade bedingungslos angenommenen Menschen ein, in eine tiefe, beglückende Nähe zu ihm zu kommen. So werden Sie eine frische, lebendige Gemeinschaft im geistlichen Mentoring erleben. Wenn Sie selbst bedauern, keinen geistlichen Mentor in Ihrem Leben zu haben, dann setzen Sie alles daran, selbst einer zu werden! Dieses Buch wird Ihnen helfen, das zu sein, was Sie sich gewünscht haben. Es wird Ihnen helfen, Gott näher zu kommen und Christus ähnlicher zu sein.

James M. Houston

Einleitung

Dieses Buch entstand aus Gesprächen zwischen uns beiden, in denen wir uns über unser Leben als geistliche Mentoren austauschten – Randy am *North American Baptist Seminary* in Sioux Falls, South Dakota, und Keith am *Bethel College* in St. Paul, Minnesota. In unseren verschiedenen Aufgaben entdeckten wir eine Übereinstimmung im Denken und Vorgehen, die uns zurück zu den Schriften einiger der großen Lehrer und Schriftsteller der Kirchengeschichte verwies.

Am Anfang dieser Ausführungen stellen wir Ihnen die Gliederung des Buches vor, das Sie in den Händen halten. Das *Anderson-Reese-Modell* des geistlichen Mentorings fasst die Lehren zusammen, die wir durch unsere eigene Arbeit und Forschung und durch die anregenden Gedanken von J. Robert Clinton entdeckt haben, der sich als Professor an der *School of World Mission* des *Fuller Theological Seminary* in Pasadena, Kalifornien, vor allem mit der Thematik geistlicher Leiterschaft beschäftigt.

Der größte Wert dieses Buches wird jedoch darin liegen, unser Mentoring-Modell erst dann ganz kennen zu lernen, nachdem Sie sich für einige Zeit mit den Schriften und Lebensgeschichten der klassischen geistlichen Autoren befasst haben, die wir in diesem Buch zu Wort kommen lassen. Wir hoffen, dass wir damit manche dieser kostbaren Schriften einer größeren Leserschaft zugänglich machen können.

Danken möchten wir Dr. James Houston, ehemals Professor und Kanzler am *Regent College,* Vancouver, British Columbia, für seine freundliche Unterstützung und seine Bereitschaft, diesem Werk ein ermutigendes Vorwort voranzustellen.

Dr. Richard Sherry, akademischer Dekan am *Bethel College*, hat mehrere Entwürfe dieses Buches sorgfältig gelesen und redigiert. Alle verbliebenen grammatikalischen Irrtümer sind allein den Autoren zuzuschreiben.

Unsere Kollegen, Mentoren und Studenten haben durch ihr begeistertes Interesse, durch ihre kritischen Anregungen (bei so mancher Tasse Kaffee …) und durch ihre Großzügigkeit, die uns Zeit für die Recherchen und das Schreiben ließ, zur Verwirklichung dieses Buchprojektes beigetragen.

Das Anderson-Reese-Modell des geistlichen Mentorings

Definition des geistlichen Mentorings
Geistliches Mentoring ist eine trilaterale Beziehung zwischen Mentor, Mentorand und dem Heiligen Geist, in der der Mentorand durch das bereits vorhandene Wirken Gottes die Nähe zu Gott, seine tiefste Identität als Kind Gottes und seinen einzigartigen Ruf für den Dienst im Reich Gottes finden kann. (Siehe Kapitel 2.)

Merkmale des geistlichen Mentorings	• Ein Mittel, um die Nähe zu Gott, die tiefste Identität und den einzigartigen Ruf zu stärken. • Ein Weg, um das bereits vorhandene Wirken Gottes im Leben des Mentoranden zu erkennen. • Ein wirksames Modell für die persönliche Entwicklung in der Charakterbildung. • Ein wirksamer Weg, um in Entscheidungen Gottes Führung zu erkennen. • Eine historisch erprobte Stärkung für den eigenen Glaubensweg. • Ein wirksamer Schutz in Grenz- und Übergangszeiten des Dienstes.
Wer ist der Mentor?	• Einer, der einen gastfreundlichen Raum des Vertrauens und der Nähe schafft. • Einer, der fähig ist, das bereits vorhandene Wirken Gottes im Mentorand zu erkennen. • Einer, der das Potenzial anderer Menschen wahrnimmt. • Jemand mit geistlicher Erfahrung, dessen Leben von anderen als vorbildhaft bestätigt wird. • Einer, der nach einem Leben authentischer Heiligung, geistlicher Reife, biblischem Wissen und Weisheit strebt. • Einer, der mit kontemplativem Gebet, Zuhören und anderen geistlichen Übungen vertraut ist.
Wer ist der Mentorand?	• Einer, der Verlangen nach geistlichem Wachstum und geistlicher Reife hat. • Einer, der bereit ist, über seine innersten Lebensfragen mit verletzbarer Offenheit zu sprechen. • Einer, der aufgeschlossen und respektvoll auf die Wegweisungen des Mentors reagiert. • Einer, der gelehrig, fügsam, treu und gehorsam ist. • Einer, der Gott mit seinem Leben dienen möchte.

Faktoren im Prozess des geistlichen Mentorings

Anziehung Wir definieren Anziehung als die erste Annäherung in der Mentoring-Beziehung. Wir halten uns hier an Augustinus, der jedem Mentor rät: »Ziehe sie durch dein Leben an.« Entscheidende Komponenten dabei sind: Der Mentor bekennt sich zu seiner eigenen Geschichte; die Beziehung wird meist vom Mentorand initiiert – Herausforderung für den Mentor ist es, potenzielle Mentoranden zu erkennen; ein Bund wird geschlossen, um Motivation, Häufigkeit, Ort, Form, Rechenschaft, Vertraulichkeit, Auswertung und Abschluss festzulegen; auch gilt es, Beziehungen zu benennen, die möglichst zu meiden sind.

Beziehung Wir definieren Beziehung als den geborgenen, einladenden Raum des Vertrauens und der Nähe. Die Gespräche mit dem Mentoranden können eine viel größere Tiefe erreichen, wenn der Mentor für sie einen sicheren Raum schafft. Entscheidende Komponenten dabei sind: Gespür für und Respekt vor der Verwundbarkeit und den Grenzen des Mentoranden; die Mentoring-Beziehung wird in den fortschreitenden Stufen einer Freundschaft, nämlich Wahl, Erprobung, Aufnahme und Harmonie gesehen; die wesentlichen Funktionen des Hörens auf Gott, einer durch Gottes Geist veränderten Sichtweise und des Zuhörens mit ganzer Aufmerksamkeit werden erkannt.

Offenheit Wir definieren Offenheit als die Haltung eines aufgeschlossenen Geistes der Belehrbarkeit. Um zu wachsen, muss sich der Mentorand willig der Anleitung des Mentors unterordnen. Verschiedene Gebetsübungen wie die »Sieben Wohnstätten« nach Therese von Avila und die »Dunkle Nacht« des Johannes vom Kreuz werden angewandt, um einen aufgeschlossenen Geist zu fördern.

Rechenschaft Wir definieren Rechenschaft als Wachstum durch Übungen in der Gnade, die vom Mentor vorgegeben werden. Ignatius liefert das Vorbild mit geistlichen Übungen in den Kategorien Vorbereitung des Herzens, Tugenden des Herzens, Gewohnheiten des Herzens und Belohnungen des Herzens. Weitere Anregungen sind flexible Gastfreundschaft, Zielstrebigkeit und Disziplin sowie Unterscheidungsvermögen; Guyons Gebet durch die Heilige Schrift; die Disziplin der Fragen und die *lectio divina*.

Befähigung Wir definieren Befähigung als das Entdecken des eigenen, einzigartigen Rufs für den Dienst im Reich Gottes, der sich aus der Nähe zu Gott und der tiefsten Identität als Kind Gottes ableitet. Der Mentorand entdeckt seinen einzigartigen Ruf innerhalb der Heilsgeschichte. Die Grundlage dafür findet sich in der Heiligen Schrift und wird durch die Erfahrungen und Erkenntnisse geistlich führender Menschen der Kirchengeschichte bestätigt.

1. KAPITEL

Glaube ist Nachahmung

> *Wer mir nachfolgt, der wird nicht wandeln in der Finsternis, spricht der Herr. Dies sind die Worte Christi, durch die er uns ermahnt, dass wir sein Leben und Reden nachahmen müssen, wenn wir wahrhaft erleuchtet und von aller Blindheit des Herzens befreit werden wollen.«*[1]
>
> Thomas von Kempen

Der christliche Glaube ist ein nachahmender Glaube. Das war er schon immer. Von den ersten Worten an, die Jesus an die Männer und Frauen richtete, die seine »Schüler« im Glauben werden sollten, verstand sich das Christentum als ein Glaube, der von einem Menschen zum anderen weitergegeben wird. Das Leben Jesu Christi muss den Christen als das einzigartige Vorbild gelten, das der Nachahmung wert ist. »Also ist Jesus stets die anziehende Quelle und das herausfordernde Beispiel für die christliche Spiritualität.«[2]

»Folge mir nach« ist vielleicht die schlichteste Beschreibung christlicher Spiritualität, die es je gab, aber die Schlichtheit täuscht. Diese einfache Anweisung setzt eine komplexe Beziehung voraus, durch die man für die Herrschaft Gottes ausgebildet wird.

Die Welt, in der Jesus als Lehrer (Rabbi) wirkte, war mit der Beziehung zwischen Rabbi und Schüler vertraut. Ebenso gut ist belegt, dass Jesus ein »Jüngermacher« war. Und offensichtlich hatte Jesus für die Gemeinde eine ähnliche Strategie des geistlichen Mentorings im Sinn, was zumindest im so genannten »Missionsauftrag« deutlich gemacht wird, durch den alle Jünger Lehrer des Glaubens für die Völker werden sollen:

»Darum gehet hin und machet zu Jüngern alle Völker ... und lehret sie halten alles, was ich euch befohlen habe.« (Mt 28,19-20)
Diejenigen, die hingehen sollen, sind immer noch diejenigen, die nachfolgen: Das ist das Paradox der Nachfolge Jesu. Diejenigen, die lehren, sind selber Menschen, die Tag für Tag darauf angewiesen sind, gelehrt zu werden. Die Nachahmung Christi, von der Thomas von Kempen im fünfzehnten Jahrhundert so beeindruckend schrieb, ist eine Vision, die allen Jüngern gegeben ist. Wir bleiben immer Schüler; wir werden immer unterwiesen. Jeder, der die Worte Jesu hört, um ihnen zu folgen und dann seinerseits anderen zu helfen, auf Jesus zu hören, findet sich in einer langen Reihe von Jüngern. Sie begann einmal mit den zwölf Männern, die Jesus, der Rabbi und Zimmermann aus Nazareth, ganz persönlich auswählte.

Wir können den »Unterricht«, den Jesus ihnen erteilte, natürlich nicht mit den Vorlesungen und Seminaren heutiger Hochschulen und Universitäten vergleichen. Seine Art zu unterweisen setzte eine Beziehung und einen Stil voraus, der ganz andere Anforderungen an Rabbi und Schüler, Lehrer und Lernenden, Mentor und Mentoranden stellte als unser modernes Professor-Student-Verhältnis. Der Lehrstil Jesu ähnelte mehr der Arbeit eines Handwerksmeisters, der seinen Lehrling in seine Tätigkeit mithineinnimmt, er beinhaltete eine Pädagogik, bei der sich der Lehrende ganz in das Leben des Lernenden investierte. Seine Lehren wurden den Jüngern nicht in erster Linie als Gedankengebilde vorgetragen, sondern vielmehr von den Lernenden gelebt, erfahren, geschmeckt und ertastet. Jesus verbrachte seine Zeit nicht nur damit, sie zu unterrichten, zu schulen und zu informieren; sondern er verwendete viel Zeit darauf, seine Jünger zu einer Gemeinschaft zu formen.

Die Jünger hatten einen ganz eigenen Seminarraum. Es waren die staubigen, oft mühsamen Wege, auf denen sie mit Jesus unterwegs waren. Am See, die Hände voller zappelnder, riechender Fische, an den Feldrändern mit den frisch gerupften Weizenkörnern auf den offenen Handflächen – überall wurden ihnen die Augen für die andere Wirklichkeit des Reiches Gottes geöffnet. Selbst im lauten Gedränge der Stadt mit ihren Menschenmengen, Basaren, Gebäuden, Soldaten, Märkten – immer waren sie in der Schule, immer dabei, zu jener Gemeinschaft von Lernenden zu werden, die er seine Jünger nannte. »Folgt mir nach«, sagte er zu ihnen. Eine ganze Welt voll Bedeutung schwingt in den schlichten Worten dieses Rufes mit. Schon der Ausdruck »Ruf« weist deutlich auf die Strategie Jesu hin, einen inneren Kreis von Jüngern auszuwählen, zuzurüsten und aufzubauen. Ihnen würde er die großartige Vollmacht übertragen, die kommende Generation von Gläubigen zu lehren.

Der große christliche Apologet und Missionar Paulus von Tarsus verstand offenkundig die auf Nachahmung beruhende Natur dieser einzigartigen Lehrmethode, denn er schreibt in seinem ersten Brief an die Thessalonicher (1,6-7):

»Und ihr seid unserm Beispiel gefolgt und dem des Herrn und habt das Wort aufgenommen in großer Bedrängnis mit Freuden im heiligen Geist, so daß ihr ein Vorbild geworden seid für alle Gläubigen in Mazedonien und Achaja.«

Ein weiteres Beispiel für das Denken des Paulus findet sich in seinem zweiten Brief an Timotheus (2,2), wo wir die Aufforderung lesen:

»Und was du von mir gehört hast vor vielen Zeugen, das befiehl treuen Menschen an, die tüchtig sind, auch andere zu lehren.«

Später in der Apostelgeschichte wurde ein Mann namens Philippus zum Patron aller geistlichen Mentoren, als er einem Staatsbeamten begegnete; einem Mann, der durch seine Lektüre der Heiligen Schrift mehr verwirrt war als erbaut. Die Frage des Philippus ist die einfachste Frage, die ein Mentor stellen kann: »Verstehst du auch, was du liest?« Die Antwort seines äthiopischen Freundes ist der Ruf nach Mentoring, der in jedem schlummert, der tiefer in den christlichen Glauben eindringen möchte: »Wie kann ich, wenn mich nicht jemand anleitet?« (Apg 8,30-31) Und in einer modernen Übersetzung des ersten Johannesbriefes heißt es:

»Daran ist zu erkennen, ob wir wirklich Christen sind. Wer von sich sagt, daß er zu Christus gehört, der soll auch so leben, wie Christus gelebt hat.« (1 Joh 2,5-6 HFA)

Geistliche Bildung, Erziehung des Herzens, erfordert mit anderen Worten mehr als die traditionellen Unterrichtsformen des Westens. Sie erfordert eine Mentorenschaft des Herzens, eine Beziehung zu einem Lebenslehrer, der weitervermitteln kann, was er von seinem eigenen treuen Mentor gelernt hat; eine Lebensweise, die ausgebildet wird, nicht nur Anweisungen, die gegeben werden. Sie erfordert ein gemeinsames Leben von Leuten, die gelernt haben, dass geistliche Musik auf ihre eigene Weise gesungen werden will. Herzensbildung erfordert ein Lernen, das die Vorstellungskraft freisetzt, die Ohren zum Hören bereit macht, den Blick schärft, um aufmerksam hinzuschauen; sie erfordert ein offenes Herz.

Unserer Auffassung nach ist die Beziehung zwischen Rabbi und Jünger nicht nur wie die zwischen Lehrer und Schüler oder Leiter und Nachfolger zu verstehen, sondern lässt sich umfassender mit der Sprache des geistlichen Mentorings beschreiben. Unsere gemeinsame Perspektive als Autoren entstammt unserem gemeinsamen Beruf, dem Unterrichten von Studenten an höheren Bildungseinrichtungen, im College oder im Seminar. Unsere Arbeitszeit ist angefüllt mit dem Auftrag, Menschen für das Reich Gottes auszubilden und wir erkennen, dass dies ohne die bewusste Arbeit des geistlichen Mentorings unvollständig bleibt. Wenn wir Studenten herausfordern, Jesus nachzufolgen, dann sprechen wir die gewagte Aufforderung aus: »Ahmt mich nach, wie ich Jesus nachzuahmen versuche; folgt mir, wie ich ihm treu zu folgen versuche.« Und diese Tollkühnheit wagen wir, weil andere zuvor uns selbst gegenüber ebenso tollkühn waren. Unser Leben ist zutiefst beeinflusst worden von Erziehern, die zwar nicht immer »Lehrer« waren, aber allesamt Mentoren – darunter unsere Eltern, unsere Familien, unsere Kollegen und unsere Freunde.

Sehnsucht nach mehr

In jedem Christen schlummert die Sehnsucht nach geistlicher Wegweisung. Wir wollen die Routen durch die gefährlichen Landschaften des Lebens kennen. Wir wollen wissen, wie wir ans Ziel unserer Reise kommen. Wir brauchen eine Landkarte, die uns auf unserem Weg die Richtung angibt. Es gibt jedoch auch eine Sehnsucht, die nicht durch die gewöhnlichen Mittel des persönlichen Studiums, des Gebets und des Gottesdienstes befriedigt wird. Es ist ein Verlangen nach mehr; nach einem »Mehr«, das unmöglich zu definieren oder zu erklären ist; eine Sehnsucht, den Reichtum des »tieferen Lebens« oder des »reifen Glaubens« oder der »geistlichen Kraft« kennen zu lernen. Nicht selten versuchen wir in einem solchen Fall einfach, unsere Sehnsucht dadurch zufrieden zu stellen, dass wir unsere geistlichen Übungen verstärken, mehr lesen, mehr tun; doch oft entdecken wir dabei, dass davon unsere Sehnsucht nicht gestillt wird. Und so wenden wir uns verstärkt den neuesten Gebetsmethoden, Büchern, Kassetten oder Konferenzen zu, in der Hoffnung, unser Verlangen nach »mehr« zu befriedigen; doch vergeblich. Schließlich kommen wir zu der Erkenntnis, dass wir Hilfe brauchen; dass wir nicht dazu bestimmt sind, diese Straße allein zu gehen. Wir lernen, auf die Stimmen von Mentoren zu hören, nicht, weil sie die absoluten Experten sind, die überall das letzte Wort haben, sondern eher, weil sie einen Teil dieser Reise bereits hinter sich haben und deshalb ihre ausgewogenen, scharfsichtigen Ratschläge so wertvoll sind.

Keith wurde dies zum ersten Mal bewusst, als er aufs College kam:

> *Der Professor wusste etwas, das ich nicht wusste, und obwohl das keinen gewaltigen Wissensschatz erforderte, bemerkte ich es zum ersten Mal in meinem Leben und wollte auch diese Freude und Harmonie kennen lernen, die er in dem Wissen fand, das ihm offensichtlich so viel Genuss bereitete. Seine Liebe zum Studium der amerikanischen Geschichte, die später auch zu meinem Interessensgebiet wurde, rief in meiner Seele einen Widerhall hervor. Zum ersten Mal in meinem Leben spürte ich, dass die Musik des Geistes so schön klingen konnte. Er wurde zu einem jener wenigen Menschen in meinem Leben, deren Einfluss sich niemals ermessen oder anderen gegenüber beschreiben lässt. So etwas ist nur mit den Ohren der eigenen, individuellen Erfahrung zu hören. Wie es sich fügte, wurde er für mich auch zu einem geistlichen Mentor, einer Stimme der geistlichen Ermutigung; zu einem, der mich in meinen ersten, tastenden Schritten in der (für mich) beängstigenden Welt des Pastorendienstes bestärkte. Ich bemerkte kaum, dass er das tat, aber heute sehe ich es so deutlich wie auf einer Reklametafel, auf der mit meterhohen Buchstaben steht: ›Dieser Mann hat sich selbst in dich investiert; er hat einen Teil seines Lebens und seiner Zeit dafür hingegeben, deinen Geist großzuziehen; er hat dein Denken dazu freigesetzt, sich nach mehr zu sehnen.‹«*

Einer meiner Seminarprofessoren war direkter – er ließ mich wissen, dass es einiges zu tun gab, um mich auf ein Leben im Gemeindedienst vorzubereiten, und dass er zu denen gehören würde, die mir helfen würden, ein tragfähiges Fundament für meine aufkeimenden Führungsqualitäten zu entwickeln. Und so kamen wir drei Jahre lang nahezu jede Woche zusammen. Wie oft habe ich seinen Zuruf gehört: »Sie müssen mich besuchen kommen!« Wir führen heute andere Gespräche, aber wir kommen immer noch oft zusammen. Er hat mich gelehrt, auf den Widerhall der Wahrheit in meinem eigenen Leben zu hören, wenn ich um so aufmerksamer auf die Kultur und Wahrheit der Bibel lauschte.

Randys erste Begegnung mit einem weisen geistlichen Mentor fand statt, als er gerade anfing, seinen eigenen Ruf in den vollzeitlichen Dienst zu erkennen.

> *Die Werkzeugtasche aus meiner Zeit als Elektriker in Nordkanada zurücklassen und mit siebzehn anderen in einem Missionsteam der Gemeinde durch Nordamerika zu reisen – das schien eine abenteuerliche Art zu sein, um herauszufinden, ob ich zum vollzeitlichen Dienst ›berufen‹ war. Obwohl ich damit zufrieden war, Gott als Elektriker zu dienen, verspürte ich eine tiefe Sehnsucht danach, auf meiner Glaubensreise noch mehr zu erleben. Als ich anderen diente, sah ich die ersten Hoffnungsschimmer, dass vielleicht auch ich ›meine Netze zurücklassen‹ und Christus im vollzeitlichen Dienst nachfolgen könnte. Doch diese Hoffnung verblasste schnell, als mich meine Vergangenheit wieder einholte und mir nur eines bestätigte: meine Schwachheit. Dazu kam, dass ich weder die erforderlichen Fähigkeiten noch die Talente für eine solche Aufgabe besaß. Also lieber bei den Netzen bleiben – oder, in meinem Fall, bei meiner Elektriker-Werkzeugtasche.*
>
> *John bewunderte ich besonders für seine Fähigkeit, in seinem Leben Raum zu schaffen für diejenigen, die seiner Betreuung anvertraut waren. John war niemand, der ständig mit klugen Ratschlägen um sich warf, aber er hatte eine unglaubliche Fähigkeit, einem zu helfen, auf das eigene Leben zu hören. In jenem gastlichen und geborgenen ›Raum‹, den John für mich schuf, fing ich an, auf mein Leben zu hören, wie ich es noch nie zuvor getan hatte. Wie ein Priester hörte er sich eine Geschichte nach der anderen aus meinem Leben an; Geschichten, von denen ich wusste, dass sie Schwächen verrieten, die mich für den vollzeitlichen Dienst untauglich machten. Doch zu meiner Überraschung stimmte John meiner Selbstwahrnehmung nicht zu. Er lud mir auch nicht mehr Gebet, mehr Studium oder mehr Dienst als ›Werke der Umkehr‹ auf. Stattdessen half er mir einfach, Gottes wunderbare Fäden der Gnade zu erkennen, die mein Leben durchwirkten und ein unvergleichliches Gewebe ergaben. John half mir, zu erkennen, dass ich eine Geschichte – meine*

Geschichte – zu erzählen und ein Lied – mein Lied – zu singen hatte. Jene vermeintlichen Schwächen würden sich bald in Stärken verwandeln, durch die ich den einzigartigen Ruf entdecken würde, den Gott mir für den Einsatz in seinem Reich gegeben hatte.«

Im Laufe unserer eigenen Glaubensreisen halfen uns diese Leute, auf Dinge zu hören, die wir selbst nicht hören konnten. Unsere Suche nach »mehr« erforderte ihre Hilfe, um uns weiter zu führen, als wir aus eigener Kraft gehen konnten. Ihre Stimmen halfen uns, die ermutigende Wahrheit zu entdecken, dass Gott in unserem Leben bereits am Wirken war, uns als seine geliebten Kinder zu einer tieferen Nähe zu ihm einlud und uns befähigte, unsere eigene, einzigartige Berufung zu entdecken. Das war der Anfang von etwas, das wir Gemeinschaft oder *koinonia* durch geistliche Wegweisung nennen könnten. Es war die Erkenntnis, die in uns zu pulsieren begann, bis wir sahen, dass die entscheidenden Phasen des Wachstums irgendwie von denen abhängig sind, mit denen wir unsere Zeit verbringen. Wir brauchten Zeit mit Leuten, die wussten, was wir uns zu wissen wünschten; manchmal machte uns ihre Beredsamkeit (wie es sich für uns anhörte) bewusst, welche Analphabeten wir noch waren. Doch umso mehr spürten wir schmerzlich unsere Sehnsucht, einmal auch Dinge sagen zu können, die Sinn machen und anderen weiterhelfen.

Die Sprache des Glaubens erlernen

Ebenso, wie wir eine neue Sprache am besten lernen, indem wir in die Kultur eintauchen, in der sie gesprochen wird, werden unserer Überzeugung nach Menschen geistlich geformt, indem sie in die Kultur eintauchen, in der der Glaube im Herzen und in der Erfahrung gelebt wird. Wir treiben uns draußen an den Docks herum, wo die alten Seeleute sind. Wir beobachten sie auf ihren Schiffen und lernen den Seemannsjargon, den sie so fließend sprechen wie ihre Muttersprache. Wir hören ihren Geschichten zu und lernen die Überlieferung kennen, die zum Vermächtnis aller Seefahrer gehört. Zuzuhören, wenn sie von den Dingen sprechen, die sie voll Begeisterung und Leidenschaft lieben, ist ein unvergleichliches Erlebnis.

Sie können eine fremde Sprache auch lernen, indem Sie allein in Ihrem Zimmer sitzen, Grammatik pauken und Vokabelkärtchen auswendig lernen, aber den kräftigen Geschmack der Sprache auf Ihrer

Zunge lernen Sie erst kennen, wenn Sie sie von anderen gesprochen hören, die diese Sprache lieben und sie mit einer Sicherheit sprechen, die durch ihre lebenslange Erfahrung geprägt ist. Nichts stärkt unser Glaubensleben nachhaltiger, als wenn wir Zeit mit erfahrenen, weisen Mentoren verbringen, die uns helfen können, unseren Weg zu finden, und wenn wir die Geschichten großer Männer und Frauen des Glaubens lesen, die uns in der Nachfolge Jesu vorausgegangen sind.

Zum Nachdenken

Nehmen Sie sich jetzt einen Augenblick Zeit, um Ihr eigenes Leben zu betrachten und sich zu fragen:

- Wer hat einen Raum des Vertrauens geschaffen, in dem ich meine eigene Geschichte erzählen konnte?
- Wer ist für mich bereits ein Mentor gewesen? War es ein Pastor, ein Lehrer, eine Autoritätsperson oder ein Elternteil, ein älterer Freund oder ein gleichaltriger?
- Wessen »Lied des Glaubens« fand in meinem Leben den stärksten Widerhall?
- Wer ist mein Vorbild oder wem möchte ich nachstreben?

Unerwartete Mentorenschaft

Es ist bezeichnend, dass das Wort Person (lat. *persona*) in der Antike genauso verwendet wurde wie das griechische Wort *prosopon,* das mit »von Angesicht zu Angesicht« übersetzt werden kann. Wir dürfen dies ruhig als einen Hinweis darauf sehen, dass jeder Mensch insoweit eine Person ist, als er von Angesicht zu Angesicht einer anderen Person gegenübersteht, mit der er einen Dialog führt und eine Beziehung eingeht. Dagegen stammt das Wort Individuum, das sich erst Jahrhunderte nach dem Wort Person entwickelte, von dem lateinischen *individuus,* »nicht teilbar«. Diese Ableitungen geben uns wichtige Hinweise, um zu verstehen, wie wir wachsen. Wir sind Personen, die anderen von Angesicht zu Angesicht begegnen; wir können nur in Beziehung zu anderen wir selbst werden, sind also keine Individuen, die ohne die anderen gedacht werden könnten, geschweige denn lebensfähig wären. So sind wir auch als Volk Gottes voll und ganz auf Gemeinschaft angelegt und brauchen andere, um zu geistlicher Reife zu gelangen. Wir entdecken unsere eigene Identität nur in Gemeinschaft mit anderen Menschen. Martin Buber hat diesen Zusammenhang genial einfach beschrieben: »Das Ich wird erst Ich durch das Du.«

Denken Sie noch einmal an die Menschen in Ihrem eigenen Leben, die Sie geprägt haben, Personen, denen Sie von Angesicht zu Angesicht begegnet sind. Waren darunter nicht auch Leute, von denen man einen solchen Einfluss nie erwartet hätte, die nur wenig Bildung besaßen und kaum qualifiziert schienen, Sie in die Tiefen des Lebens einzuführen? Nicht alle Lehrer und Mentoren in unserem Leben sind solche, die sich selbst als Vermittler geistlicher Bildung sehen würden.

Jeden Tag traf Keith den Mann am Müllcontainer an der Laderampe des Gebäudes, in dem er als junger Student arbeitete:

»*Sein Name war Chuck, und wir waren von so unterschiedlicher Herkunft, wie zwei Männer es nur sein können. Ich war ein junger Mann auf dem Weg durch die ›höhere Bildung‹, ein ziemlich aufgeblasener Ausdruck, wenn es darum geht, Persönlichkeit zu entwickeln; er stand kurz vor der Rente und war nach der achten Klasse von der Schule abgegangen. Ich gehörte zur privilegierten Mittelschicht, er nicht. Ich bin weiß. Er ist Afro-Amerikaner. Ich bin im Norden Chicagos und seinen Vororten aufgewachsen, er im ländlichen Süden. Er war der Hausmeister, dessen Aufgabe es war, tagein, tagaus die Papierkörbe der ›wichtigen‹ Leute zu leeren und für diese viel beschäftigten, einflussreichen Leute, diese Entscheidungsträger, von deren Handeln Wohl und Wehe der Firma abhing, den Müll zu beseitigen.*

Doch Chuck war ein Mann, der etwas an sich hatte, das mir mit der Zeit sehr kostbar wurde – eine bodenständige Weisheit, die aus seinem Glauben und seiner Lebenserfahrung erwuchs. Er war ein Weiser, ein Seher, der tieferen Einblick ins Leben hatte als die meisten Leute, denen ich seither begegnet bin. Mit der Zeit öffneten wir uns füreinander und er lehrte mich viel, wenn wir uns auf der Laderampe zu meinen ›Lektionen‹ in Weisheit trafen. Er legte es nicht darauf an, mich zu belehren, geschweige denn mein Mentor zu sein, doch er tat beides, denn er war in seiner Seele ein Lehrer und Mentor. Seine Worte fügten meiner theologischen Ausbildung nicht viele Informationen hinzu, aber sie prägen meine Persönlichkeit bis auf den heutigen Tag mit.«

So werden Sie geprägt durch Ihre eigenen Begegnungen von Angesicht zu Angesicht mit den vielen unerwarteten Zeugen des Glaubens, die für Sie und Ihren Glauben zum Mentor wurden, die ihre Weisheit an Sie weitergaben, auf deren Urteil Sie vertrauten und, vor allem, deren Worte Ihnen halfen, aufmerksam auf Ihr Leben zu hören. In diesem Buch möchten wir Sie einladen, geistliches Mentoring als einen Dienst zu begreifen, der an jedem von uns geleistet wird, sei es in unseren Familien, in unseren Freundschaften, in unseren Gemeinden, an unseren Arbeitsplätzen oder an allen anderen Orten, an denen wir uns aufhalten. Geistliches Mentoring ist viel zu wichtig, um es ein paar Leuten mit speziellen Qualifikationen und Diplomen zu überlassen; die Pflege unseres geistlichen Lebens obliegt allen Getauften, der ganzen Gemeinde Jesu, dem Priestertum aller Gläubigen.

Die »große Wolke von Zeugen«

War die Art Jesu, zu lehren, Menschen zu seinen Jüngern zu machen oder Mentor zu sein, nur auf eine bestimmte Zeit begrenzt und nur in einer bestimmten Phase der Kirchengeschichte angebracht? Wir meinen: nein. Wir glauben, dass geistliches Mentoring der Gemeinde für die gesamte Geschichte anvertraut ist. Die Formen mögen variieren und die Stile mögen sich verändern, doch jeder Gläubige sehnt sich nach einem Mentor, der an seine Seite tritt und sein Reisegefährte wird.

Es gibt Stimmen der Vergangenheit, die auch heute gehört werden müssen. Diese Stimmen rütteln uns wach, statt langatmig zu erklären; sie fordern uns positiv heraus, statt uns von oben herab zu belehren. Sie vermitteln uns eine Einladung und nehmen uns in eine große, bewegende Gemeinschaft auf. Wir werden eingeladen, mit ihnen zusammen an einem Gespräch mit der Geschichte teilzunehmen, die allen Nachfolgern Jesu gemeinsam ist. Wer immer Jesus nachfolgen möchte, ist mit ihm durch eine lange Reihe von anderen verbunden, die ihm nachfolgten, bevor wir es taten. So werden wir hineingenommen in diese Familie von Zeugen, die vor uns diese Straße gezogen sind und uns sicher in irgendeiner Weise in diesem Augenblick beobachten. Dies ist die »große Wolke von Zeugen«, von der im Hebräerbrief die Rede ist. Elizabeth A. Dreyer nennt ihren Glauben den »lebendigen Glauben der Toten«.[3]

Wie dringend notwendig es ist, dass wir auf die Stimmen unserer gemeinsamen historischen Vergangenheit achten, macht uns Tilden Edwards auf anschauliche Weise deutlich: »Christliche Tradition ist die *gelebte* und *erprobte* Erfahrung und *Reflexion* einer vielgestaltigen Schar von Menschen, die über die Zeiten hinweg geeint wird durch eine innere *Verpflichtung*, ihren Lebenssinn und ihre Lebensweise von Jesus Christus herzuleiten.«[4] (Hervorhebung durch die Autoren) Diese vier Wörter sind kennzeichnend für den Prozess: *gelebt, erprobt, reflektiert* und *verpflichtet.*

In der weit verbreiteten Ignoranz gegenüber der Geschichte des Christentums, die heute vielfach in der Gemeinde Jesu vorherrscht, liegt eine große Gefahr für uns. Wenn etwas modern, computergesteuert oder »zielgruppenorientiert« ist, dann weckt dies unser Interesse. Nur zu leicht vergessen wir dann unsere Identität als Leib Christi, weil wir völlig eingenommen sind von irgendwelchen neuen Entwicklungen und Trends. Demgegenüber können uns die Stimmen aus der Geschichte des Christentums immer wieder zurückrufen zu den eigentlichen Fundamenten unserer Identität.

Wir besitzen eine ungemein ergiebige »Goldmine« klassischer christlicher Literatur, die gelebt wurde, die erprobt wurde, die jene vielgestaltige Schar von Menschen über die Zeiten hinweg reflektiert hat und die der Lebensweise Jesu verpflichtet ist.

Jesus nachzufolgen bedeutet somit auch, diesen Gefährten der Vergangenheit nachzufolgen, denn niemand kommt für sich allein zum Glauben. Wir kommen zum Glauben, indem wir denen nachfolgen, die in früheren Zeiten Jünger Jesu waren. Der Autor des Hebräerbriefes spricht von diesen Gefährten der Vergangenheit als von einer »großen Wolke von Zeugen« (Kap. 12), was an das Bild einer olympischen Arena denken lässt, in der erschöpfte Athleten von früheren Olympioniken angefeuert werden, die ihre Rennen bereits gelaufen sind. Diejenigen, die jetzt im Rennen sind, werden beklatscht, angefeuert und ermutigt von jenen Zeugen, die durch ihre eigenen Kämpfe und Siege die Läufer von heute inspirieren.

Die Namen, die im Hebräerbrief angeführt werden, bilden eine lange Liste von Männern und Frauen, die Jesus nachfolgten und durch ihr Leben für die nachfolgenden Generationen von Gläubigen zu Mentoren wurden. Betrachten wir sie aus der Nähe, so entdecken wir nicht nur, wie mutig, treu und stark, sondern auch wie unvollkommen, oft schwach und hinfällig sie waren. Lassen´Sie uns nicht nach vollkommenen Glaubensvorbildern suchen oder in der Illusion leben, wir würden bald selbst die Vollkommenheit erreichen. Stattdessen werden wir merken, wie unsere Seelen zum Wachstum befreit werden, wenn wir lernen, auf diese so menschlichen, unvollkommenen Stimmen der großen Wolke von Zeugen zu hören.

Gefährten aus der Vergangenheit

Solange wir nicht auf die Stimmen unserer Gefährten aus der Vergangenheit hören, wird der Klang unserer eigenen Stimme nie so volltönend, tief und kräftig sein. Ja, wenn wir nicht auf die Stimmen der Vergangenheit hören, ist es sogar unwahrscheinlich, dass wir wirklich »das Wort« hören können, denn die Vergangenheit besitzt, wie Paulus es so treffend und knapp ausdrückt, eine sakramentale Kraft für die Gegenwart: »Denn ich habe von dem Herrn empfangen [παραλαμβανω – *paralambano*], was ich euch weitergegeben habe: Der Herr Jesus, in der Nacht, da er verraten ward, nahm er das Brot, dankte und brach's und sprach: Das ist mein Leib, der für euch gegeben wird; das tut zu meinem Gedächtnis.« (1 Kor 11,23-24)

Paulus besteht darauf, dass die Gemeinde in Korinth das große »Paralambano-Prinzip« versteht: »Ich habe von dem Herrn empfangen, was ich euch weitergegeben habe.« *Paralambano* ist der besondere Ausdruck für die Weitergabe einer Überlieferung von einer Person an die andere, von der Vergangenheit in die Zukunft, von denen, die als Erste eine Erfahrung durchlebten, an jene, die sie im Gedenken daran künftig durchleben werden. In den »Paralambano-Momenten« unseres Lebens hören wir nicht nur eine Art Botschaft jener Gefährten aus der Vergangenheit, sondern es geschieht etwas in unserem Leben, das den Erfahrungen ganz ähnlich ist, die unsere Väter im Glauben gemacht haben. Im Empfangen und Weitergeben der Überlieferungen des Glaubens wird also praktisch die Gnade früherer Ereignisse in unserer Zeit ausgegossen.

Gerard Manley Hopkins beschrieb Heiligkeit als eine »über die Maßen liebenswerte Frische im innersten Kern der Dinge«.[5] So wie das Brot in dem geistlichen Geheimnis des Abendmahls zu einer lebendigen Begegnung mit Christus wird, so wird auch die Tradition der Vergangenheit für die heutige Gemeinde zu einer lebendigen Gnade. So wie der Kelch zu einer lebendigen Erfahrung des auferstandenen Christus wird, so kann Mentoring zum Übermittler der Gnade früherer Zeiten im gegenwärtigen Moment sein. Wir empfangen vom Herrn, was wir gelernt haben, und geben dann das machtvoll gegenwärtige Wort des Herrn an andere weiter.

So bleibt die Vergangenheit im Leben der nächsten Generation von Gläubigen lebendig, damit diese in der Lage ist, sie an die folgende weiterzugeben. Das ist der biblische Weg, einen lebendigen Glauben zu erhalten, der geschichtlich gewachsen ist. Walter Brueggemann sagt: »Jede Gemeinschaft, die über eine einzige Generation hinaus Bestand haben will, muss sich mit Erziehung beschäftigen.«[6]

Doch es ist eine Erziehung von ganz besonderer Art, die eine Gemeinschaft am Leben erhält und in der nächsten Generation eine lebendig glaubende Gemeinde hervorbringt; es ist eine Erziehung der Seele – Mentoring für Ausprägung des geistlichen Lebens.

Ein Jahrhunderte altes Mittel zur Erziehung der Seele ist die geistliche Wegweisung. In der ersten Zeit der Gemeinde wurde das Bemühen um geistliche Wegweisung sehr ernst genommen und sorgfältig entwickelt. Bevor es Programme für die Sonntagsschule, christliche Erziehung, Konfirmandenunterricht oder Bibelkreise gab, bestand bereits eine Praxis des Mentorings, bei der die große »Wolke von Zeugen« die Wahrheit und die Kraft des Glaubenslebens an die nächste Generation weitergab. Manchmal geschah dies in der Form der so genannten geistlichen Wegweisung. Schon ein flüchtiger Blick auf die Äußerungen früher Christen zeigt, wie engagiert sie »weitergaben«, was sie »vom Herrn empfangen« hatten: Gregor von Nazianz (330-387) sagt: »Wegweisung ist die größte aller Wissenschaften.« Augustinus (354-430) glaubte: »Niemand kann ohne einen Wegweiser vorankommen.«[7]

Geistliche Wegweisung wird allgemein mit der vermutlich von Antonius (gestorben 356) begründeten Mönchsbewegung in Verbindung gebracht. Im vierten und fünften Jahrhundert verstanden die Wüstenmystiker den geistlichen Wegweiser als einen Vater, der durch Gebet, Anteilnahme und Fürsorge mithalf, das innere Leben seiner »Söhne« zu formen. Später sagte Gregor: »Die Kunst, Seelen zu führen, ist die Kunst aller Künste.«[8] Im vierzehnten Jahrhundert wurde Katharina von Siena die geistliche Wegweiserin eines Freundeskreises, ihrer *bella brigada*, an die sie zahllose Briefe voller Ratschläge schrieb. An geistlicher Wegweisung hatten Männer und Frauen, Geistliche und Laien, Gebildete und Ungebildete, Junge und Alte gleichermaßen Anteil.

Jean Grou, ein Jesuit, der zwischen 1731 und 1803 schrieb, verfasste ein Handbuch über das Leben der Seele, in dem er sagte: »Eine Seele zu führen heißt, sie auf den Wegen Gottes zu leiten; es heißt, die Seele zu lehren, auf die göttliche Inspiration zu hören und auf sie zu antworten.«[9]

Die Praxis der geistlichen Wegweisung war stets auch Teil der protestantischen Spiritualität, wenn auch das Wort selbst im protestantischen Vokabular nicht gerade häufig vorkam. Zwingli meinte, Christen sollten ihre Sünden allein vor Gott bekennen, doch wenn es nötig erschien, sollte ein Christ sich an einen weisen Ratgeber wenden. Johannes Calvin wurde ein »Seelenführer« genannt und Richard

Baxter, der 1656 an andere Puritaner schrieb, nannte vier Gruppen von Menschen, die besondere Aufmerksamkeit benötigten: die Unreifen; diejenigen mit einer besonderen Verderbtheit; die nachlassenden Christen und die Starken. Die letzte Gruppe, erklärte er, benötige die meiste Fürsorge.

Die Praxis der geistlichen Wegweisung hat es also in den christlichen Gemeinschaften durch die Jahrhunderte hindurch immer gegeben. Auch wenn sie nicht immer im Zentrum der Spiritualität stand, war die geistliche Wegweisung doch stets wesentlich für die geistliche Ausbildung vieler Christen. Sie hat eine lange und ehrenvolle Geschichte in der Entwicklung der Spiritualität einzelner Menschen. Es gibt Dutzende komplizierter und verschlungener Möglichkeiten, Spiritualität zu definieren, aber wir möchten damit beginnen, dass wir die Gemeinde aufrufen, auf ihren eigenen Herzschlag zu hören. Was ist das für eine Spiritualität, die ihre geistlichen Mentoren im Leben der Lernenden, der Mentoranden, zu entwickeln versuchen?

Gottes Gegenwart in allen Dingen wahrnehmen

Wenn wir mit dem Auto unterwegs sind und ein Stoppschild auf unserer Straßenseite bemerken, nehmen wir es ernst und ändern unsere Fahrweise, ohne es zu hinterfragen. Wir sehen es und dann richten wir unser Verhalten darauf ein. Christliche Spiritualität ist praktisch und hat mit unserem Alltag zu tun: Alles kann für uns zu einem Zeichen für die Liebe Gottes und seine Gegenwart werden. Die alltäglichen Dimensionen von Zeit und Raum werden geheiligt, wenn Gottes Gegenwart sie füllt. Darum hat Spiritualität in sich einen geradezu sakramentalen Charakter. Wir begreifen, dass Gottes Gegenwart sich nicht auf »heilige Dinge« beschränkt, sondern dass sie durch die ganz gewöhnlichen Dinge unseres Lebens vermittelt wird. Sie ist nichts Abstraktes, sondern eine Erfahrung. Ein altes russisches Sprichwort drückt es so aus: »Jeder Tag kann ein Bote Gottes sein.«

Alle Männer und Frauen des Glaubens sehnen sich danach, dass ihr Leben für Gott eine Freude ist. Das abstumpfende Gefühl der Routine macht uns unempfänglich für die Wunder um uns her. Gerard Manley Hopkins schrieb, die Welt sei »angefüllt mit dem Gepränge Gottes.«[10] Mit anderen Worten: Wenn wir Gott erfahren wollen, brauchen wir nur aufmerksam in der Welt um uns herum zu leben. Unsere Welt ist voll von Momenten, in denen uns Gottes Gnade greifbar nahe ist und uns immer wieder staunen lässt. Schon zu Beginn seines Wirkens sagte Jesus: »Das Himmelreich ist nahe herbeigekommen« (Mt 4,17). Es ist nahe, gegenwärtig, in Zeit und

Raum greifbar nahe gekommen, auch wenn es noch unvollständig ist und noch auf seine Vollendung wartet. Der irische Dichter Yeats sah die Wahrheit als etwas gleichermaßen Robustes und Physisches: »Gott schütze mich vor dem, was Menschen denken / im Kopf allein, / wer ein Lied von Dauer singt, / der denkt in Mark und Bein.«[11]

Barbara Brown Taylor berichtet, wie sich ihre Augen für Gottes Licht öffneten, nachdem sie als kleines Kind eine Predigt gehört hatte. Ihre Worte zeigen, was das Verständnis der Spiritualität praktisch bedeutet:

Die Worte meines Freundes veränderten alles für mich. Ich konnte weder mich selbst noch die geringste Einzelheit meines Lebens so sehen wie zuvor. Als an jenem Tag der Gottesdienst vorüber war, ging ich hinaus in eine Gott-verzauberte Welt und konnte es nicht abwarten, weitere Spuren des Himmels auf der Erde zu entdecken. Jedes Blatt, jede Ameise, jeder glänzende Stein rief mir zu – wollte betrachtet, behorcht, befühlt und untersucht werden. Ich wurde zu einer Detektivin des Göttlichen, die Hinweise auf Gottes Genie sammelte und die Spuren bewunderte, die er für mich hinterlassen hatte.«[12]

Zum geistlichen Mentoring gehört der Prozess, auf das Leben eines anderen zu hören und dann Menschen zu lehren, ihre Augen zu öffnen und all die Dinge um sie her wahrzunehmen – Detektive der Gegenwart des Göttlichen zu werden.

Für wen ist dieses Buch geschrieben?

➢ Es ist für diejenigen geschrieben, die einen geistlichen Mentor finden möchten und dabei Hilfe brauchen.
➢ Es ist für diejenigen geschrieben, die eingeladen wurden, geistlicher Mentor eines anderen zu werden, und dabei Hilfe brauchen.
➢ Es ist für diejenigen geschrieben, die auf ihrer Glaubensreise einen Hunger nach mehr verspüren.

Wir wenden uns gleichermaßen an Mentor und Mentorand, um eine einzigartige entscheidende Frage zu stellen:

Wie wird man durch Mentoring geistlich geformt?

Wir verstehen dieses Buch als eine Anleitung zum Geben und Empfangen geistlicher Wegweisung. Wir haben es geschrieben, weil wir festgestellt haben, dass die Beziehung zu einem geistlichen Mentor einer der besten Wege ist, um in dem lebenslangen Prozess des geistlichen Wachstums sicher voranzukommen. Nach unserer Überzeugung liegt eine Antwort auf die obige Frage darin, dass wir jenen Mentoren, die uns ein Stück vorausgegangen sind, kreative Aufmerksamkeit schenken. Wir möchten Sie einladen, an den Gesprächen mit einigen der bedeutendsten geistlichen Mentoren teilzunehmen. Stellen Sie sich einfach vor, Sie setzen sich mit einer Tasse Kaffee in der Hand an einen Tisch, um mit Menschen über den Glauben ins Gespräch zu kommen, die zu biblischen Zeiten, in der Kirchengeschichte oder selbst in unserer Zeit Wesentliches zum geistlichen Leben gesagt haben.

Der Prophet Daniel gibt uns einen interessanten Hinweis darauf, wie hoch wir den Dienst eines Mentors einschätzen sollten. Sein Wirken wird mit den Sternen am Himmel verglichen: »Und die da lehren, werden leuchten wie des Himmels Glanz, und die viele zur Gerechtigkeit weisen, wie die Sterne immer und ewiglich.« (Dan 12,3)

Unser erstrangiges Ziel in diesem Buch ist es, eine historisch fundierte Vision für das geistliche Mentoring in der Gegenwart zu entfalten. Wir sind zutiefst überzeugt, dass das geistliche Wachstum am stärksten gefördert wird, wenn Menschen in der Nachfolge Jesu »Lehrlinge« eines geistlichen Mentors sind, der mit dem Heiligen Geist zusammen auf ihre geistliche Reife hinarbeitet.

Den Mentoren und Mentoranden haben wir jeweils einen Brief geschrieben, von dem wir hoffen, dass er sie inspirieren und herausfordern wird. Diese mit Realismus gewürzten Worte der Ermutigung an beide werden einiges von dem Material zusammenfassen, das sich dann im Buch anschließt.

Brief der Verfasser an den künftigen Mentor

Sie sind gebeten worden, Mentor eines anderen zu werden. Es gibt nur wenige Dinge im Leben, die ehrenvoller sind, als einen Bruder oder eine Schwester auf der Reise des geistlichen Wachstums zu begleiten. Wenn Sie sich überfordert fühlen oder zweifeln, ob Sie dieser Aufgabe würdig sind, so ist dies ein gutes Zeichen dafür, dass Sie bereit sind und vielleicht die Qualifikation besitzen, denn der Dienst eines Mentors beginnt mit der Demut. Vielleicht kommen Sie sich völlig unwürdig vor und wollen am liebsten ausrufen: »Wer bin ich denn, dass jemand mich nachahmen wollte? Ich kenne meine Fehler und mein Versagen, meine Widersprüchlichkeit viel zu gut und die Leidenschaften in mir, die sich in der Unheiligkeit genauso erheben wie in Momenten der Heiligkeit. Und doch erfüllt mich

Freude angesichts dieser Möglichkeit – vielleicht kann ich diesem Freund helfen, auf das Leben zu hören. Ich weiß, dass ich ein paar hilfreiche Fragen stellen und diesem Freund helfen kann, diese Fragen zu durchdenken.«

Erforschen Sie Ihre Motivation: Warum wären Sie bereit, diese Rolle im Leben eines anderen einzunehmen? Falls da der Wunsch wäre, in irgendeiner Weise Macht über andere ausüben zu wollen, sollten Sie Ihr Vorhaben noch einmal gründlich überdenken. Beim Mentoring geht es nicht um Sie; es geht um den anderen. Falls da ein Wunsch ist, den anderen zu belehren und ihm die Dinge beizubringen, die für Sie von Nutzen waren, sollten Sie es sich vielleicht noch einmal überlegen. Beim Mentoring geht es nicht ums Sagen. Es geht ums Hören – auf den Heiligen Geist und auf das Leben des anderen. Falls da ein Wunsch nach Ansehen und Rang in den Augen anderer ist, werden Sie mit Sicherheit scheitern, denn Mentoring ist eine dienende Rolle. Sicher, manchmal sind auch Lehren, Wegweisungen und Weisheit weiterzugeben, doch vor allem geht es beim Mentoring darum, zu erkennen, wo Gott im Herzen des anderen bereits gegenwärtig und aktiv ist.

Geistliches Mentoring ist nicht nur ein Dialog zwischen zwei Personen, es bezieht viele andere in den Kreis der Gespräche ein: Stimmen der Vergangenheit aus der Heiligen Schrift und der Überlieferung, Stimmen der Gegenwart von geistlichen Lehrern und Ratgebern, deren Rat aus einem weisen Herzen kommt, das ebenso vom Heiligen Geist geprägt ist wie das des Mentoranden. Sollten Sie jedoch das Bedürfnis haben, ein genaues Duplikat Ihrer selbst zu schaffen, dann denken Sie bitte daran, dass der Gott, der keine Schneeflocke genau wie eine andere werden lässt, erst recht jeden Menschen einzigartig geschaffen hat. Ihre Erfahrung gehört zu den Besonderheiten Ihrer eigenen Geschichte; stülpen Sie sie nicht einem anderen über, sondern lassen Sie Gott den anderen so unverwechselbar formen, wie er Sie geformt hat.

Sind Sie in der Lage, einen sicheren, gastfreundlichen Raum für Ihr Gespräch zu schaffen, in dem der Mentorand seine Masken fallen lassen kann, um so die Freiheit eines Gesprächs zu entdecken, in dem er ganz er selbst sein kann? Sind Sie in der Lage, die geistliche Disziplin der Vertraulichkeit zu wahren, so dass Sie die Würde und Verwundbarkeit Ihres Freundes schützen können? Sie werden Worte von Versagen, Kampf, Unglauben, Zweifel, Mutlosigkeit, Verzweiflung, Zerbrochenheit, Unzulänglichkeit, Vernachlässigung und Fehlverhalten zu hören bekommen. Sie werden vielleicht über Informationen verfügen, die Ihrem Freund schaden oder nützen können, die Sie aber ohne seine Erlaubnis nicht weitergeben dürfen. Sind Sie so vertrauenswürdig, wie Sie es sich von Ihrem eigenen geistlichen Mentor wünschen?

Wenn Sie Präzision, Ordnung, geregeltes Vorgehen und ständige, wenn auch bescheidene Vorwärtsbewegung verlangen, werden Sie schmerzlich enttäuscht werden, denn beim geistlichen Mentoring geht es ebenso drunter und drüber, wie es im Leben drunter und drüber geht. Hinter den Kulissen mag der große Zeremonienmeister am Werk sein, wie es sich C. S. Lewis in »Was man Liebe nennt« vorstellte, doch das Drama vorne am Bühnenrand ist oft chaotisch, ungeprobt und wirr. Die Turbulenzen des normalen Lebens können Ärger, ja Entsetzen auslösen, aber gerade in einem solchen Chaos wird Ordnung überraschen und ein Plan wird das Durcheinander verjagen.

Ohne den Einsatz von Zeit ist geistliches Mentoring nicht denkbar. Es braucht Zeit, um gemeinsam auf die Bewegungen Gottes zu achten und Zeit, um nichts anderes zu tun als auf das Leben zu hören, wenn Sie sich zur gemeinsamen Reflexion zusammenfinden. Sind Sie in der Lage, Ihrem Freund diese Zeit zu schenken? Es gibt Tage, an denen geistliches Mentoring als eine ziemlich ereignislose, uneffektive Art erscheint, ein, zwei Stunden zu verbringen. Das Gespräch dreht sich oft um kleine Dinge, nicht um die großen, letzten Fragen. Das Tempo ist häufig bedächtig und langsam. Manchmal gerät das Gespräch völlig ins Stocken, weil es immer wieder zu langen Zeiten nachdenklichen Schweigens kommt. Doch gerade in solchen Stunden werden Seelen befreit, Gott mit ungeteiltem Herzen und voller Hingabe anzubeten.

Sie sind eingeladen, an einem Gang durch den Kalender des täglichen Lebens teilzunehmen, in dem Gott für das menschliche Auge nicht immer unmittelbar sichtbar ist; und das ist der Grund, warum Sie gebraucht werden, um Ihrem Freund zu helfen, die Augen aufzumachen. Und was wird er oder sie sehen? Auf drei herausragende Themen sollten Sie achten, um die sich beständig entfaltende Geschichte des Lebens Ihres Freundes zu entwickeln: die Nähe zu Gott, die tiefste Identität als geliebtes Kind Gottes und seine einzigartige Rolle und Verantwortung im Reich Gottes. Alles, was wir tun, geschieht im Licht dieser drei entscheidenden Fragen, die selbst durch die ganze biblische Geschichte hindurch immer wieder gestellt wurden; sie sind die Wegmarkierungen für Ihre Arbeit als geistlicher Mentor. Eine einfache Möglichkeit, sich diese drei einzuprägen, ist

die Verwendung der folgenden drei grundsätzliche Fragen:
- Wer ist Gott?
- Wer bin ich?
- Was soll ich mit meinem Leben anfangen?

Brief der Verfasser an den, der einen Mentor sucht

Sie sind dabei, für Ihr eigenes geistliches Wachstum eine Reise voller Möglichkeiten anzutreten. Über Ihr Verlangen, einen geistlichen Mentor als Ratgeber und geistlichen Gefährten zu finden, haben Sie gründlich nachgedacht. Immer wieder stellen Sie sich Fragen, die Ihre Sehnsucht verraten, auf Ihrer Glaubensreise mehr zu erleben. Vielleicht hilft es Ihnen, zu erfahren, dass es keine allgemein gültigen »Schritte« gibt, die Sie befolgen müssen, denn bei diesem Prozess kommt es auf Ihr gemeinsames Urteilsvermögen an, auf das, was die Bibel Weisheit nennt, und nicht darauf, irgendwelche Rezepte zu befolgen. Es ist auf jeden Fall gut, wenn Sie mit Gebet beginnen und Gottes Hilfe suchen, um einen Mentor zu finden, der sich als Ihr geistlicher Freund an Ihre Seite stellt. Warten Sie, bis Gott Sie zu einem Namen, einer Gemeinde, einem Freund oder einer Gruppe führt. Vielleicht können Ihr Pastor, Ihre Gemeinde oder andere Freunde Sie mit Leuten bekannt machen, die bereit und in der Lage sind, für Sie ein geistlicher Mentor zu sein. Wenn Sie zuversichtlich sind, Gottes Wegweisung erkannt zu haben, gehen Sie den nächsten Schritt und handeln Sie nach dem, was Sie erkannt haben.

Sie sollten jedoch auch wissen, dass dies eine Zeit gewisser geistlicher Gefahren ist. Die Warnsignale müssen ebenso dringend beachtet werden, wie die Mannschaft eines Schiffes nach Anzeichen für Felsen unter der Wasserfläche Ausschau hält. Sie sind zu einem anderen Menschen geführt worden, den Sie als jemanden erkennen, dem Sie vertrauen können; eine Person von Integrität und Weisheit, eine Person, an die Sie glauben. Die Versuchung ist, diese Person als jemanden zu sehen, der Antworten zu bieten hat, anstatt für Sie da zu sein, mit Ihnen zusammen nach Lösungen zu suchen oder Fragen zu durchdenken. Ihr Mentor ist ein Mensch und damit unvollkommen. Wenn Sie etwas anderes erwarten, verleihen Sie Ihrem Freund eine geistliche Autorität, die keinem Menschen zukommt.

Dies ist eine Zeit, in der Sie Ihre eigene Bereitschaft überprüfen können, ob Sie Ihre Lebensreise samt ihren Geschichten mit einem anderen teilen wollen, der die Möglichkeit hat, Sie zu beschämen, zu verletzen oder anderweitig in Verlegenheit zu bringen. Geistliches Mentoring birgt Risiken; seien Sie also vorsichtig bei der Auswahl. Haben Sie es nicht zu eilig damit, einen Mentor zu finden; warten Sie lieber darauf, dass der Heilige Geist Sie zu demjenigen führt, den Gott für Sie ausgewählt hat. Und dann bringen Sie all Ihre Bereitschaft, Offenheit, Willigkeit, Neugier und Aufgeschlossenheit ein, denn das ist Ihr wichtigster Beitrag zu dem Prozess Ihrer eigenen geistlichen Entwicklung.

Machen Sie sich darauf gefasst, dass es manchmal zäh wird. Geschwindigkeit ist kein Maßstab für Wachstum, eher die Frage nach der Tiefe der Wurzeln und der Qualität der Pflanze. Auch im geistlichen Leben wird nicht gerannt, sondern ruhig Schritt für Schritt gegangen. Geistliches Wachstum hat nichts mit dem Stil schneller Geldautomaten oder Fast-Food-Ketten gemeinsam, sondern hat eher etwas mit dem geduldigen, stetigen Schaffen eines Bildhauers zu tun. Wenn Sie auf sofortige Resultate, schnelle Veränderungen und eine rasche Generalüberholung aus sind, dann werden Sie sich in den Supermarkt begeben müssen, in dem Sie Dinge kaufen können, die Ihnen das alles versprechen. Ein gesundes geistliches Leben ist nicht schnell und leicht zu haben, denn in der christlichen Spiritualität geht es darum, am Lernprozess des Lebens selbst in seiner reichen Vielfalt und Fülle teilzunehmen. Die Impulsivität und Ungeduld unserer Kultur ist es, die das ziellose Dahintreiben so vieler Menschen bewirkt. Weil die Seele keine Ruhe mehr hat, sozusagen vor Anker zu gehen, wird der Einzelne von allem und jedem erfasst und mitgerissen. Um eine Persönlichkeit zu werden, braucht der Mensch ganz bewusste Stopps auf seinem Weg, um zu schauen, zu hören, zu fragen und zu bedenken, zu betrachten und zu reflektieren.

Zuletzt möchten wir Sie daran erinnern, dass die Arbeit, die vor Ihnen liegt, von Ihnen ein offenes Herz verlangt. Als Salomo vom Herrn einen Wunsch gewährt bekam, bat er um ein *lave shemiah*, was aus dem Hebräischen meist mit »Weisheit« übersetzt wird, gleichzeitig aber auch ein »offenes Herz« bedeutet. Um als Mentor effektiv zu sein, muss man zuhören lernen. Um als Mentorand effektiv zu sein, muss man ebenso eine Offenheit des Herzens und ein aufrichtiges Verlangen entwickeln, sich zu ändern durch Erneuerung des Sinnes (vgl. Röm 12,2), zu hungern und zu dürsten nach Gerechtigkeit (vgl. Mt 6,33), auf die Stimme Gottes zu hören, immer wieder, Tag für Tag, bis Sie sie mit der Frische neuer Ohren hören und mit den Augen eines neugeborenen Kindes sehen.

In drei herausragenden Bereichen wird sich die beständig sich entfaltende Geschichte Ihres Lebens entwickeln: in der Nähe zu Gott, der tiefsten Identität als geliebtes Kind Gottes und in Ihrer einzigar-

tigen Rolle und Verantwortung im Reich Gottes. Alles, was wir tun, geschieht im Licht dieser drei entscheidenden Fragen:
- Wer ist Gott?
- Wer bin ich?
- Was soll ich mit meinem Leben anfangen?

Die Gästeliste
Damit Sie besser auf Ihr eigenes Leben hören können, werden wir die Geschichten und das Leben von sieben Männern und Frauen erzählen und beleuchten, von denen wir viel lernen können. Sie werden auf den folgenden Seiten unsere Gesprächspartner und Mentoren sein.

Augustinus war ein nordafrikanischer Priester und Theologe, der in seinen »Bekenntnissen« eine geradezu modern anmutende Suche nach der eigenen Identität schildert. Sie hat unendlich vielen, die selber auf der Suche nach Gott waren, die Augen für die Gnade Gottes geöffnet und Hoffnung gegeben.

Aelred von Rievaulx lebte im zwölften Jahrhundert und war ein Vorbild für geistliche Freundschaft. Seine Ausprägung der Mentoring-Beziehung ging weit über den Rahmen hinaus, der vor und nach ihm gesetzt wurde.

Juliana von Norwich war eine Engländerin des vierzehnten Jahrhunderts, deren Mentoring-Dienst in eine tiefe Nähe zu Gott führte, die nicht aus den Vorschriften einer besonderen Rolle oder eines Amtes entsprang, sondern aus ihrer Persönlichkeit.

Ignatius von Loyola war ein Bekehrter des sechzehnten Jahrhunderts, der seinen apostolischen Einfluss durch geistliches Mentoring ausübte, durch das er Wachstum, Reife und Urteilsvermögen im Dienst für Gott vermittelte.

Theresia von Avila, eine Spanierin des sechzehnten Jahrhunderts, war als geistliche Mentorin sehr gesucht bei vielen, die sich nach einer tieferen Erfahrung der Wirklichkeit Gottes in ihrem Leben sehnten.

Johannes vom Kreuz war ein Intellektueller des sechzehnten Jahrhunderts, der durch sein Mentoring viele durch »die dunkle Nacht der Seele« hindurch zu einer größeren Einheit und Vertrautheit mit Gott führte.

Jeanne Guyon, eine französische Witwe im siebzehnten Jahrhundert, war bekannt wegen ihres geistlichen Mentorings, durch das Menschen, die in verschiedenen, oft bedrängenden frommen Vorstellungen gefangen waren, zu echter geistlicher Freiheit fanden.

Auf den ersten Blick mögen diese Mentoren des Glaubens überholt und gewiss nicht auf dem neuesten Stand der Glaubensfragen heutiger Christen sein. Aber lassen Sie sich nicht täuschen, denn sie schätzten den Prozess ihres eigenen geistlichen Wachstums als etwas sehr Kostbares, und die Geschichte ihres geistlichen Weges lässt auch uns in unseren heutigen Gemeinden wieder zu wesentlichen Fragen durchdringen: Wie sieht der nächste Schritt auf meinem Glaubensweg aus? Wer wird mir helfen, dorthin zu kommen, wo Gott mit mir hin will? Wir möchten Sie ermutigen, nicht nur auf die Schnelle eine Formel oder ein Programm entdecken zu wollen; stattdessen wünschen wir Ihnen, dass Sie aufmerksam auf die Erfahrungen dieser »großen Wolke« von Zeugen der christlichen Gemeinde hören. Ihre Worte werden Ihrem Verstand und Herzen die Praxis des Mentorings tief einprägen.

Weitere Gedanken für den Mentor
1. Was motiviert Sie, sich dem Dienst des geistlichen Mentorings zu widmen? Woher kommt Ihr Wunsch, Mentor für einen anderen zu sein?
2. Erinnern Sie sich an entscheidende Momente des Wachstums in Ihrem eigenen Leben, die durch die Beziehung zu jemandem ausgelöst wurden, den Sie als einen Mentor betrachteten?
3. Wenn Sie den Brief an einen Mentor lesen, welche Reaktionen löst er in Ihnen – Ihrer Seele – aus? Spüren Sie, dass Sie bereit sind, Mentor für einen anderen zu sein?
4. In welchen Bereichen hat dieses Kapitel Sie zu geistlichem Wachstum angeregt?
5. Inwiefern sind Sie in Ihrem Wunsch, als geistlicher Mentor zu dienen, bestätigt worden?

Weitere Gedanken für den Mentorand
1. Was motiviert Sie, zu diesem Zeitpunkt in Ihrem Leben jemanden zu suchen, der Ihr Mentor sein soll?
2. Hatten Sie bisher entscheidende Momente des Wachstums in Ihrem Leben, die durch einen Mentor ausgelöst wurden?
3. Wenn Sie den Brief an denjenigen lesen, der einen Mentor sucht, welche Reaktionen löst das in Ihnen aus?
4. Was, glauben Sie, könnte in Ihrem Leben geschehen, wenn Sie eine geistliche Mentoring-Beziehung eingehen?
5. In welchen Bereichen hat dieses Kapitel Sie zu geistlichem Wachstum angeregt?

2. KAPITEL

Was ist geistliches Mentoring?

> *Der ganze Zweck der geistlichen Wegweisung besteht darin, unter die Oberfläche des Lebens eines Menschen vorzudringen, hinter die Fassade der konventionellen Gesten und Einstellungen zu gelangen, die er der Welt präsentiert, und seine innere geistliche Freiheit hervorzubringen, seine innerste Wahrheit, nämlich das, was wir das Bildnis Christi in seiner Seele nennen.«*[1]

Thomas Merton

Jeanne Guyon wurde 1648 in Frankreich geboren. Schon im Alter von fünfzehn Jahren wurde sie mit einem Invaliden verheiratet, der dreiundzwanzig Jahre älter war als sie. So kam es, dass sie schon in jungen Jahren zu einer wohlhabenden Witwe wurde. In dieser Zeit begann sie, ein intensives geistliches Leben zu führen und immer mehr die Nähe zu Gott zu suchen. Ihre Suche führte sie schließlich dazu, mit schlichter Eleganz über die Nähe zu Gott zu schreiben. Diese Nähe erforderte, die eigenen selbstsüchtigen Interessen hintanzustellen und sich von der leidenschaftlichen Liebe zu Gott verzehren zu lassen. So wurde ihr immer mehr klar, welche Identität in Gott sie als Glaubende hat.[2] Gerade diese Schriften führten später zu ihrer Verhaftung unter dem Regime Ludwigs XIV., als man sie »als Häretikerin denunzierte und gefangen nahm, zuletzt in der berüchtigten Bastille«.[3]

Was sie im Herzen motivierte, war das Verlangen, eine enge Beziehung zu Gott zu finden und andere zu lehren, ebenfalls in eine solche enge Verbindung mit Gott hineinzuwachsen. Durch ihre Schriften begann sie im siebzehnten Jahrhundert einen Dienst des geistlichen Mentorings, der sich durch die Kirchengeschichte hindurch fortgesetzt hat. Seit dreihundert Jahren haben die Schriften der Madame Guyon weite Verbreitung gefunden und noch heute können wir in ihrem Verständnis von geistlicher Wegweisung wertvolle Hinweise für unsere Beschäftigung mit dem Wesen des geistlichen Mentorings finden.

Ihre, auch historisch gesehen, einflussreiche Schrift »Die Tiefen Jesu Christi erleben« befasst sich mit dem Zusammenhang zwischen Mentoring und der Nähe zu Gott. Madame Guyon lehrte, dass ein Mentor sich mit Dingen des Herzens beschäftigen und ein besonderes Augenmerk auf die emotionale Dimension in der Entwicklung des Mentoranden legen müsse. Für sie war es unumgänglich notwendig, dass zwischen Mentor und Mentorand gerade auch in der Anfangsphase ein Klima der Aufrichtigkeit, Authentizität und des Vertrauens aufgebaut wird. Außerdem erkannte sie, dass ein Mensch, der geistlich gesehen Gott immer näher kommt, im wachsenden Maß von einem Gefühl des Angenommenseins, der Geborgenheit und der Furchtlosigkeit getragen wird. Kurz gesagt: Der Mentorand wird sich mehr und mehr als geliebtes Kind Gottes verstehen. Die persönliche Erneuerung durch diese wachsende Nähe zu Gott hielt sie für die Grundlage einer Erneuerung der Kirche. Und nicht nur das: Die Nähe zu Gott ist allein in der Lage, den Menschen neu zu motivieren, sein Leben so von der Wahrheit des Evangeliums durchdringen zu lassen, dass andere, die noch auf der Suche sind, sie entdecken können. Es dürfte kaum ein Buch geben, das so eindringlich in die Nähe Gottes ruft und das von so vielen Menschen gelesen wurde. Seine Worte, die vorwiegend für ungebildete Landleute geschrieben waren, brachten unzählige Menschen dazu, sich auf eine lebendige Begegnung mit Jesus Christus einzulassen.

In diesem Kapitel möchten wir Ihnen das Wesen des geistlichen Mentorings anhand einer solchen lebendigen Begegnung mit Christus vorstellen und dabei zeigen, worin der Unterschied zur geistlichen Wegweisung besteht. Wir werden eine grundlegende Beschreibung der charakteristischen Merkmale des geistlichen Mentorings geben und über einige der wesentlichen Fähigkeiten und Eigenschaften sprechen, die man braucht, um ein effektiver Mentor zu sein. Auch wenn wir diese Merkmale als Listen präsentieren, bedeutet dies nicht, dass geistliches Mentoring einem Schema folgt oder ganz bestimmte Voraussetzungen erfordert, sondern es geht bei allem um ein einfühlsames, aufmerksames Hören. Zunächst natürlich auf Gott, dann aber auch auf sich selbst und sein Leben. Das gilt für den Mentor nicht weniger als für den Mentoranden. Es ist eine dynamische, wache Beziehung, die erkennt, welche Schritte als nächste auf dem Weg des Glaubens getan werden sollten.

Zum Nachdenken
Nehmen Sie sich zu Beginn dieses Kapitels einen Moment Zeit, um über Ihre eigene Definition des geistlichen Mentorings nachzudenken, die ganz langsam in Ihnen Gestalt gewinnt.
➤ Was sind die notwendigen Momente des geistlichen Mentorings?
➤ Wie geht man als Mentor vor?
➤ Was sind die erforderlichen Fähigkeiten und Eigenschaften eines Menschen, der Mentor werden möchte?

Erneuerung durch geistliches Mentoring
Zur Zeit zeigt sich geistliches Mentoring als eine der verheißungsvollsten Hoffnungen für die geistliche Lebendigkeit der Gemeinde Jesu. Die Menschen hungert es nach den Beziehungen, die durch Mentoring entstehen, und so suchen sie nach Personen, die im Glauben schon ein ganzes Stück Weg gegangen sind und deshalb solche Mentoren für sie werden können. Der Trend zum Mentoring in der Wirtschaft, im Bildungswesen und im Gesundheitswesen trägt auf seine Weise dazu bei, dass auch in den Gemeinden ein steigendes Interesse am *geistlichen* Mentoring zu erkennen ist. In verschiedenen Kreisen der christlichen Szene herrscht große Aufgeschlossenheit gegenüber der Rolle, die geistliches Mentoring für die Entwicklung einer gesunden Spiritualität spielen könnte.

Es gibt auch ein neues Interesse an der Arbeit der alten Gilden, in denen ein junger Lehrling von einem erfahreneren Handwerker herangezogen und geschult wurde. Theologische Institutionen ziehen Bilanz, was ihre Effektivität bei der Ausbildung christlicher Leiter betrifft und müssen feststellen, dass sie das Mentoring, das sich um die geistliche Bildung des zukünftigen Leiters bemüht, vernachlässigt haben. Theologischer Scharfblick, exegetische Praxis und die Anwendung der neuesten Wachstumsstrategien alleine reichen heute nicht mehr aus, um einen Gemeindeleiter im Sinne Gottes »erfolgreich« sein zu lassen.

Das Wort »Mentor« kommt eigentlich aus der Welt der griechischen Mythologie. Odysseus gab seinen Sohn Telemachos in die Pflegschaft und Obhut eines weisen Mannes namens Mentor.

Während Odysseus fortzog, um den Trojanischen Krieg zu führen, hatte Mentor die Aufgabe, den jungen Telemachos »nicht nur in der Bücher Lehre, sondern auch in den Schlichen der Welt« zu unterweisen. Mentors Aufgabe war eine Bildung der Seele und des Geistes, nicht nur des Verstandes; eine Bildung, die Weisheit vermittelte und nicht nur Information.

In der frühen Zeit des klassischen Christentums hatte geistliche Wegweisung oft mehrere der folgenden fünf Merkmale:
    a) strukturiert/formell
    b) hierarchisch und einseitig (von oben nach unten)
    c) autoritär (Befehl und Gehorsam)
    d) »offiziell« und klerikal
    e) individualistisch und privat.

Heute dagegen richtet sich das Interesse mehr auf neue Formen der geistlichen Wegweisung und Methoden der geistlichen Unterweisung, die eher einige der folgenden Merkmale aufweisen:
    a) informell
    b) partnerschaftlich
    c) ermutigend und anregend statt befehlend
    d) inoffiziell, mehr Laien als Geistliche
    e) neben individuellen Zweierschaften auch kleine Gruppen.

Für das Konzept der Mentoring-Beziehung, die ihr Augenmerk auf die Entwicklung der Spiritualität richtet, hat es im Laufe der Jahrhunderte mehrere verschiedene Namen gegeben. Was wir geistliches Mentoring nennen, ist früher auch als Seelsorge, geistliche Wegweisung, Seelenfreundschaft, Jüngerschaft und einfach als geistlicher Rat bezeichnet worden. Wir haben für all diese Formen geleiteter geistlicher Entwicklung den Ausdruck »geistliches Mentoring« gewählt. Diese Beziehungen können formell oder informell sein, strukturiert oder unstrukturiert, hierarchisch oder partnerschaftlich, doch sie haben immer dieselbe Hauptfunktion: Sie sind Prozesse der geistlichen Entwicklung, durch die eine Person zum geistlichen Ratgeber für einen oder mehrere andere wird. Dazu können zufällige Begegnungen und spontane Momente der geistlichen Einflussnahme ebenso gehören wie geplante, bewusste Zusammenkünfte, die der geistlichen Entwicklung des Mentoranden dienen. Nach unserer Überzeugung bringt die stille Arbeit des geistlichen Mentorings in seinen vielfältigen Formen hervorragende christliche Leiter und echte, hingegebene Nachfolger Jesu hervor.

Der geistlich Suchende, der sich bewusst in eine Beziehung zu einem geistlichen Mentor begibt, wird oft als Schüler, Jünger oder Protegé bezeichnet. Diese Ausdrücke haben für viele etwas Formelles, Steifes oder Funktionales an sich. Wir haben uns entschieden, den Ausdruck Mentorand zu verwenden, sofern wir nicht gerade die historischen Schriften zitieren und die Begriffe verwenden, die die klassischen Autoren selbst gewählt haben.

J. Robert Clinton hat darauf hingewiesen, dass es beim Mentoring eine Vielzahl von Beziehungsrollen und -typen geben kann, wie in Tabelle 1 zu sehen ist. (Siehe in Anhang 1 weitere Merkmale von Clintons neun Typen von Mentoring-Beziehungen.)

Diese Liste gibt einen Überblick über die vielen Arten von Beziehungen, die Mentoren mit Menschen haben können, die sich ihnen für ein Stück gemeinsamen geistlichen Weges anvertrauen. Mentoring ist kein Patentrezept, das für alle gleich ist. Mentoren und Mentoring sind so einzigartig wie die individuelle Beziehung selbst. Geistliches Mentoring ist das Werk des gesamten Leibes Christi. Demnach braucht jede Mentoring-Beziehung offensichtlich ihren ganz eigenen Stil. Von wem und wie diese geistliche Förderung kommt, ist weniger wichtig als dass sie überhaupt kommt.

Der Mentor	Funktion der Mentoring-Beziehung
Jüngerschaftsleiter	versucht, die grundlegenden Fähigkeiten für einen Jünger in der Nachfolge Christi zu vermitteln.
Geistlicher Ratgeber	fordert den Einzelnen heraus, sein geistliches Leben und die Praxis seiner geistlichen Übungen wach zu verfolgen und so geistlich zu wachsen und zu reifen.
Coach	fördert die Entwicklung von Fähigkeiten für den Dienst sowie die Motivation, die erworbenen Fähigkeiten einzusetzen.
Seelsorger	steht dem Protegé mit Rat zur Seite und vermittelt gerade auch in Krisenzeiten wieder eine vom Glauben getragene Perspektive für das Leben und den Dienst in der Nachfolge.

Lehrer	gibt Wissen und Motivation zur Umsetzung im Leben des Mentoranden weiter.
Lebendes bzw. zeitgenössisches Vorbild	bietet ein persönliches Vorbild für Leben und Dienst, das zur Nachahmung herausfordert.
Historisches Vorbild	ein (passiver) Weg, Prinzipien und Werte für Leben und Dienst von bedeutenden geistlichen Menschen früherer Zeit zu erlernen.
Kontakt zu Gott	Wegweisung oder Einsicht, die als göttliches Eingreifen wahrgenommen wird.
»Sponsor«	bietet Berufsberatung und Schutz während der Anfangszeit eines angehenden Leiters im Dienst.

Tabelle 1: Einige Typen und Funktionen von Mentoring-Beziehungen

Beim Recherchieren und Schreiben haben wir mehrere grundlegende Fragen zu der Rolle gestellt, die geistliches Mentoring bei der geistlichen Entwicklung des Einzelnen spielen kann:

➤ Was können wir sowohl von den antiken als auch von den heutigen Autoren lernen?
➤ Was können wir aus vergangenen Jahrhunderten für den informelleren Stil des Mentorings, der heute vorherrscht, übernehmen?
➤ Was können wir aus Sicht der Bibel dazu sagen?
➤ Was können wir aus Sicht der Geschichte dazu sagen?

Das Ergebnis war eindeutig: Einer der Prozesse, die der geistlichen Entwicklung besonders förderlich sind, ist das informelle Modell des geistlichen Mentorings. Mentoring ist eine der wirksamsten Methoden, uns zu helfen, in unserer Beziehung zu Gott zu wachsen, unsere Identität als geliebte Kinder Gottes zu akzeptieren und unsere einzigartige Rolle für die Aufgaben im Reich Gottes zu entdecken. Nun ist es an der Zeit, den Prozess, den wir geistliches Mentoring genannt haben, zu definieren. Wir haben sieben wesentliche Elemente des Dienstes des geistlichen Mentorings identifiziert.

1. Das Fleisch gewordene Wort: Geistliches Mentoring ist eine Beziehung

Definitionen für geistliche Wegweisung sind in der klassischen christlichen Literatur reichlich zu finden. Manche davon sind eng und konkret; andere weit und allgemein. Alle jedoch sind sich über eine grundlegende Prämisse einig: Geistliches Mentoring ist eine Beziehung. Ob diese Beziehung formell und strukturiert, informell und entspannt, beständig oder sporadisch ist; das Herz des geistlichen Mentorings ist die Beziehung.

Das Leben Jesu Christi und sein Ruf »Folge mir nach« müssen zweifellos als Aufruf verstanden werden, zu lehren, *was* er lehrte, und zu lehren, *wie* er lehrte. Geistliches Mentoring versucht, Jesus in Inhalt und Stil, Botschaft und Methode, Substanz und Form zu folgen. Der Dienst Jesu auf der Erde wird auch als »Inkarnation« bezeichnet, was so viel wie »Fleischwerdung« oder »Verleiblichung« bedeutet. Einfach gesagt: Das Leben Jesu war geichzeitig seine Botschaft. Er offenbarte durch sein Leben, was er mit seinen Worten sagte. Der menschlich-persönliche Stil, den Jesus wählte, ist das Vorbild für das, was wir geistliches Mentoring nennen. Sein inneres Leben voll leidenschaftlicher Nähe zu seinem Vater ist das große Beispiel für alle, die ihm als Jünger für das Reich Gottes nachfolgen wollen. Jesu Methoden stellen dabei für die heutige Produktivitätskultur, die auch im geistlichen Bereich oft einen schnellen, programmatischen Weg für das Wachstum der Jünger sucht, eine echte Herausforderung dar.

Die Methode Jesu kommt am deutlichsten im biblischen Text des Johannesevangeliums zum Ausdruck. Der wahrscheinliche Verfasser, der Apostel Johannes, wird oft als »der Jünger, den Jesus liebte« bezeichnet (vgl. Joh 13,23). Die Worte, die der Apostel niederschrieb, zielen darauf ab, eine zweifache Botschaft der Nähe und der Inkarnation weiterzugeben. Im ersten Kapitel finden sich die Worte, die als eine schlichte und doch umfassende Beschreibung dessen gelten dürfen, was Mission ist, die durch die Liebe Christi motiviert wird.

»Das war das wahre Licht, das alle Menschen erleuchtet, die in diese Welt kommen. Er war in der Welt, und die Welt ist durch ihn gemacht; aber die Welt erkannte ihn nicht. Er kam in sein Eigentum; und die Seinen nahmen ihn nicht auf. Wie viele ihn aber aufnahmen, denen gab er Macht, Gottes Kinder zu werden, denen, die an seinen Namen glauben, die nicht aus dem Blut noch aus dem Willen des Fleisches noch aus dem Willen eines Mannes, sondern von Gott geboren sind. Und das Wort ward Fleisch und

wohnte unter uns, und wir sahen seine Herrlichkeit, eine Herrlichkeit als des eingeborenen Sohnes vom Vater, voller Gnade und Wahrheit.« (Joh 1,9-14)

Der ersehnte Messias kam als Mensch, um für eine Weile unter uns zu leben (wörtlich: sein Zelt aufzuschlagen). Die unüberhörbare Botschaft ist die der Erlösung durch den inkarnierten Christus. Nun haben alle Völker die Gelegenheit, die tiefe Liebe Gottes kennen zu lernen, die uns zu wertvollen, geliebten Kindern Gottes macht.

Inkarnation heißt, »sein Zelt aufzuschlagen« unter denen, die von der tiefen Liebe Gottes hören und sie kennen lernen sollen. Sie ist das grundlegende Vorbild für die Beziehung im geistlichen Mentoring; eine Beziehung, die mit der eigenen Beziehung zu Gott beginnt und von dort in die Beziehung zu anderen überfließt.

2. Im Alltag verwurzelt: Geistliches Mentoring ist autobiographisch

Eine zweite Grundübereinstimmung ist, dass geistliches Mentoring autobiographisch ist. Die Mentoring-Beziehung gibt uns die Möglichkeit, unerschrocken das Leben eines anderen zu erforschen. Der Erfolg oder die Wirksamkeit des geistlichen Mentorings kann direkt von der Fähigkeit von Mentor und Mentorand abhängen, unter die Oberfläche zu den Schätzen im Innern des Mentorands vorzudringen. Alles, was wir an die Oberfläche bringen, hat das Potenzial, sich als Silber oder Gold im rauen Gestein zu entpuppen. Es können kantige und rohe Felsen sein, die oft ungeahnte Schätze in sich bergen. Die geduldige, manchmal zähe Arbeit, nach solchen Schätzen unter den scheinbar wertlosen Steinen zu graben, ist die Arbeit des geistlichen Mentorings. Diese Steine sind die Geschichten unseres täglichen Lebens.

Diejenigen, deren Schriften über Spiritualität oder geistliche Wegweisung die Gemeinde Jesu im Laufe der Jahrhunderte beeinflusst haben, wussten oft um die Heiligkeit des ganz gewöhnlichen Alltags, des normalen Lebens, der unspektakulären Ereignisse. Aus dem Alltagsleben lässt sich sozusagen kostbares Edelmetall gewinnen. Vielleicht hat niemand dieses Vorgehen deutlicher auf den Punkt gebracht als Eugene Peterson, als er schrieb: »Pastorale Arbeit ... ist der Aspekt des Christentums, der sich auf das Gewöhnliche spezialisiert.«[6] Mit anderen Worten: Achten Sie auf das Unspektakuläre. Ehren Sie den Alltag. Wie leicht passiert es uns, dass wir die Spuren Gottes in unserem Leben einfach übersehen und seinen Fingerabdruck in unserem Alltag nicht erkennen. Letztlich halten wir Gott für ein stummes Wesen, weil wir die Stimme des Herrn, die in der scheinbaren Belanglosigkeit des Gewöhnlichen flüstert oder ruft, einfach nicht hören. Welch reiche Schätze lassen sich heben, wenn der Mentor dem Mentoranden hilft, seinen Schritt zu verlangsamen, die Ablenkungen zum Schweigen zu bringen und Raum zu schaffen, um auf das Gewöhnliche zu achten. Fragen wie die folgenden sind Werkzeuge des Mentors:

- Hast du ein Muster des Wirkens Gottes in deinem Leben bemerkt?
- Hast du darüber nachgedacht, was Gott dir durch die Fragen, die du aufwirfst, sagen möchte?
- Was könnte Gott dir durch die Ereignisse in deinem Leben sagen wollen?

Keith erinnert sich daran, wie er sich bei einem Volleyballspiel den Knöchel brach:

> *Ich dachte, ich könnte es immer noch in einem internen Volleyballspiel mit den Studenten aufnehmen, und ich kam auch ganz gut zurecht, bis zu dem Abend, als ich falsch mit dem Fuß aufkam und hörte, wie es im Knöchel knackte. In diesem Moment spürte ich den heftigsten Schmerz, den ich je erlebt hatte, aber er hielt nur so lange an, bis der Fuß geschient war. Dann ließ das Pochen der Schmerzen nach, das scharfe, stechende Gefühl im Knöchel war weg und die gestiegene Aufmerksamkeit für meinen angeschlagenen Körper wich meiner Verärgerung über diese unerwünschte Störung meiner Pläne. Was ich damals nicht verstand, war der langsame Prozess der Genesung. Davon wollte ich nichts wissen und anfangs versuchte ich, so zu leben, als hätte ich keinen vier Kilo schweren Gips am Bein, bis mir ein weiser Freund den Kopf zurechtsetzte: ›Überhöre nicht die Stimme Gottes in dieser Zeit der Genesung – jetzt, wo dein Leben nur im ersten oder zweiten Gang läuft, hat Gott deine Aufmerksamkeit. Hör auf, dich gegen die Verletzung aufzulehnen und nutze dein gebremstes Tempo, um zu hören.‹*

Gott sprach zu mir in den ganz realen Ereignissen meines Lebens. Kein brennender Busch stand vor meinen Augen in Flammen; keine hörbare Stimme drang aus dem Himmel an meine Ohren; aber ich spürte die Herausforderung, mitten in meinem ganz normalen Leben auf Gott zu hören.

Der Lehrplan für die Schule des geistlichen Mentorings ist die sich entfaltende Geschichte des Lebens, wie der Mentorand es erfährt. So wie ein guter Roman sich durch unerwartete, überraschende Wendungen der Handlung entfaltet, so entfaltet sich auch die Biographie eines Menschen. Wo sie hinführt, wird manchmal erst klar, wenn die Geschichte sich weiterentwickelt. Für den Augenblick ist es genug, auf die Fragen weiser und hilfreicher Mentoren zu achten.

Die tiefste Wahrheit der Spiritualität ist immer autobiographisch. Sie liegt in der »Menschwerdung«, wird gelebt im Staub des Lebens am Montag, Dienstag und allen Tagen der Woche. Außergewöhnliche Erscheinungen und Offenbarungen sind selten, doch das sanfte oder nachdrückliche Bohren der Fragen eines Mentors führen uns zurück zu der zentralen Wirkung der Spiritualität: in allen Dingen auf die Gegenwart Gottes zu achten.

Alan Jones beschreibt diesen Prozess in unvergesslichen Worten: »Mein Dahintreiben ist in eine Pilgerfahrt verwandelt worden.«[7] Die Beliebigkeit scheinbar zielosen Dahintreibens kann durch die herausfordernden Fragen eines Mentors in eine Pilgerfahrt verwandelt werden. Schon das Wort Biographie besteht aus zwei Wörtern, die uns daran erinnern können, dass Gottes Interesse an unserem Leben groß ist. Auf die Leinwand unseres Lebensentwurfs wird die Geschichte unseres Lebens (*bios*) geschrieben (*graphein*), eine Komposition gemalt, deren Umrisse immer deutlicher zu erkennen sind. Um dieses Bild noch klarer sehen zu können, müssen wir lernen, aufmerksam zu sein. Geistliches Mentoring ist eine Beziehung, die uns hilft, aufmerksam auf unsere eigene Geschichte zu achten und darin das bereits vorhandene Wirken Gottes zu erkennen.

Wir haben die Fähigkeit, mit Ablenkungen zu leben, heute zu einer gesellschaftlichen Tugend erhoben. Unsere Gesellschaft ist allenthalben angefüllt mit Worten, vielen Worten und wenig Zuhören. Deshalb fällt es uns schwer, auf das leise Flüstern Gottes aufmerksam zu achten. Wir »dösen« vor uns hin, während sich in unserer persönlichen Geschichte bedeutungsvolle Ereignisse abspielen. Die Gabe des Mentorings hilft dazu, die reine chronologische Abfolge von Ereignissen in die Geschichte der Gnade Gottes zu verwandeln, reine Biographie in geistliche Autobiographie. Zum geistlichen Mentoring gehört auch die Wiederentdeckung des Geschichtenerzählens für das Leben der Seele. Offenbar hat die Gemeinde

Jesu weithin ihre Liebe zu Geschichten verloren und durch eine Liebe zu Gedanken ersetzt. Mentoring führt uns zurück zu »der Geschichte an sich« als einen Weg, uns an die Geschichten unseres eigenen Lebens zu erinnern.

In seinem Buch »Story of the Christian Year« schreibt Alan Jones:

> *Wir brauchen ein Lied zum Singen, eine Geschichte zum Erzählen, einen Tanz zum Tanzen, damit wir wissen, wo wir sind und wer wir sind. Aber die Kunst des Geschichtenerzählens und Träumens scheint uns abhanden gekommen zu sein. Hier und da eine Zeile zu singen, die wir kennen, und Stücke aus halb erinnerten Geschichten zu erzählen, ist besser als nichts. Je mehr wir singen und die uralte Geschichte erzählen, desto weniger werden wir mit psychologischem und geistlichem Schnellimbissfraß zufrieden sein, mit falschen und unbeständigen Mitteln der Verleiblichung. ... Im Herzen Gottes erklingt ein Grundthema. Wir müssen auf diese Melodie hören und uns auf das umfassende Drama einlassen, wenn wir uns auf unsere eigene Geschichte einen Reim machen wollen.«*[8]

Ein Mentor weiß, dass in der biographischen Geschichte des Einzelnen Wahrheit eine menschliche Gestalt annimmt. Im Deutschen wird zwischen Heilsgeschichte und Geschichte unterschieden: Die Geschichte des Heils geht viel tiefer als die reine chronologische Geschichte. Durch das Urteilsvermögen eines Mentors lernen wir, Handlung, Themen, Unterthemen und Zusammenhänge zu sehen und die Entwicklung unseres eigenen Charakters zu erkennen. Der Mentor erfindet die Geschichte nicht aus zusammenhanglosen Fetzen einer Handlung, sondern er hilft dem Mentorand, die Entwicklung der eigenen Lebensgeschichte immer tiefer zu durchschauen. (Siehe Anhang 4, »Eine persönliche Zeittafel aufstellen«.)

Indem er Ausschau nach verbindenden Handlungsfäden einer Geschichte hielt, konnte Randy seinen Mentoranden Clair mit einem tief gehenden Ruf zum vollzeitlichen Dienst konfrontieren:

> *Clair wollte sich auf der Freizeit, auf der ich sprach, zwischen den Veranstaltungen eine Weile mit mir unterhalten. Es ging um das Thema, in der Mentoring-Beziehung auf die Wichtigkeit unserer Geschichten zu achten. Clair, ein Gymnasiallehrer mit mehrjähriger Berufserfahrung, war daneben ein engagierter Ältester*

> und Kleingruppenleiter in seiner Gemeinde. Sein Durst nach ›mehr‹ wurde offensichtlich, als er mir einige Kapitel aus seiner eigenen Geschichte zu erzählen begann – Kapitel, die alle gemeinsam das Motiv eines Mannes widerspiegelten, den Gott in den vollzeitlichen Dienst gerufen hat. Als dieser Ruf während unseres Gesprächs immer deutlicher wurde, konnte Clair nicht nur die Bedeutung seiner Berufung erkennen, sondern auch voller Staunen feststellen, dass Gott mitten in den gewöhnlichen Ereignissen seiner eigenen Geschichte gegenwärtig war.«

Durch die zum Nachdenken anregenden Fragen, die sich im Mentoring ergeben, werden wir dazu befreit, auf Gottes Gegenwart in allen Dingen zu achten. Jeder von uns schreibt mit seinen Tagen und Nächten den Roman seines Lebens und achtet dabei mehr oder weniger auf die geistlichen Fäden, auf die Handlungsstränge, auf die fein nuancierten Unterthemen und Charakterentwicklungen in den vielen Kapiteln, die wir schreiben. Der Autor des Lebens hat die Geschichte begonnen, doch jeder von uns wird sein eigenes Ende selbst schreiben – mit unterschiedlicher Rücksicht auf die Handlung, die der Autor beabsichtigt hat. Irenäus (ca. 130-200 n. Chr.), Bischof von Lyon, sagte in einem Schreiben an christliche Erzieher, die größte Ehre Gottes sei eine vollkommen zum Leben erwachte menschliche Persönlichkeit.[9] Darunter verstehen wir einen Menschen, der wach und aufmerksam ist für das Wirken der Gegenwart Gottes in seiner eigenen Geschichte.

Margaret Guenther hat eine wunderbar offene Art, über die wesentlichen Eigenschaften (und damit über die Rolle) eines heutigen geistlichen Ratgebers zu sprechen:

> Was müsste das also für eine Person sein, die heute über das geistliche Leben schreiben sollte? Sie müsste fest verwurzelt sein in der gewöhnlichen, alltäglichen Lebenserfahrung. Sie müsste bodenständig sein und die Fähigkeit haben, die komische Seite allen geistlichen Tuns zu sehen, selbst inmitten großen Leidens. Sie müsste geschickt sein – gewieft genug, die byzantinischen Tricks zu durchschauen, mit denen das Ego versucht, sich ins Zentrum aller Dinge zu rücken, selbst ins Zentrum seiner eigenen Leiden und Kämpfe. Sie müsste in der Lage sein, Urteile zu fällen, ohne zu verurteilen, einen faulen Braten zu riechen, ohne sich

> *von ihrem Gespür für Betrug den Blick auf die Herrlichkeit und Freude versauern zu lassen, die das Geburtsrecht eines jeden in Gott ist.*«[10]

Beim geistlichen Mentoring beginnen wir oft mit den unmittelbaren, praktischen Dingen des Lebens, die uns dann, manchmal über kleine oder größere Umwege, zurück »in die Seele« treiben. Wir beginnen selten mit tief schürfenden geistlichen Erfahrungen, sondern merken zu unserer Überraschung, dass Gott gerade im Alltäglichen auf uns wartet. Ein guter Mentor wird uns helfen, »zwischen den Zeilen zu lesen«, um die verborgenen und unauffällig bodenständigen Botschaften zu finden, die Gott uns zukommen lässt, denn »in ihm sind wir, leben wir und bewegen uns« (vgl. Apg 17,28). Wir brauchen keine Momente der Gotteserfahrung für die Leute zu erfinden; wir brauchen einander nur zu helfen, damit wir sehen, hören und erkennen. Gott ist uns am Montag nicht weniger nah als am Sonntag! Spiritualität ist nicht etwas, das wir zusätzlich zu der »wirklichen Welt« der Jobs, Familien, Rechnungen und Steuern in unserem Leben haben; Spiritualität ist eingebettet in die täglichen Ereignisse unseres Alltags.

Ein Mentor hilft uns, tief in die Ereignisse unseres Lebens hinein und durch sie hindurch zu sehen, um ihre Bedeutung zu verstehen. Haben Sie sich je gefragt, warum Gott die Bibel mit Geschichten von Leuten und Orten anfüllt, über die wir so gut wie keine historischen Informationen haben? Warum hat er die Seiten der Heiligen Schrift nicht gestrafft und eine »Ein-Minuten-Bibel« veröffentlicht, die leichter und übersichtlicher zu lesen ist? Warum hat er die verwirrenden Namen antiker Personen und Orte nicht weggelassen? Wir können Gottes Geschichte nicht kürzen, denn Gott hat all diese Leute gekannt und all diese Orte besucht; Gott war in ihrem Leben nicht weniger gegenwärtig als in unserem. Gottes Offenbarung findet nie im Vakuum statt, sondern immer in geographischen und biographischen Zusammenhängen. Diese Tatsache bestimmt die Richtung unserer Arbeit beim geistlichen Mentoring: Wir achten auf das, was Gott beständig in unseren Geschichten zu Tage fördern will.

»Spiritualität braucht einen Kontext. Immer. Grenzen, Schranken, Zäune. ... Niemand wird geistlicher, indem er weniger materiell wird«[11], schreibt Eugene Peterson, einer der beredsamsten modernen Lehrer der Spiritualität. Peterson war beinahe dreißig Jahre lang Pastor einer örtlichen Gemeinde, bis er eine Position als Professor für Spiritualität annahm. Wenn er von geistlichen Wegweisern spricht, meint er zwar hauptsächlich Pastoren, doch seine Worte sind für alle geistlichen Mentoren anwendbar. Peterson weiß, dass geistliche Wegweisung an einem Ort verankert ist. Dieser Ort ist das Leben des Mentoranden mit all seinen Einzelheiten.

»Pastorale Arbeit besteht aus bescheidener, täglich zugewiesener Arbeit.«[12] Peterson vergleicht den Pastorendienst mit der Arbeit auf einem Bauernhof, die voller routinemäßiger, glanzloser Aufgaben ist – Scheunen fegen, Ställe ausmisten, Unkraut jäten. Geistliches Mentoring ist Arbeit auf dem Bauernhof – wir treffen uns routinemäßig mit dem Mentorand zu regelmäßigen Gesprächen und Gebeten, die selten brillant oder dramatisch sind. Obwohl es in uns und um uns her dabei auch Momente tiefer Freude und Begeisterung über Gottes Wirken geben mag – das Herz des Mentorings ist eine bescheidene, routinemäßige Arbeit.

In einem großartigen amerikanischen Choral heißt es: »Ich bitte nicht um Träume, um die Ekstase eines Propheten, ... o nimm die Trübheit meiner Seele fort.« »Der größte Teil der pastoralen Arbeit findet im Verborgenen statt: das Entdecken der Gnade auch in den Dunkelheiten des Lebens, das Entziffern eines schwierigen Textes, das Anblasen der restlichen Glut eines schwer mitgenommenen Lebens. Das ist harte Arbeit und nicht sonderlich glanzvoll.«[13]

3. Seite an Seite:
Spiritualität ist Partnerschaft mit dem Heiligen Geist

Im Buch der Sprüche spricht die Weisheit, personifiziert als weibliche Stimme, von sich selbst. Dieser Text beleuchtet hervorragend die dritte Grunderkenntnis über das Wesen des geistlichen Mentorings. Dabei sollten wir beachten, dass hier nicht wir nach der Weisheit suchen, sonden die Weisheit auf der Suche nach uns ist!

»*Ruft nicht die Weisheit, und läßt nicht die Klugheit sich hören?*
Öffentlich am Wege steht sie und an der Kreuzung der Straßen;
an den Toren am Ausgang der Stadt und am Eingang der Pforte
ruft sie:
O ihr Männer, euch rufe ich und erhebe meine Stimme zu den
Menschenkindern!
Merkt, ihr Unverständigen, auf Klugheit, und ihr Toren, nehmet
Verstand an!
Hört, denn ich rede, was edel ist, und meine Lippen sprechen,
was recht ist.« (Spr 8,1-6)

Unser Wachstum ergibt sich nicht zuerst aus unseren Anstrengungen und unserem Engagement, sondern die Weisheit ergreift die Initiative und geht auf uns zu. Die Weisheit kommt und ruft! Weisheit, so entdecken wir, ist Gottes Initiative, uns aufzusuchen und uns zum Thron der Gnade zu führen. Wenn es darum geht, anderen zu helfen, geistlich zu reifen, ist es die Weisheit, die durch den Heiligen Geist eine partnerschaftliche Beziehung schafft.

Was verändert sich, wenn wir begreifen, dass Gott die Initiative ergreift und wir reagieren, dass das, wovon wir glauben, es sei von uns ausgegangen, in Wirklichkeit unsere Reaktion auf Gottes längst anwesende aktive Gegenwart ist? Alles verändert sich! Gottes Herz hat bereits gefühlt und geliebt und gehofft, bevor wir überhaupt auf der Bildfläche erschienen sind. Die Lieder unserer Seele sind unserer Seele bereits eingeflüstert und eingesungen worden. Wenn dieser Gedanke stimmt, und daran glauben wir leidenschaftlich, dann besteht die Aufgabe des Mentors nicht darin, etwas zu schaffen, sondern etwas zu bemerken; nicht darin, etwas zu erfinden, sondern etwas zu erkennen. Geistliches Mentoring lädt uns ein, den heiligen Boden zu erkennen, auf dem wir uns längst befinden und auf das bereits vorhandene Wirken Gottes zu achten.

In der Mentoring-Partnerschaft wird uns geholfen, das Wirken des Heiligen Geistes in den ganz gewöhnlichen Dingen wahrzunehmen. Manche Menschen verbringen ihr ganzes Leben, ohne je den Handlungsfaden zu erkennen, den Gott in ihre Tage und Nächte eingeflochten hat. Ganze Jahrzehnte werden gelebt in völliger Ahnungslosigkeit oder Gleichgültigkeit gegenüber dem Feuer des Geistes Gottes, der unseren Weg mit Einsicht erleuchten will. Die große Ironie der »fortschrittlichen« westlichen Gesellschaft ist die, dass wir, die wir so oft auf uns selbst schauen, so selten wahrnehmen, welche Schätze das Wirken des Geistes in uns erzeugt. Unsere Konsumgesellschaft hält uns Spiegel vor, die keine Tiefe haben und uns nur auf uns selbst und unseren Konsum zurückwerfen. In ihnen können wir nicht den Reichtum unserer Identität als geliebte Kinder Gottes erkennen. Wir sind Menschen mit Geschichten, Menschen mit Handlung, Thema und Charakter. Unser Leben hat Anfang, Mitte und Ende. Durch Mentoring wird uns geholfen, unser eigenes Leben mit derselben Freude zu lesen wie einen guten Roman.

Geistliches Mentoring ist vor allem das Werk des Heiligen Geistes. Die Aufgabe, einem anderen zu helfen, den Geist Christi in seinem Inneren zu entdecken, kommt, wie Thomas Merton nachdrücklich sagt, in erster Linie dem Heiligen Geist zu. »Dies ist eine ganz und gar übernatürliche Sache, denn das Werk, den inneren Menschen vom Automatismus zu befreien, obliegt zuerst dem Heiligen Geist.«[14]

In praktischer Hinsicht ist geistliches Mentoring ein Prozess, bei dem der Mentor dem Mentorand hilft, das Wirken des Geistes in seinem Inneren wahrzunehmen. Geistliches Mentoring ist

> *Seelsorge, ... doch es ist nichts, das man anhand einer Checkliste vorgeschriebener Übungen geschickt abhandeln könnte, sondern etwas, das sich dem Wirken Gottes anschließt und auf das achtet, was in der Seele des geistlichen Suchers bereits vollbracht ist. Seelsorge ist das bewusste Wahrnehmen der Tatsache, dass Gott bereits die Initiative ergriffen hat. ... Gott war längst zielstrebig zur Rettung eines Menschen am Werk, bevor ich auf dem Plan erschien, bevor mir klar wurde, dass es hier etwas für mich zu tun gibt.«*[15]

Jesaja betont Gottes souveräne Rolle bei dem Werk des geistlichen Wachstums:

»*So spricht der HERR, dein Erlöser, der Heilige Israels: Ich bin der HERR, dein Gott, der dich lehrt, was dir hilft, und dich leitet auf dem Wege, den du gehst. O daß du auf meine Gebote gemerkt hättest, so würde dein Friede sein wie ein Wasserstrom und deine Gerechtigkeit wie Meereswellen.*« (Jes 48, 17-18)

Dies nennen wir das »bereits vorhandene Wirken« des Heiligen Geistes. Und die vorrangige Aufgabe des Mentors ist demnach Folgendes: dem Mentorand seine Einzigartigkeit als geliebtes Kind Gottes entdecken zu helfen. Er ist geschaffen nach dem Bilde Gottes zu einer innigen Beziehung mit ihm und dies befähigt ihn wiederum, seinen ihm eigenen Dienst in dieser Welt zu entdecken. Zweck des geistlichen Mentorings ist es, einen Raum zu schaffen, in dem diese Wahrheit entdeckt wird. Dieses Verständnis des geistlichen Mentorings hat tief greifende praktische und strategische Implikationen:

➤ Die Verantwortung für das geistliche Wachstum liegt beim Heiligen Geist, nicht in den Händen irgendeines Mentors.
➤ Die Initiative für geistliches Wachstum liegt im Herzen Gottes, nicht im Herzen des Mentors.
➤ Der Dienst des geistlichen Mentorings besteht vor allem darin, zu erkennen, Aufmerksamkeit zu bekommen und zu schenken, nicht darin, Wachstum zu schaffen oder zu erzwingen.
➤ Zur Strategie der geistlichen Formung kann es dennoch gehören, dass man entschlossen und nachdrücklich in das Leben des Mentoranden eingreift; allerdings immer mit größter Aufmerksamkeit für das Wirken des Geistes Gottes.

Geistliches Mentoring hilft uns zu entdecken, was Gott für uns möchte und schon jetzt durch die Kraft des Heiligen Geistes im Leben des Mentoranden bewirkt. Darum sagen wir, dass die Rolle des Mentors darin besteht, den Entdeckungsprozess zu erleichtern. Eine treffende Analogie ist vielleicht die Arbeit eines Optikers, dessen Aufgabe einfach darin besteht, durch eine Reihe von Messungen und Tests die optimale Dioptrinzahl zu ermitteln, so dass der Patient mit seiner neuen Brille besser sehen kann. Der Optiker hat weder das Licht noch die Brechungsgesetze des Glases erfunden; er hilft dem Patienten lediglich dadurch, dass er beides hervorragend zu nutzen versteht.

Die Beziehung des geistlichen Mentorings ist dreidimensional und dynamisch: Mentor und Heiliger Geist, Mentor und Mentorand, Mentorand und Heiliger Geist. Aufmerksames Zuhören, hellhöriges Gebet und aktives Urteilsvermögen kennzeichnen diese drei Beziehungen in ganz besonderer Weise. An die Seite eines Mentoranden zu treten bedeutet also mit anderen Worten: mit dem Heiligen Geist eine Dienst-Partnerschaft eingehen.

Eine Person, die zu einem effektiven Einsatz des geistlichen Mentorings geführt wurde, versteht, dass die Entdeckung des bereits vorhandenen Wirkens des Geistes durch eine betende Haltung und Lebensweise ermöglicht wird. In ihrer engsten Definition ist geistliche Wegweisung eine Wegweisung, die im Gebetsleben des einzelnen Christen vermittelt wird. Doch in einem weiteren Sinne ist sie eine Kunst, die beinhaltet, anderen zu helfen, das Wirken des Heiligen Geistes in unserem ganzen Leben zu erkennen, diesem Wirken gegenüber gehorsam zu werden und die wesentlichen Lebensentscheidungen zu treffen, die unsere Treue Gott gegenüber erfordert. So verstanden umfasst das Gebet das ganze Leben und darum ist geistliche Wegweisung eine wesentliche seelsorgerische Aufgabe.[16]

Ein junger Priester, der den Namen Johannes vom Kreuz annahm, suchte sich Theresia von Avila als Mentorin aus. Er war nicht der Einzige, dessen Mentorin sie war, aber die Geschichte ihrer geistlichen Beziehung ist besonders faszinierend, weil nach einiger Zeit Johannes vom Kreuz zu ihrem Mentor wurde. Wodurch Theresia von Avila für Johannes vom Kreuz als Mentorin wichtig wurde, berichten ihre Geschichten nicht, doch es wird deutlich, dass noch viele andere gerne von ihr lernen wollten, wie sie ihre Liebe zu Jesus vertiefen könnten.

Ihre Gedanken über ihre eigene schriftstellerische Tätigkeit enthalten tiefe Einsichten für unser Gespräch über die Qualifikationen von Mentoren. Ihre Bücher wurden aus Gehorsam geschrieben, auf Befehl ihrer Vorgesetzten in dem Konvent, in dem sie diente, nicht, weil sie sich selbst als Schriftstellerin für besonders begabt oder als Denkerin oder geistliche Wegweiserin für besonders kompetent hielt. Einmal rief sie aus:

> *Um der Liebe Gottes willen, lasst mich an meinem Spinnrad und im Chor arbeiten und die Pflichten des religiösen Lebens erfüllen wie die anderen Schwestern. Ich bin nicht zum Schreiben bestimmt: Ich habe weder die Gesundheit noch die Intelligenz dafür.*
>
> *Die Autorität von so gelehrten und ernsthaften Personen wie meinen Beichtvätern reicht aus, um gutzuheißen, was ich jemals Gutes sagen mag, falls der Herr mir die Gnade dazu gibt, wobei es dann ja nicht von mir kommt, sondern von ihm; denn ich bin nicht gelehrt und habe auch kein gutes Leben geführt, und ich bekomme meine Informationen auch nicht von einem gelehrten Mann oder sonst einer anderen Person. Nur diejenigen, die mir aufgetragen haben, dies zu schreiben, wissen, dass ich es tue, und im Moment sind sie nicht hier. Ich muss mir die Zeit zum Schreiben beinahe stehlen, und das unter großen Schwierigkeiten, denn es hält mich vom Spinnen ab, wo ich doch in einem armen Haus lebe und viele Dinge zu tun habe.«*[17]

Diese Worte voller Demut wurden von einer Frau geschrieben, deren Bücher und Schriften inzwischen von Millionen gelesen und wieder gelesen wurden; einer Frau, deren Werke mittlerweile in unzählige Sprachen übersetzt wurden, der Autorin eines der meistgelesenen Bücher, die je ein spanischer Schriftsteller verfasste. Ihr Werk war das Werk ihres Herzens und ihrer persönlichen, mystischen Erfahrung mit ihrem Gott, nicht das Werk einer ernsthaften, systematisch arbeitenden Akademikerin. Durch ihre Demut nimmt sie alle für sich ein, die ihre Schriften lesen, und auch die Ehrlichkeit ihres Ausdrucks spricht alle an. Sie wurde zur Mentorin für Millionen, obwohl sie überzeugt war, nicht über die Kompetenz ihrer gelehrten Vorgesetzten zu verfügen.

Ihr Beispiel macht eindrücklich sichtbar, dass eine solche Demut des Herzens wesentlich für jeden ist, der ein effektiver Mentor sein möchte. Ein Mentor sieht sich selbst als Teilhaber an etwas, das viel größer ist als seine eigene Kreativität oder Weisheit. Das ist es, was wir unter der »Partnerschaft mit dem Heiligen Geist« verstehen.

4. Die Route:
Geistliches Mentoring ist zielgerichtet

Ein interessantes Buch über Reisen als Pilgerschaft definiert »Pilgerschaft« ganz ähnlich, wie wir es mit dem geistlichen Mentoring getan haben:

> *Pilgerschaft ist die Art von Reisen, die eben diesen Schritt vom geistlosen zum geistvollen, vom seelenlosen zum seelenvollen Reisen markiert. Der Unterschied kann fein oder dramatisch sein; auf jeden Fall ist er per definitionem lebensverändernd. Er bedeutet, wach zu sein für jene Zeiten, in denen man nur einen Ausflug zu einem fernen Ort nötig hat, um sich einfach zu verlieren, und für die Zeiten, in denen man eine Reise zu einem heiligen Ort in all seinen herrlichen und Ehrfurcht gebietenden Ausschmückungen braucht, um sich zu finden.*«[18]

Mentoring hat eine Stoßrichtung, ein Ziel, einen klaren Zweck. Es ist kein geistloses und seelenloses Herumirren, sondern eine Reise, die sich selbst als Pilgerschaft versteht, eine Reise mit einem geistlichen Zweck. Die Route ist zielgerichtet, aber nicht im Einzelnen vorher festgelegt. Unsere geistliche Reise treten wir nicht mit einer detaillierten Straßenkarte an, sondern lediglich mit einer Einladung, zu entdecken, was Gott für unseren persönlichen Weg durch Raum und Zeit vorgesehen hat.

Die Aufgabe des Mentors ist es, uns zu helfen, tief genug in unser Leben einzutauchen, um diesen Zweck zu entdecken. Ein kurzer Blick auf einige biblische Mentoren erlaubt uns, eine vorläufige Liste von Zwecken des Mentorings aufzustellen.

Ermutigung. Mose sagt dem jungen Josua, seinem Nachfolger als Führer des Volkes, er möge stark sein und sich nicht vor dem fürchten, was vor ihm liegt. Das Buch Deuteronomium illustriert eindrücklich die ermutigende Rolle eines Mentors (Dtn 31,7-8).

Erkenntnis. Der alte Priester Eli forderte seinen jungen Diener Samuel auf zuzuhören. Im ersten Buch Samuel wird berichtet, dass Eli nach mehreren Erfahrungen »merkte ..., daß der Herr den Knaben rief« (vgl. 1 Sam 3,8) und seinem jungen Mentorand half, durch Zuhören zu einer tieferen Erkenntnis zu gelangen.

Rechenschaft. Der Prophet Nathan tritt König David entgegen, weil er in seiner ehebrecherischen Affäre moralisch versagt und seine Macht missbraucht hat, sich Bathseba, eine verheiratete Frau, gefügig zu machen. Nathan fordert von David Rechenschaft (2 Sam 12).

Erinnerung an die geistliche Identität. Die faszinierende Geschichte von Abigail erzählt von einer jungen Frau, die dem jungen politischen Flüchtling David in den Weg tritt, als er seinen Blick auf Gott verloren hat und im Begriff ist, sich an ihrem Mann, einem reichen Grundbesitzer namens Nabal, zu rächen. Sie greift auf wunderbar kreative Weise ein, um David an seine von Gott gesetzten Ziele zu erinnern. Mit dem vor Wut tobenden jungen Soldaten David kann sie es nicht aufnehmen, aber sie kann ihren Verstand und ihre Schönheit einsetzen, um behutsam Davids Erinnerung an Gottes Ziele für sein Leben wiederherzustellen (vgl. 1 Sam 25).

Weisheit für Entscheidungen weitergeben. In der wunderbaren Geschichte einer biblischen Freundschaft ist Noomi die weise Ratgeberin für die junge Rut, die gewissenhaft den Anweisungen der älteren Frau folgt, wenn sie Entscheidungen für ihr junges Leben trifft (vgl. Rut 1-4).

Herausforderung zur politischen Einflussnahme. Mordechai fordert seine junge Nichte, Königin Esther, heraus, sich an ihre Identität als Mitglied des Volkes Gottes zu erinnern (vgl. Esther 4).

Befähigung. Eine der interessantesten Mentoring-Beziehungen ist die zwischen Elija, dem alten Propheten und Lehrer einer Schule für junge Propheten, und seinem Schüler Elischa, dem Propheten, der einmal sein Nachfolger werden wird. Elischa bittet einmal sogar um eine Verdopplung der Vollmacht, die Elija besitzt (vgl. 2 Kön 2).

Erklärung und Korrektur. Priscilla und Aquila sind ein Ehepaar, das offenbar über keinerlei theologische Ausbildung verfügt, abgesehen von ihrer eigenen Herzenserfahrung. Trotzdem unterrichten sie den großen zeitgenössischen Prediger und Lehrer Apollos. Im 18. Kapitel der Apostelgeschichte finden wir einen wunderbaren Text, der zeigt, welch große Rolle auch Laien bei der Ausbildung derer spielen können, die lehren.

Appell zum Wachstum. Paulus schreibt an seinen Freund Philemon und bittet ihn, seine Sicht der Dinge zu korrigieren. Das führt zu einer dramatischen Veränderung seiner Beziehung zu seinem entlaufenen Sklaven Onesimus. Die Geschichte des jüngsten Protegés des Paulus, des Sklaven Onesimus, illustriert die Macht des Evangeliums, ein neues Modell für Beziehungen zu vermitteln. Paulus behandelt das Thema »Sklaverei«, indem er sich um die besonderen, sehr konkreten Probleme eines entlaufenen Sklaven und seiner Rückkehr in den Haushalt seines wohlhabenden Herrn Philemon kümmert. Das war die Botschaft der Gemeinde Jesu, was die Sklaverei betrifft, Ähnliches finden wir heute gegen den Rassismus.

Nachdem wir gesehen haben, welch vielfältigen Zwecken geistliches Mentoring dienen kann, sollten wir uns auch klarmachen, dass es viele Zwecke gibt, die geistliches Mentoring nicht erfüllt.

Geistliches Mentoring ist nicht
- Berufsberatung, auch wenn es sich mit Fragen von Beruf und Berufung befassen kann;
- psychologische Beratung, auch wenn es das Innere der Psyche eines anderen erforschen kann;
- Lebensberatung, auch wenn Lebensfragen zur Sprache kommen;
- pastorale Seelsorge, obwohl sie von Pastoren, die zum Mentoring begabt sind, praktiziert werden kann;
- Belehrung im traditionellen Sinne der Vermittlung von Informationen, obwohl sie bisweilen auch Unterweisung beinhalten kann;
- ein Jüngerschaftsverhältnis, bei dem das Ziel ist, dem Gläubigen grundlegende Glaubenswahrheiten und persönliche Beherrschung geistlicher Disziplinen zu vermitteln;
- gegenseitiges Sündenbekenntnis, obwohl der Mentor dem geistlich Suchenden helfen kann, sein Bekenntnis gegenüber Gott in Worte zu fassen.

Neun Grundwerte des geistlichen Mentorings haben sich aus unserem Studium der historischen und klassischen Schriften über geistliche Wegweisung ergeben. Diese Grundwerte werden wir im weiteren Verlauf des Buches weiter entfalten, doch hier seien sie schon einmal aufgelistet, um die praktischen Zwecke der Arbeit des geistlichen Mentorings zu unterstreichen.

Geistliches Mentoring
- bietet ein wirksames Mittel, um die Nähe zu Gott zu stärken;
- fördert das Erkennen des bereits vorhandenen Wirkens Gottes durch den Heiligen Geist im Leben des Mentoranden;
- unterstützt bei der Erkenntnis des Willens Gottes;
- ist ein höchst effektives Werkzeug der Charakter- und Wertebildung;
- hilft, die tiefste Identität als geliebtes und angenommenes Kind Gottes zu finden;
- ist notwendig für die Reise des Glaubens;
- bietet Klarheit und Wegweisung für Lebensentscheidungen und Dienst;
- ist eine Quelle des Ansporns, der Ermutigung und der Hoffnung;
- wurzelt in der Lehre der Gemeinde und in der biblischen Wahrheit.

5. Die entscheidende Kunst:
Geistliches Mentoring erfordert Zuhören

Geistliches Mentoring ist ein Dienst des Beistands in Partnerschaft mit dem Dienst des *Beistands*, des Parakleten; also der Dienst eines Menschen, der »bei jemandem steht«, um den anderen zu befähigen, ihm zuzuhören, ihn zu lieben und ihm Zusammenhänge durchsichtiger zu machen. Nichts anderes macht der Heilige Geist, der sich als der Paraklet an unsere Seite stellt. Paraklet stammt aus dem Griechischen (παρακλετος) und ist der Begriff, der oft für einen Anwalt gebraucht wurde, der im Gerichtssaal »an der Seite« seines Mandanten steht. Ein geistlicher Mentor ist jemand, der in Partnerschaft mit dem Heiligen Geist einem anderen für eine bestimmte Zeit zu dem ausdrücklichen Zweck zur Seite steht, sein geistliches Wachstum zu fördern. Derjenige, der einem anderen zur Seite steht, ist nicht unbedingt jemand, der in der Fachkenntnis des geistlichen Mentorings geschult, geprüft und beglaubigt wurde, sondern jemand, der in der Lage ist, zuzuhören, zu lieben, Fähigkeiten zu vermitteln und Licht auf das Leben des Mentoranden zu werfen.

Geistliches Mentoring besteht nicht in erster Linie darin, etwas zu schaffen, etwas zu tun, Wachstum zu verursachen oder in irgendeiner der anderen Aktivitäten, die wir so oft mit dem Dienst verbinden. Es ist vielmehr ein Dienst, der an dem teilnimmt, was Gott im Leben des Mentoranden bereits tut. Dieser Charakter definiert das Wesen des geistlichen Mentorings als eine Arbeit, bei der man einem anderen einfühlsam zuhört und ihm mit offenem Herzen zur Seite steht.

Das Entscheidende des Mentorings ist also nicht eine Fähigkeit, sondern die Person des Mentors, der aufmerksam, hellhörig und manchmal intuitiv versteht, auf den Geist Gottes zu hören. Wenn mir jemand zuhört, mich kennen lernen möchte, mich ermutigt, mich herausfordert und mir hilft, Gottes Stimme zu hören, dann ist ein Mentor an meine Seite getreten. Wird das Mentoring allerdings auf Techniken und Systeme reduziert, dann ist seine geistliche Qualität in Gefahr. Geistliches Mentoring ist jede Möglichkeit, mit der wir einem anderen »zur Seite stehen«, um ihm zu helfen, auf Gott zu hören und das bereits vorhandene Wirken Gottes in seinem Leben zu entdecken.

»Was man nicht hat, kann man nicht verschenken« ist eine schlichte Zusammenfassung der unabdingbaren Voraussetzung für jeden geistlichen Wegweiser oder Mentor: Sie können anderen nicht geben, was Ihnen selbst fehlt. Diese Aussage ruft bei manchen Leuten

Furcht und Unzulänglichkeitsgefühle hervor: »Dann kann ich es getrost vergessen, ein Mentor für andere zu sein, denn mir ist selbst vieles noch nicht klar.« Die meisten von uns spüren ihre eigenen Schwächen und Unzulänglichkeiten in der Entwicklung der eigenen Spiritualität. Wir wissen, dass wir noch nicht im vollen Sinne geistliche Menschen sind, aber wir »strecken uns aus nach dem, was vor uns liegt«, wie Paulus es formuliert.

Viel kritischer ist die Einstellung, die jedoch sehr selten unter wirklich lebendigen Christen anzutreffen ist, dass sich jemand für den geborenen Mentor hält. Nur weil er schon einige Stadien geistlichen Wachstums hinter sich hat, muss er noch lange nicht das Gespür und die Liebe für einen Menschen haben, der sich ihm für eine kleine Wegstrecke anvertraut.

Beide Einstellungen können schädlich sein, weil sie den Zweck und den Prozess des geistlichen Mentorings verkennen – sie gehen davon aus, dass es die Aufgabe des Mentors sei, etwas für den anderen zu tun, indem er ihn lehrt, korrigiert oder sonst etwas gibt, das der Mentor hat und der Mentorand nicht. Nein. Ein geistlicher Mentor muss ein Zuhörer sein – zuerst gegenüber Gott, dann gegenüber sich selbst und drittens gegenüber dem Mentorand – oder auch allen dreien gegenüber gleichzeitig. Die Aufgabe des geistlichen Mentors, einen Raum zum Lernen zu schaffen, erfordert, dass der Mentor selbst immer bereit ist, lernen zu wollen. Wenn wir glauben, wir müssten in allen oder fast allen Dingen kompetent sein, haben wir eine völlig falsche Vorstellung von den grundlegenden Eigenschaften, über die ein geistlicher Mentor verfügen muss.

Wer waren die Lehrer in Ihrem Leben – egal, ob innerhalb oder außerhalb des Klassenzimmers –, die Sie am meisten geprägt haben? Waren es nicht jene Leute, die irgendetwas leidenschaftlich liebten, über das sie viel wussten und über das Sie gern mehr lernen wollten? Denken Sie an den Biologie-Lehrer oder Professor, der für das Studium der Mikroben lebte; an den Zimmermann, dessen ganze Leidenschaft es war, mit Holz zu arbeiten; an die Mutter, deren Leben von der Liebe und Sorge für ihre Kinder erfüllt war. Wenn sie gute Lehrer in dem waren, was sie selbst liebten, dann schufen sie einen Raum, in dem andere von ihnen und mit ihnen lernen konnten. Das Evangelium ist das Lied, das uns alle vereint, das aber jeder von uns mit einer anderen Melodie singt. Wenn andere unserem leidenschaftlich gesungenen Lied zuhören, setzen wir sie frei, ihr eigenes Lied anzustimmen. Und dieses Singen verbindet uns mit etwas Großartigem, dem Werk Gottes in der Geschichte dieser Welt.

Viele der großen Pädagogen in der Geschichte haben verstanden, dass Lehren und Lernen nicht zwei verschiedene Aktivitäten sind, sondern zusammengehören. Ein alter Satz über die Gemeinde Jesu lautet: »Ecclesia docens semper ecclesia discens«, übersetzt: »Die lehrende Gemeinde ist immer die lernende Gemeinde.« Das führt uns zu dem Konzept des Erziehers als des »führenden Lernenden«.[19] Ein Mentor, der für andere eine Stimme der Weisheit sein will, ist immer jemand, der selbst ein offenes Ohr für die Weisheit anderer hat, der offen dafür ist, zuzuhören, nachzudenken und sein Leben zu verändern. Der Mentor, der beim Lernen der Erste ist, kann anderen am besten dienen.

»Ratgeber, die in unserer Zeit geistlich ›erweckte‹ Frauen und Männer erreichen wollen, müssen selbst hellwach sein. Ein Ratgeber, der seine Erfahrungen und Gedanken nicht mehr aus dem lebendigen Kontakt mit seinem Herrn bezieht, wird nicht lange glaubwürdig bleiben. Ratgeber müssen Leute sein, die von der ›Dynamik der Freude‹ bewegt sind. Ihnen sollte man die einladende Freude der persönlichen Begegnung mit Jesus anmerken können. Und sie müssen bereit sein, diese Freude mit anderen zu teilen.«[20]

Die Autobiographie der Therese von Lisieux, »Geschichte einer Seele«, ist die bewegende Schilderung einer tiefen, liebevollen Beziehung zu Jesus. Therese erkannte, dass es im christlichen Leben nicht darum geht, zu *wissen*, was zu tun ist, sondern es zu *tun*. Sie schrieb: »Wie kleine Vögel das Singen lernen, indem sie ihren Eltern zuhören, so lernen Kinder die Wissenschaft der Tugend, das erhabene Lied der göttlichen Liebe von Seelen, welche die Verantwortung haben, sie zu formen.«[21] Ein Mentor, der auf Gott und andere hört, lädt den Mentoranden ein, mit ihm zusammen diesem Konzert der Musik Gottes zu lauschen.

6. Keine Gleichmacherei:
Geistliches Mentoring erfordert anpassungsfähige Erkenntnis

Johannes vom Kreuz sagte, dass geistliche Wegweiser in der Lage sein müssten, den Weg zu erkennen, »auf dem Gott die Seele führt, und wenn sie ihn nicht kennen, sollen sie die Seele in Frieden lassen und nicht stören.«[22] Wie wichtig es ist, die geistliche Gabe der Erkenntnis zu besitzen, kann gar nicht genug betont werden. Erkenntnis ist die geistgewirkte Fähigkeit, tief in die Wahrheit des Lebens oder der Situation einer Person hineinzublicken. Erkennen heißt: mit Weisheit sehen. Es gibt viele, die analytisch oder kritisch sehen können, aber Menschen mit dem Geist der Erkenntnis sind selten. Der sechste Grundwert des geistlichen Mentorings ist eine anpassungsfähige, geistgewirkte Erkenntnis.

Eine solche Erkenntnis deutet zum Beispiel die Antwort auf folgende Fragen an: Was hat Gott in dieser Situation vor? Wo ist hier Gottes Hand am Werk? Was für einen Schrifttext sollten wir in diesem wichtigen Augenblick lesen? Was für eine göttliche Dimension könnte in diesem gewöhnlichen Geschehen stecken? Ein Mentor mit dem Blick der Erkenntnis sieht mehr als nur eine Ansammlung von Fakten, Chronologien und Ereignissen. Erkennen heißt hier: mit den Augen Gottes zu sehen. Paulus beschreibt zutreffend das Wesen der Erkenntnis: »Prüft aber alles, und das Gute behaltet.« (1 Thess 5,21)

Bevor wir etwas behalten können, müssen wir uns ein Urteil darüber bilden. Im 1. Johannesbrief werden wir aufgefordert, die Geister zu beurteilen und zu prüfen, den Weg der Weisheit zu suchen. In seinem Buch »The Message« gibt Eugene Peterson die ersten Verse des 4. Kapitels folgendermaßen wieder:

»Meine lieben Freunde, glaubt nicht alles, was ihr hört. Wägt sorgfältig ab und prüft, was die Leute euch erzählen. Nicht jeder, der von Gott redet, kommt auch von Gott. In der Welt treiben sich eine Menge verlogener Prediger herum. So könnt ihr prüfen, ob wirklich der Geist Gottes am Werk ist: Jeder, der offen seinen Glauben an Jesus Christus bekennt – an den Sohn Gottes, der wirklich als Mensch aus Fleisch und Blut in die Welt kam –, kommt von Gott und gehört zu Gott. Und jeder, der es ablehnt, Glauben an Jesus zu bekennen, hat nichts mit Gott zu tun.« (1 Joh 4)

Paulus spricht in seinem ersten Brief an die Korinther von verschiedenen Gaben, darunter die Gaben der Erkenntnis und der Unterscheidung der Geister (vgl. 1 Kor 12,4-11). Obwohl man üben kann, mit Erkenntnis zuzuhören, gibt es auch eine Gabe der Erkenntnis, die einem nur durch ein Leben in einer engen Beziehung zu Gott zuteil wird. In ihr üben sich hellhörige Ohren, scharfe Augen und ein aufmerksames Herz. Wer über diese Gabe verfügt, strebt nach der Weisheit, von der im Buch der Sprüche (Spr 3,5-8) die Rede ist:

»Verlaß dich auf den Herrn von ganzem Herzen, und verlaß dich nicht auf deinen Verstand, sondern denke an ihn auf allen deinen Wegen, so wird er dich recht führen. Halte dich nicht für weise, sondern fürchte den Herrn und meide das Böse. Das wird deinem Leibe heilsam sein und deine Gebeine erquicken.«

Eine junge Studentin kam mit einem tiefen geistlichen Problem in die Studentenseelsorge. Als Missionarstochter geboren, hatte sie den christlichen Glauben eher »ausgeübt« als die Musik mit ihrer eigenen Stimme gesungen, und nun empfand sie ihre Gebete als leblos und ohne Freude und Sinn. Ihr geistliches Leben war blutleer; ihr Gebetsleben eine banale Übung in Sinnlosigkeit. Schweigend saßen wir zusammen, um irgendwie von Gott zu erfahren, was weiter zu tun sei. Schließlich äußerte ich einen gewagten Gedanken: »Hören Sie auf zu beten!« Ich sagte es gleich noch einmal, diesmal mit größerer Gewissheit: »Hören Sie auf zu beten! Können Sie das? Beten Sie erst wieder, wenn Sie nicht anders können.«

Etwas unsicher stimmte sie zu und ich betete im Stillen um Bewahrung für sie in den kommenden Tagen. Es war noch nicht einmal eine Woche vergangen, da kam sie mit leuchtenden Augen wieder. »Es hat nur ein paar Tage gedauert, dann habe ich es nicht mehr ausgehalten. Ich habe gebetet, weil ich es wollte, weil ich es musste, und jetzt ist es für mich wirklich ein erfülltes Erlebnis.«

Die Erkenntnis kam mit einer kühnen, scheinbar verrückten geistlichen Intuition: »Hören Sie auf zu beten!« Wer schlägt schon so etwas als Methode zum geistlichen Wachstum vor? Doch es zeigte sich, dass in diesen Worten eine Weisheit lag, die nicht meinen vernünftigen Überlegungen entsprang, sondern aus einem Herzen, das schon ein wenig zu hören gelernt hatte.

Eine andere entmutigte junge Studentin bekam die Aufgabe, einen Monat lang jeden Tag das erste Kapitel des Epheserbriefs zu lesen. Als sie wiederkam, sagte sie: »Erst wusste ich nicht so recht, warum ich diese Worte immer wieder aufs Neue lesen sollte, doch mit der Zeit wurden sie mir immer vertrauter, und da wurde mir etwas klar. Ich habe mich noch nie von jemandem so geliebt gefühlt wie in dieser Zeit an jedem Morgen, weil mir bewusst wurde, dass Gott schon Pläne für mich geschmiedet hat, lange bevor ich in die Welt kam.«

»Gelobt sei Gott, der Vater unseres Herrn Jesus Christus, der uns gesegnet hat mit allem geistlichen Segen im Himmel durch Christus. Denn in ihm hat er uns erwählt, ehe der Welt Grund gelegt war, daß wir heilig und untadelig vor ihm sein sollten; in seiner Liebe hat er uns dazu vorherbestimmt, seine Kinder zu sein durch Jesus Christus nach dem Wohlgefallen seines Willens.« (Eph 1,3-5)

Es sollte nie vergessen werden, dass wir es beim geistlichen Mentoring mit unverwechselbaren, einmaligen Persönlichkeiten zu tun haben. Es gibt keine einfachen Formeln oder Schritte, an die man sich in jedem Fall nur zu halten braucht; und ganz gewiss keine fünf Schritte, die jeder Mentorand zum geistlichen Wachstum gehen sollte. Vielleicht hat Ignatius von Loyola die Haltung der anpassungsfähigen, geistgewirkten Erkenntnis für den Mentor am treffendsten zusammengefasst, wenn er sagt:

> *Wer jemanden die ›Geistlichen Übungen‹ (die ›Großen Exerzitien‹) machen lässt, sollte nicht der einen oder der anderen Seite zuneigen, sondern sich wie eine Waage in der Mitte halten und den Schöpfer unmittelbar mit dem Geschöpf und das Geschöpf mit seinem Schöpfer und Herrn zusammenarbeiten lassen.«*[23]

Der Mentorand bringt Rohmaterialien in die Mentoring-Beziehung ein – Fragen, Probleme, Kämpfe, Ideen, Hoffnungen, Träume, Information, Fehlinformation – all die Grundzutaten des Lebens. Keine zwei Mentoren würden wohl in jeder Situation genau dasselbe mit einem Mentorand anfangen. Das Ziel ist nicht, irgendeinen perfekten Plan zu kopieren, den sich jemand anderes ausgedacht hat, sondern ganz persönlich für den Mentorand geeignete Wege zu erkennen. Einen einzigen »richtigen« Weg wird es in jedem Fall mit Sicherheit nicht geben; wahrscheinlicher ist, dass sich eine Vielzahl von Möglichkeiten zeigen wird, die Flexibilität und Erkenntnis erfordern.

7. Nicht nur für Spezialisten: Geistliches Mentoring ist Sache des Priestertums aller Gläubigen

In der Vergangenheit war das Werk der geistlichen Wegweisung wie auch heute oft noch eine Aufgabe für Spezialisten. Es war meistens eine straff strukturierte, hierarchische Beziehung, die nur auf eines ausgerichtet war – auf die geistliche Formung des Suchenden. Inzwischen jedoch, meinen wir, ist geistliches Mentoring ein Dienst für die gesamte »Priesterschaft der Gläubigen« geworden; etwas, das nicht nur in der Sonntagsschule und im Gottesdienst, sondern auch an Küchentischen, in Büros, Labors, Fabriken und Lagerhäusern, an Fließbändern, in Bussen und Fahrgemeinschaften praktiziert werden sollte, denn überall gibt es Mentoren und Leute, die bereit sind, den Dienst eines Mentors in Anspruch zu nehmen. Ein kurzer Blick zurück auf die biblischen Mentoren unterstützt dies ebenfalls:
Eunike für Timotheus, Philemon für Paulus, Abigail für David, Aquila und Priscilla für den großen theologischen Lehrer Apollos und Onkel Mordechai für seine junge Nichte Esther – all diese Leute besaßen das Herz eines Mentors, wenn auch wenige von ihnen sich

das Schild einer offiziellen »lizenzierten« Mentoring-Praxis hätten an die Haustür heften können. Die Integrität ihres Lebens bevollmächtigte sie zu einem Dienst der geistlichen Wegweisung. Geistliches Mentoring passt durch seine informelle Art, Stilvielfalt und Partnerschaftlichkeit gut in das gegenwärtige Lebensgefühl unserer Gemeinden.

Mentoren gibt es von unterschiedlichstem Format, mit jedem Hintergrund und Bildungsstand, mit allen Fähigkeiten und Stilen, in allen Rassen und wirtschaftlichen Positionen, männlich oder weiblich, jung oder alt. Das ist das Großartige an Gottes Kreativität, dass die Erfahrung jedes Menschen einzigartig und einzigartig wertvoll ist – alle sind verschieden, und doch sind alle auf Gott hin geschaffen. Gott hat jeden von uns geehrt, indem er uns ins Leben rief, und er ehrt uns auch heute, indem er uns einlädt, Boten der Versöhnung und Botschafter seiner Liebe, Gnade und Hoffnung zu sein.

Mentoring ist Sache des ganzen Leibes Christi. Gemeinsam streben wir danach, auf Gott, den Heiligen Geist, zu hören, der als der Paraklet an unsere Seite tritt – oft durch das Leben des »Mentor-Parakleten«. Schon ein flüchtiger Blick auf die Gestalten der Bibel offenbart eine Vielfalt von Prägungen, Beziehungen und Zielen des Mentorings. Biblische Mentoren waren nicht von gleicher Herkunft, gleichem Geschlecht, gleicher Bildung oder Vorgeschichte; es waren Leute von verschiedenster Art, die oft zu äußerst unterschiedlichen Zwecken in das Leben anderer Menschen helfend eingriffen.

Manche meinen: »Jeder kann – jeder sollte«[24], während andere das Gegenteil sagen: »Jeder kann ein Mentor sein, aber nicht jeder sollte es tun.«[25] Gewiss kann jeder ein Mentor für andere sein, wenn es um eine Fähigkeit, ein Interesse oder eine Erfahrung geht, in der er besonders kompetent ist. Das Alter könnte ein Faktor sein, der einen Menschen für ein solches Mentoring qualifiziert; ein anderer wäre es vielleicht durch die Erfahrung mit einem Thema, einer Organisation oder einer Tätigkeit. Geistliches Mentoring jedoch erschöpft sich nicht darin, einem anderen von den eigenen Erfahrungen zu erzählen oder eigene Erkenntnisse einzutrichtern; es erfordert eine hoch entwickelte Fähigkeit zum Zuhören und Erkennen. Eine Definition des Begriffs besagt, dass ein Mentor dem Mentoranden einen Spiegel vorhalten soll. Was sich darin spiegelt, ist das, was im Leben des Mentoranden sich abspielt, nicht die hervorragenden Eigenschaften des Mentors.

Darum meinen wir, dass geistliches Mentoring nicht in die Hände der Spezialisten gehört. Es mag zwar sein, dass manche Leute besonders begabt für Mentoring sind, doch geistliches Mentoring ist eine Aufgabe der ganzen Gemeinschaft des Glaubens, wie auch die Freundschaft allen Menschen offen steht. Wir möchten gern an einer »Revolution« mitwirken, um der Gemeinschaft der Glaubenden den Dienst des geistlichen Mentorings zurückzugeben. Die Bibel enthält zahlreiche Aufforderungen an die Gemeinde, die das Konzept des Priestertums aller Gläubigen unterstreichen, etwa »reizt einander an zu guten Werken«, »sagt die Wahrheit in Liebe«, »bekennt einander die Sünden«, »betet füreinander«.

Wer also ist zu einem solchen Dienst in der Lage? Wir glauben, es ist Sache des gesamten Leibes Christi, seiner Glieder, die weise Herzen, hörende Ohren haben und geistlich wach sind. Manche der klassischen Autoren deuten sogar an, dass geistliche Wegweisung nicht etwas ist, das man selber zu tun anstrebt, sondern dass der Mentorand von sich aus einen Mentor sucht, einen Mitchristen sozusagen zum Mentor macht.

Die Fähigkeiten eines Mentors lassen sich entwickeln und müssen im Leben eines jeden, der zu diesem Dienst berufen ist, ausgebaut werden. Wenn wir den Dienst des Mentoring allein den Geistlichen vorbehalten, kann das geistliche Leben der Gemeinde nur ärmer werden. Wir sind überzeugt davon, dass geistliches Mentoring eine Herausforderung an die ganze Gemeinde darstellt. Wenn dem so ist, dann stellt sich die Frage nach der Eignung für diese Aufgabe ganz anders. Dann geht es nicht mehr um Amt, formale Ausbildung oder kirchliche Beglaubigung; dann geht es um Bereitschaft und Fähigkeit: Sind Sie geistlich gerüstet, um anderen zu helfen, mit Ihnen und mit Gott Freundschaft zu schließen? Sind Sie fähig und bereit zu einer aufbauenden Freundschaft und Gastfreundschaft? Sind Sie sensibel für das Flüstern Gottes in Ihrem eigenen Leben und gerade auch dann, wenn Sie anderen helfen wollen, den manchmal zarten Akkorden des Liedes Gottes in ihrem Innern zu lauschen? Dann besitzen Sie schon einige wichtige Voraussetzungen für den Dienst des geistlichen Mentorings.

Eugene Peterson erzählt die Geschichte von seiner Begegnung mit seinem ersten geistlichen Mentor. Der Mann war Mitglied der Gemeinde in Montana, wo Peterson aufgewachsen war. Peterson war etwa zwanzig Jahre alt, als er in den Semesterferien wieder einmal zu Hause war. Da er regelrecht ausgehungert war nach einem guten geistlichen Gespräch, wurde er mit einem Handwerker zusammengebracht, der im Dienst der Stadt arbeitete. Dieser einfache Mann hieß Reuben Lance:

> *Mein erster geistlicher Wegweiser hatte keine Ahnung, dass er ein geistlicher Wegweiser war. Er hatte vermutlich den Begriff noch nie gehört, genauso wenig wie ich. Doch unsere gemeinsame Unkenntnis der Terminologie hielt uns nicht von der Arbeit ab. Wir taten beide etwas, wofür wir keinen Namen hatten. Einen Sommer lang trafen wir uns jeden Dienstag und Donnerstag abends zum Reden und Beten in dem Gebetsraum im Keller des Gemeindehauses. Wir kamen gut miteinander aus. Er war nicht nur der erste, sondern auch mit der beste aller geistlichen Wegweiser, die ich je hatte. ... Sein betendes Zuhören allein hatte ihn das für mich werden lassen. Er selbst hatte mir nicht viel zu sagen, erzählte mir aber offen von sich, wenn es passte. Und er versuchte nie, etwas zu erzwingen.«*[26]

Wie Peterson berichtet, musste Reuben Lance nur zwei Fähigkeiten oder Voraussetzungen für das Mentoring mitbringen, das er so unbefangen und wirkungsvoll leistete: Unwissenheit und Sorglosigkeit. Unwissenheit bezieht sich auf die Momente, in denen »sorgfältige Katechese nicht erforderlich ist, sondern ›gelassenes Innehalten vor dem Mysterium‹.«[27] Sorglosigkeit bezeichnet die Distanzierung des Herzens und des Geistes, wenn der Mentor zur Seite tritt und es dem Heiligen Geist überlässt, für den Mentorand zu sorgen. Peterson schreibt: »Es gibt Momente, in denen keine Fürsorge notwendig ist, in denen Distanz angebracht ist. Was der Geist in anderen Menschen bewirkt, geht weit über alles hinaus, was wir selbst tun könnten.«[28]

Solche Weisheit ist freilich durch formale Ausbildung nur schwer zu erlangen. Wir werden gelehrt, Dinge zu wissen und uns um andere zu sorgen. Das bewegt uns und bestätigt uns in unserem Dienst für andere. Die Weisheit, die in Petersons Erfahrung liegt, ist das Paradox, genug zu wissen, um sich im Hintergrund halten zu können. Eine Ordination oder ein Universitätsabschluss sind keine Voraussetzungen für solche Fähigkeiten.

Zum Nachdenken
Was sind also die Voraussetzungen, die jemand erfüllen muss, der Mentor sein möchte? Stellen Sie sich folgende Fragen:
- Welche Art »Weisheit« erwarten Sie vor allem von einem anderen?
- Welche Charakterzüge suchen Sie bei einem geistlichen Freund?
- Was zieht Sie zu einer Person hin, die Ihr geistlicher Ratgeber werden könnte?

Eigenschaften eines Mentors

Lehrer werden geprüft und examiniert; Schulen beurteilt man anhand ihrer Lehrerfolge; wir als Gesellschaft glauben, feststellen zu können, was einen guten oder einen schlechten Lehrer ausmacht. Es gibt Maßstäbe und Wege, um die Frage »Was ist ein Lehrer?« abzuwägen und zu beantworten. Selbst Sporttrainer werden nach ihrem Geschick, ihrer Produktivität und ihrem Erfolg eingestuft. Wie steht es mit dem geistlichen Mentor? Gibt es Instrumente, die uns helfen, die potenziellen Fähigkeiten eines geistlichen Mentors zu bewerten oder zu bemessen? Wie können wir die Bereitschaft, die Fähigkeit oder das Potenzial eines Menschen ermessen, der gebeten wird, ein geistlicher Mentor zu werden?

Im Sport studieren Talentsucher und Trainer die Begabung und das Potenzial der Athleten in ihren Sportarten und versuchen beständig zu erkennen: Haben sie das Zeug dazu? Kann aus ihnen das werden, was sie in ihrem Wettbewerbsbereich anstreben? In diesem Kapitel haben wir ein paar grundlegende Fragen für die »Talentsuche« vorgeschlagen: Wer darf es wagen, die herausragende Rolle eines geistlichen Mentors für einen anderen einzunehmen? Gibt es Maßstäbe, die helfen, die Bereitschaft, Fähigkeit oder Kompetenz eines Mentors richtig einzuschätzen? Letzten Endes – was ist überhaupt ein Mentor?

Wir glauben nicht, dass es Tests oder Bewertungsmaßstäbe gibt, mit denen sich die Kompetenz eines Menschen zum Mentoring auf einfache Weise feststellen ließe, als wäre diese »geistliche Kunst« eine genaue oder objektive Wissenschaft, in der sich Labormethoden oder quantitative Analysen anwenden ließen. Stattdessen glauben wir, dass es Kennzeichen gibt, die auf manche der wesentlichen Fähigkeiten und Eigenschaften hindeuten, die geistlichen Mentoren gemeinsam sind:

- jemand, der etwas hat, das der Nachahmung wert ist;
- jemand, der sich um geistliche Reife, Weisheit und Gottes Wort bemüht;
- jemand, der in seinem Leben geistliche Disziplinen praktiziert, einschließlich des Gebets;
- jemand, der der harten Arbeit des aufmerksamen Zuhörens nicht ausweicht;
- jemand, der die Gabe hat, das Potenzial anderer zu erkennen;
- jemand, der die Gabe hat, das bereits vorhandene Wirken Gottes geistlich wahrzunehmen;

- jemand, der fähig ist, eine Atmosphäre des Vertrauens und der Annahme zu schaffen, einen Freiraum für offene Gespräche;
- jemand mit Lebenserfahrung;
- jemand, der »Disziplinen der Gnade« lehren und seinen Mentorand zur Rechenschaft anhalten kann.

Fünf dynamische Faktoren beim geistlichen Mentoring

J. Robert Clinton identifizierte als Erster fünf wesentliche dynamische Faktoren beim Mentoring, die den Rahmen liefern, innerhalb dessen geistliches Mentoring zu verwirklichen ist. Diese Faktoren sind die Themen, die in den folgenden Kapiteln erörtert werden. Wir verstehen Mentoring nicht als ein mechanisches Abspulen dieser fünf Stufen, sondern wir sehen sie als ein organisches, natürliches Zusammenwirken von Prozessen in der Gemeinschaft, die zwischen Mentor und Mentorand entsteht.

- **Anziehung:** die Aufnahme und Entstehung der Mentoring-Beziehung, die die Phase der Anziehung einschließt.
- **Beziehung:** eine gastfreundlich-einladende Beziehung mit Vertrauen und Nähe pflegen.
- **Aufgeschlossenheit:** die Dynamik der Belehrbarkeit des Mentoranden durch Entwicklung seiner Aufgeschlossenheit stützen.
- **Rechenschaft:** das Wachstum des Mentoranden durch konkrete Rechenschaftsvereinbarungen fördern.
- **Befähigung:** den Mentorand mit einem gestärkten Bewusstsein der Nähe zu Gott, seiner Identität als Kind Gottes und seiner einzigartigen Rolle im Dienst für das Reich Gottes entlassen.

Weitere Gedanken für den Mentor

1. Mit welchem Mentoring-Stil sind Sie am besten vertraut?
2. Auf welchen Stil des Mentorings sind Sie am neugierigsten?
3. Wenn Sie an die Liste der biblischen Mentoren und die verschiedenen Zwecke ihrer Beziehungen zu anderen denken, welche Art von Beziehung erscheint Ihnen für Ihre eigene Mentoring-Beziehung vor allem wünschenswert?
4. Gehen Sie die sieben wesentlichen Punkte des geistlichen Mentorings, die in diesem Kapitel beschrieben wurden, noch einmal durch und denken Sie über deren Bedeutung für Ihre Aufgabe als geistlicher Mentor nach.
5. Wie wollen Sie versuchen, die Partnerschaft mit dem Heiligen Geist zu suchen und zu entwickeln, wenn Sie als Mentor für eine andere Person aktiv werden?

Weitere Gedanken für den Mentorand
1. Erinnern Sie sich noch einmal an die Menschen, die für Sie Mentoren waren. Welche Rollen spielten sie in Ihrem Leben?
2. Haben Sie schon Erfahrung damit, Ihre Lebensgeschichte mit anderen Menschen zu teilen? Wem haben Sie Ihre Geschichte oder ausgewählte »Kapitel« daraus bereits erzählt? (Siehe Anhang 4, »Eine persönliche Zeittafel aufstellen«.)
3. Welcher Mentoring-Stil ist Ihnen am vertrautesten oder angenehmsten?
4. Gehen Sie die sieben wesentlichen Punkte des geistlichen Mentorings, die in diesem Kapitel beschrieben wurden, noch einmal durch und denken Sie über deren Bedeutung für Ihr Weiterkommen als Mentorand nach.
5. Wie können Sie als Partner im Prozess des geistlichen Mentorings Ihrem Mentor helfen, Ihre Beziehung zum Heiligen Geist zu bemerken?

Die Kunst des guten Anfangs

 Sei das, was du willst, das deine Schüler seien.«

Thomas Carlyle

Im Winter 1118 war Bernhard von Clairvaux ein kranker Mann, geschwächt durch Fasten und Überarbeitung. Er lebte genügsam und einfach in einer kargen Hütte. Einer seiner jungen Schüler, Wilhelm von St.-Thierry, besuchte diese primitive Hütte und schilderte seine Reaktion auf den Mann, den er dort vorfand.

> *In jener Hütte, die aussah wie die Behausung eines Leprakranken an der Straßenkreuzung, fand ich ihn strahlend vor Freude, als hätte das Entzücken des Paradieses ihn erfasst. Als mein Blick auf die königliche Behausung und ihren Bewohner fiel, erfüllte mich eine Ehrfurcht – Gott ist mein Zeuge –, als hätte ich mich dem Altar Gottes genähert. Mich überkam eine solche Zuneigung zu dem Mann, dass ich mich danach sehnte, die Armut und Schlichtheit seines Lebens zu teilen. Wäre mir ein Wunsch freigestellt worden, so wäre dieser Wunsch gewesen, für immer als sein Diener bei ihm zu bleiben.«*

Siebzehn Jahre später trat Wilhelm in den Orden Bernhards ein und wurde Zisterzienser. Sein Leben war für immer verändert durch diese Begegnung mit einem Mann, der sein Mentor wurde. Alles fing ganz unbeabsichtigt in einem Moment der geistlichen Anziehung an, der Wilhelm dazu brachte, dass er sich »sehnte, die Armut und Schlichtheit seines Lebens zu teilen«.[1]

Was wir Anziehung nennen, ist die Phase der ersten Annäherung und die darauf folgende Aufnahme der Mentoring-Beziehung. Auch wenn wir nicht alle so dramatische erste Begegnungen haben wie Wilhelm und uns das Leben, das wir vor uns sehen, nicht so tief bewegt, werden auch wir im Innern spüren, wie der Geist Gottes uns zu dem Herzen oder dem Geist oder dem Leben eines anderen Menschen hinzieht. Anziehung ist eine grundlegende menschliche Reaktion der Neugier, des Interesses und des Reizes. Sie fängt an, wenn Sie die Integrität, die Fähigkeit oder andere Eigenschaften eines Menschen, den Sie respektieren, zum ersten Mal bemerken. Sie beginnt, wenn Sie sich fragen, ob diese Person vielleicht etwas über die geistliche Reise weiß, das Ihnen bei den nächsten Schritten helfen könnte, nach denen Sie sich sehnen. Etwas an der anderen Person erweckt Ihr Interesse und zieht Sie zu dieser Person als einem potenziellen Mentor hin.

Potenzielle Mentoren müssen nicht unbedingt Leiter sein, die ihre Arbeit im Licht der Öffentlichkeit tun. Sie können auch stille, unauffällige Leute sein, zu denen Sie sich wegen ihres Charakters hingezogen fühlen. Die besten Mentoren sind oft gerade diejenigen, die man leicht übersieht, weil sie kein offizielles Amt in der Gemeindearbeit haben. Mit der Anziehung beginnt die bewusstere Mentoring-Beziehung und das Gespräch zwischen zwei Menschen. Mit anderen Worten, es gibt einen Moment, in dem einer am anderen eine Eigenschaft oder geisterfüllten Glauben entdeckt, etwas, das beeindruckt oder anzieht und ihn so motiviert, vom anderen zu lernen.[2]

In diesem Kapitel beschäftigen wir uns mit der Frage: Wie macht man in einer geistlichen Mentoring-Beziehung einen guten Anfang? Wie fängt man eine Beziehung zu jemandem an, von dem man sich Hilfe bei seiner geistlichen Entwicklung erhofft? Wer ergreift die Initiative – Mentor oder Mentorand? Was sind die wesentlichen ersten Schritte, die die Beziehung verankern? Sollten für die Beziehung gesunde Abgrenzungen vereinbart werden? In diesem Kapitel geht es um die notwendigen Schritte zur Aufnahme einer Mentoring-Beziehung und um einen praktikablen Weg, eine Vereinbarung zwischen Mentor und Mentorand zu treffen.

Die Beziehung initiieren
Ken stand an einem Scheideweg und brauchte jemanden, der ihm in seiner verworrenen Situation zuhörte und ihm half, sie geistlich

irgendwie zu bewältigen. Steve war jemand, den Ken als einen Mann Gottes schätzte, der eine feine »Antenne« für den Heiligen Geist hatte. Wenn jemand ein geistlicher Ratgeber für Ken sein konnte, dann war es Steve. Immerhin kannte sich Steve hervorragend in den Klassikern der Christenheit aus, hielt Seminare über geistliches Wachstum und nahm seine Studenten regelmäßig in die Black Hills in South Dakota zu einem Kurs über die »Theologie der Wüstenväter« mit.

Als sein Studienberater hatte Randy Ken ermutigt, sich jemanden zu suchen, zu dem er sich hingezogen fühlte und der ihm helfen konnte, das bereits vorhandene Wirken Gottes inmitten seiner ziemlich komplizierten Lebensprobleme zu entdecken. Ken überlegte, ob er Steve darum bitten sollte, zögerte aber, weil er meinte, das sei nicht der richtige Weg, um eine Mentoring-Beziehung zu beginnen. Es kam ihm ziemlich merkwürdig vor, jemanden zu bitten, sein Mentor zu werden. Kens Reaktion war typisch: »Sollte nicht der Mentor den Mentorand auffordern, eine Mentoring-Beziehung anzufangen?«

Kens Frage ist weit verbreitet: Ist es in Ordnung, jemanden zu bitten, mein Mentor zu werden? Die bedauerliche Wahrheit ist, dass Leute, die sich eine geistliche Mentoring-Beziehung wünschen, lange warten können, wenn sie erst die Initiative eines geistlichen Mentors abwarten wollen, zu dem sie sich hingezogen fühlen. Meistens sind es die potenziellen Mentoranden, die an einen geistlichen Mentor herantreten.

Marie Theresa Coombs und Francis Kelly Nemeck, die sich intensiv mit der Frage der geistlichen Wegweisung befassen, meinen, dass die Initiative meistens dem Mentorand überlassen bleibt. Nach ihrer Überzeugung ist es sogar so, dass man vor allem dadurch, dass man um geistlichen Rat gebeten wird, überhaupt darauf aufmerksam wird, dass man das »Charisma« der geistlichen Wegweisung besitzt. »Ein wesentliches Indiz dafür, dass man dazu berufen ist, ein geistlicher Wegweiser zu werden, ist demnach die Tatsache, dass man von anderen um geistliche Wegweisung gebeten wird.«[3]

Jon kam gleich offensiv zur Sache, als er sich um Mentoring bemühte. Er kam ins Büro und trug sein Anliegen vor. »Ich glaube, es würde mir helfen, von Ihnen zu lernen, und ich würde gerne regelmäßig (einmal in der Woche) zu Mentoring-Gesprächen zu Ihnen kommen.« Das Stadium der Anziehung hatte schon eine Weile angedauert und nun handelte er nach den Impulsen seines Herzens.

Peter dagegen ist sehr reserviert und brauchte erst eine Einladung des Mentors: »Peter, ich glaube, Sie haben ein großes Potenzial zur

Leiterschaft und ich möchte Sie einladen, mit mir eine Mentoring-Beziehung einzugehen.«

Ob nun der Mentorand sich einen Mentor sucht oder umgekehrt, eine geistliche Mentoring-Beziehung beginnt immer damit, dass man einander Aufmerksamkeit schenkt. Irgendwie muss die »Chemie« gerade auch im ersten Moment der Mentoring-Beziehung stimmen; das ist es, was wir mit »Anziehung« bezeichnen. Wie man das erspürt, ist ganz unterschiedlich. Manchmal ist die »Anziehung« für Mentor und Mentorand ganz rational und lässt sich leicht erklären – die beiden haben bereits eine Arbeitsbeziehung, oder sie gehören beide einem Hauskreis an oder der eine ist ein Lehrer und der andere sein Schüler. In anderen Fällen scheint es eine seltsam glückliche Fügung zu sein – wie die beiden einander finden, ist oft ein überraschendes Geschenk Gottes. Wie auch immer es geschieht, »Anziehung« bezeichnet das erste Stadium, in dem man den anderen bemerkt und anfängt, sich dafür zu interessieren, was diese Person einem als geistlicher Mentor bieten könnte. Anziehung ist das erste Stadium, aber es ist nur der Anfang. Kehren wir zu einem unserer historischen Mentoren zurück, um ein Beispiel für die frühen Stadien der Mentoring-Arbeit zu finden.

Ziehe sie an durch dein Leben

Augustinus wurde im Jahr 354 in Tagaste, einer kleinen nordafrikanischen Stadt im heutigen Algerien, geboren. Die Bühne der christlichen Geschichte betrat er etwa vierzig Jahre, nachdem Konstantin der erste christliche Kaiser Roms geworden war. Augustinus' Mutter Monica war mehr als eine treue Nachfolgerin Christi; sie liebte ihren Gott und diente ihm mit Leidenschaft. Ob sein Vater ebenfalls gläubig war, ist nicht bekannt. Es war Monica, die eine bedeutende Rolle in den geistlichen Prägejahren ihres Sohnes spielte und unermüdlich dafür betete, dass er gerettet und zu einem Diener Gottes werden möge.

Mit siebzehn Jahren verließ Augustinus sein Zuhause, um in Karthago seine formale Ausbildung zu beginnen und Rhetorik zu studieren. In jenen Jahren als junger Erwachsener lebte er in sexueller Promiskuität und wurde Vater eines Sohnes, während er mit seiner Geliebten zusammenlebte. Doch während seiner akademischen Studien kam er an einen entscheidenden geistlichen Wendepunkt. Als er hörte, wie der rhetorisch hochbegabte und akademisch bewanderte Bischof Ambrosius das Evangelium verkündete, »war Augustinus beeindruckt von dem, wie er fand, vollkommen akzeptablen akademischen Umgang mit der Literatur. Daraufhin begann er, seine bisherigen Ansichten über das Christentum zu überdenken.«[4]

Wenig später, im Jahr 386, als er sich im Garten eines Freundes aufhielt, stellte er fest, dass er nicht länger vor der pochenden Überzeugung in seinem Herzen fliehen konnte, und er übergab sein Leben der Liebe Gottes. In einer oft wiederholten Geschichte berichtet Augustinus von einer Begegnung, die sein Leben für immer verändern sollte. Als er inmitten der heiteren Schönheit des kunstvoll angelegten Gartens saß, hörte er eine Stimme mehrmals sagen: »Nimm und lies. Nimm und lies.« Er schaute sich um, sah aber niemanden. Später kam er zu der Überzeugung, die Stimme sei von Gott gesandt worden, um ihn zum Studium der Heiligen Schrift zu bewegen. Dort saß er, innerlich mit den Fragen seines Lebens und Glaubens ringend, bis jene Worte ihn veranlassten, die Bibel zu »nehmen und zu lesen«. Durch dieses Studium kam er zur Reue über sein verschwenderisches Leben und kehrte um, um ein Nachfolger Jesu Christi zu werden. Er verließ seine Geliebte und kehrte mit seinem Sohn nach Nordafrika zurück, um ein Leben als Mönch zu beginnen. Im Jahr 396 übernahm er das Bischofsamt von Valerius von Hippo. In seinen berühmten Bekenntnissen erzählt er freimütig und offen seine Geschichte, ohne seine menschlichen Schwächen zu bemänteln.

Für die Frühphase der »Anziehung« sind die Worte des Augustinus für uns heute noch eine Herausforderung. Er schrieb mit einem zynischen oder zumindest warnenden Unterton für jene, die ihr Leben mit akademischen Studien verbringen, ohne gleichzeitig ihr geistliches Leben und ihren Glauben zu pflegen. Er versuchte mit Nachdruck, die jungen Studenten herauszufordern, mit ganzem Herzen zu lernen und nicht nur mit dem Verstand. Die Schrift »An Diocorus«, einen Schüler, ist die Antwort des Augustinus auf die unzähligen Fragen, die der junge Diocorus an ihn gerichtet hatte. Sein Essay stellt die entscheidende Forderung nach der »geistlichen Anziehung« in den Mittelpunkt: »Ziehe sie durch dein Leben an.« Analog zu dem axiomatischen Satz, dass »das Herz der christlichen Erziehung das Herz des christlichen Erziehers ist«, ist auch das Herz des geistlichen Mentorings das Herz (der Charakter) des geistlichen Mentors, denn der Heilige Geist ist im Herzen des Mentors gegenwärtig.

 *Schließlich, nimm an, man hat dir all die Fragen gestellt, die du mir geschickt hast, und du konntest sie alle beantworten. Gelehrt und scharfsinnig werden dich die Leute nun nennen! Der Atem der Griechen hebt*

> dich mit Lobeshymnen zum Himmel empor! Aber bedenke deinen eigenen Wert und den Grund, warum du dieses Lob verdienen möchtest: um die Menschen, die du mit deinem nichtigen Gerede so leicht beeindruckt hast und die nun mit solchem Eifer und solcher Willigkeit an deinen Lippen hängen, etwas überaus Wichtiges und Heilsames zu lehren.
> Was ich wissen möchte, ist, ob du etwas überaus Wichtiges und Heilsames besitzt und es zutreffend anderen vermitteln kannst. Es wäre doch lächerlich, nachdem du eine Menge unnützes Zeug gelernt hast, um die Aufmerksamkeit der Leute zu gewinnen, weil du ihnen unverzichtbar Wichtiges mitteilen willst, wenn du dies aber selbst nicht besitzen würdest; und wenn du, während du eifrig dabei bist zu lernen, wie du ihre Aufmerksamkeit gewinnst, dich weigern würdest, zu lernen, was du sie lehren willst, wenn du ihre Aufmerksamkeit erlangt hast. Wenn du freilich sagst, du weißt es ja bereits, und antwortest, es sei die christliche Lehre (ich hoffe, dass sie dir lieber ist als alles andere und du allein auf sie deine Hoffnung für dein ewiges Heil setzt), dann brauchst du nicht mit den Dialogen des Cicero und einer Sammlung der armseligen und auseinanderstrebenden Meinungen anderer Leute vertraut zu sein, um eine Zuhörerschaft zu gewinnen. Ziehe sie durch dein Leben an, wenn du willst, dass sie eine solche Lehre von dir empfangen sollen.«[5]

Der letzte Satz in diesem Zitat von Augustinus spricht Bände über die ersten Phasen im Prozess des Mentorings. »Ziehe sie durch dein Leben an« bedeutet, dass die Integrität des Lebens an erster Stelle steht. Augustinus führte kein vollkommenes Leben als Mann des Glaubens, aber seine berühmten Bekenntnisse enthalten eine Ehrlichkeit, die zeigt, wie anziehend ein Charakter oder ein Leben mit Integrität ist. Den Text zu kennen ist wichtig. Doch das Lied zu singen ist eine ganz andere Sache! Über Augustinus wird häufig gesagt, durch die Ehrlichkeit, mit der er in den Bekenntnissen über seine eigene geistliche Pilgerschaft spricht, rufe er in vielen ein Echo der Geschichte ihrer eigenen geistlichen Reise wach. Seine öffentlichen und schonungslos ehrlichen persönlichen Bekenntnisse waren zu seiner Zeit etwas Unerhörtes, besonders in schriftlicher Form. Manche meinen sogar, dass die Bekenntnisse ein Vorläufer des persönlichen geistlichen Tagebuchs waren, das für viele eine unverzichtbare Übung für ihre eigene geistliche Entwicklung geworden ist.

Obwohl er nicht in erster Linie aus der Perspektive eines geistlichen Mentors schrieb, weist seine persönliche Glaubensgeschichte stark darauf hin, wie wichtig ihm diese Perspektive in seiner eigenen geistlichen Entwicklung war. Seine Mentoren im Glauben waren die geistlichen Wegweiser, die er als »Beichtväter« kannte, die ihm zuhörten, ihn von seiner Sünde lossprachen und ihn für seine Pilgerschaft befähigten. Man muss nicht mit seiner gesamten Theologie oder Praxis übereinstimmen, um die historische Bedeutung dieses frühen christlichen Denkers zu erkennen. Die Art, wie er über Frauen dachte und mit ihnen umging, dürfte heute für viele problematisch sein. Er war kein Mann, dessen Leben beständig und gleichmäßig ein Vorbild der besten christlichen Charaktereigenschaften und Verhaltensweisen bot, aber vielleicht ist es gerade das, was ihm auch heute noch so viel Beachtung verschafft. Wenn die Geschichte des Augustinus, so chaotisch, mangelhaft, unvollkommen und manchmal irregeleitet, wie sie war, ein Leben widerspiegelt, das von Gott gebraucht wurde, um viele andere Menschen zu beeinflussen, dann kann vielleicht auch unser eigenes, alles andere als vollkommenes Leben für die geistliche Entwicklung anderer auf ihrer Lebensreise von Nutzen sein.

Die extravagante Kühnheit eines Augustinus ist ein überragendes Beispiel für diese Verwandlung. Derselbe Mann, der der ganzen Welt seine Bekenntnisse zu lesen gab, sagt später unerschrocken: »Ziehe sie durch dein Leben an.« Ein Heuchler? Ein Scharlatan? Ein Dummkopf? Oder einer, der von der Gnade verwandelt und so befreit wurde, dass er bereit war, aus seinem eigenen Versagen so zu lernen, dass seine eigenen Fehler als Lehrplan für die Veränderung anderer durch den Glauben dienen konnten? Ein guter Anfang beginnt nicht mit der Aufmerksamkeit für den Mentorand, sondern mit der Aufmerksamkeit, die der werdende Mentor seinem eigenen Leben und der Ehrlichkeit seiner eigenen Geschichte zuwendet.

Augustinus legte großen Wert auf die Integrität der Beziehungen, die er zu denen hatte, die er als seine Beichtväter betrachtete. Seinem Verständnis nach war eine solche Beziehung nicht nur dazu da, jemanden zu haben, dem man seine Sünden bekennen konnte, sondern sie war notwendig für die gesamte Lebensreise eines Christen. Augustinus glaubte, dass solche Menschen von Gott zur rechten Zeit geschickt wurden, um dem Mentorand Wegweisung zu einem Leben der Heiligung und des Dienstes zu geben. Wirkliche Menschen, die wirkliche Geschichten über wirkliches Leben erzählen – das ist die Essenz des geistlichen Mentorings.

Warum aber haben wir solche Angst davor, uns zu jedem Um- und Irrweg unseres Lebens zu bekennen? Eine wesentliche Wahrheit des Evangeliums ist, dass unsere Geschichten ganz allein uns gegeben sind, damit wir auch anderen helfen können, den Wert und die Einzigartigkeit ihrer eigenen Geschichten zu erkennen. Um in unseren geistlichen Mentoring-Beziehungen einen guten Anfang zu machen, müssen wir zuerst den Mut haben, unsere eigene Geschichte in Ehren zu halten. Wir müssen erkennen, dass Gott jeden von uns als wertvolle Person geschaffen hat.

Zum Nachdenken
- Wann haben andere in letzter Zeit Ihre Geschichte gehört?
- Wann haben Sie zum letzten Mal die überwältigende Einzigartigkeit Ihres Lebens gefeiert? Wie?
- Wann wurden Sie zum letzten Mal von Ihren Schwächen gepackt?
- Können Sie Ihre Schwächen, Ihre Fehler und Ihr Versagen als notwendig für Ihre Charakterentwicklung sehen?

Die Geschichte unseres Lebens
Ja zur eigenen Geschichte zu sagen ist keine leichte Aufgabe. Vielleicht hat Eugene Peterson Recht mit seiner Aussage, dass unsere Art, die biblischen Geschichten zu lesen, den Blick auf die Geschichte des eigenen Lebens verzerrt.

> *Der Grund, warum das Geschichtenerzählen uns ein so grundlegendes Bedürfnis ist, liegt darin, dass das Leben selbst eine narrative Form hat – einen Anfang und ein Ende, eine Handlung und Figuren, Konflikt und Auflösung. Das Leben ist keine Ansammlung von Abstraktionen wie Liebe und Wahrheit, Sünde und Erlösung, Sühne und Heiligkeit; das Leben ist die Verwirklichung von Einzelheiten, die alle organisch, persönlich, konkret miteinander zusammenhängen: Namen und Fingerabdrücke, Hausnummern und das örtliche Wetter, Lamm zum Abendessen und ein platter Reifen im Regen. Gott offenbart sich uns nicht in einer metaphysischen Formulierung oder in einem kosmischen Feuerwerk, sondern in jenen Geschichten, die wir benutzen, um unseren Kindern zu sagen, wer sie sind*

und wie man als menschliches Wesen aufwachsen sollte, um unseren Freunden zu sagen, wer wir sind und was es heißt, Mensch zu sein. ... Irgendwo unterwegs nehmen die meisten von uns die schlechte Gewohnheit an, aus der Bibel etwas herauszuziehen, das wir großspurig ›geistliche Prinzipien‹ oder ›moralische Richtlinien‹ oder ›theologische Wahrheiten‹ nennen, und schnüren uns dann ein Korsett daraus, um unser Leben in eine fromme Form zu zwingen.«[6]

Versuchen wir vielleicht mit aller Kraft, den »Prinzipien« gerecht zu werden, die wir uns aus der Bibel herausdestilliert haben, statt uns rückhaltlos zu unserem makelbehafteten, beschämenden, angekratzten Leben zu bekennen, einfach weil es eine Geschichte der erlösenden Gnade ist? Wie Augustinus können auch wir ein Leben führen, das der Nachahmung wert ist – das andere anzieht und mit auf die Reise des Glaubens nimmt. Der Prozess beginnt damit, dass wir unsere eigene Geschichte annehmen, dass wir uns selbst so annehmen, wie wir sind und wo wir auf unserer Reise stehen, mit allen Fehlern, Peinlichkeiten, Enttäuschungen und Ängsten. Hier können wir uns auf die Wahrheit berufen, die Paulus den Korinthern nahe legte, indem er ihnen die Geschichte seiner Schwäche und der Macht der Auferstehung erzählte, die durch sie hindurch leuchtete:

»Meine Kraft ist in den Schwachen mächtig. Darum will ich mich am allerliebsten rühmen meiner Schwachheit, damit die Kraft Christi bei mir wohne« (2 Kor 12,9).

Jaquie war in Randys »geistlicher Entwicklungsgruppe« in dem Seminar. Die Gruppe traf sich alle zwei Wochen zu dem Zweck, mit Hilfe von vier Fragen die eigenen Geschichten zu erzählen.

1. Schildere ein Schlüsselerlebnis in deinem Leben.
2. Beschreibe eine Schlüsselbeziehung in deinem Leben.
3. Was hältst du bei dir für eine persönliche Angst oder Schwäche?
4. Wenn du nur den Zauberstab zu schwingen brauchtest, was würdest du dann am liebsten mit deinem Leben anfangen?

Wir drängten nie jemanden, seine Geschichte zu erzählen. Stattdessen einigten wir uns darauf, zu reden, »wie der Geist uns trieb«. Bei jedem Treffen war einer an der Reihe, die Fragen durchzugehen, während wir anderen auf die verbindenden Fäden in den Antworten lauschten. Eines denkwürdigen Morgens wusste Jaquie, dass sie an der Reihe war. Ohne es zu beabsichtigen, verband sie die ersten drei Fragen zu einer Geschichte. Eine Geschichte voll Furcht, Schmerz und Scham begann aus ihr hervorzuströmen, als sie von dem Missbrauch erzählte, den sie als kleines Mädchen durch ihren Vater erlitt. Wiederholt verging sich ihr Vater an ihrem jungen Körper und fügte ihrem Geist dabei tragischen Schaden zu. Die Narben auf ihrer Seele waren immer noch zu erkennen, lange nachdem die Wunden an ihrem Körper verheilt waren. Statt sich selbst als die kompetente Frau wahrzunehmen, die sie war, schleppte Jaquie ein inneres Bild von sich selbst mit sich herum, das voller Schwäche und Unzulänglichkeit war.

Ihre vermeintliche Schwäche wurde uns allen an jenem Tag schmerzlich bewusst, als sie ihre lähmende Furcht schilderte, sie könne ihrer eigenen Tochter keine gute Mutter sein und, schlimmer noch, derselbe verheerende Missbrauch könnte auch ihrem unschuldigen Kind widerfahren. Wir ahnten nicht, dass der Mut, den sie damit bewies, uns ihre Geschichte zu erzählen, den Maßstab für den Rest der Gruppe vorgab. Voller Staunen saßen wir da, als auch andere in der Gruppe den Mut fassten, ihre eigenen schmerzlichen und qualvollen Geschichten zu erzählen.

Der umwälzende Moment jedoch, der noch kommen sollte, war die Überraschung des Tages. Als diese ganz gewöhnlichen Leute die Geschichten ihrer persönlichen Vergangenheit zu erzählen begannen, wandelte sich die Stimmung in der Gruppe von der Verzweiflung zu Hoffnung – einer Hoffnung, die einen Zusammenhang zwischen dem Schmerz in ihren Geschichten und der Leidenschaft ihrer Berufungen erkannte. Gewöhnliche Geschichten wurden zu Momenten außergewöhnlicher Heilung und inniger Gemeinschaft. Und mehr noch, während sie ihre Geschichten erzählten, wurde den Leuten bewusst, dass die zerbrochene, beschämende, schmerzliche Vorgeschichte ihres Lebens durch Gnade zu einem kompetenten, aus der Gnade gespeisten, zielgerichteten Dienst für andere verwandelt worden war.

Jaquie half uns, zu erkennen, dass wir Leute waren, die auf andere anziehend wirken mussten. Der Grund dafür war, dass Gott in seiner Gnade Einzigartigkeit, Vergebung und Sinn in unsere Geschichten hineingelegt hatte. Es ist kein Geheimnis, dass sie heute mit Kompetenz, Freude und Zielbewusstsein in ihrer Arbeit mit missbrauchten Kindern steht. Jaquie hat jetzt eine geradezu magnetische Anziehungskraft für Leute, die durch eine ähnliche Finsternis gegangen sind. Sie hat die Freude kennen gelernt, die aus dem Mut kommt, ihrer Berufung zu folgen – einer Berufung, die den Dienst als etwas sieht, das in der Schwachheit stark wird.

Eine der Versuchungen für Leute, die heute im vollzeitlichen Dienst stehen, ist die verzerrte Wahrnehmung, sie würden mit den Anforderungen des Dienstes allein fertig. Ein angesehener Pastor wurde einmal gefragt: »Zu wem gehen Sie mit Ihren Fragen, Frustrationen und Siegen?« Seine Antwort ist repräsentativ für einen gefährlich hohen Prozentsatz der Geistlichen: »Nun, ich habe niemanden, zu dem ich gehen könnte. Ich tue meinen Dienst allein.«

Untersuchungen über Leiterschaft unter christlichen Leitern auf verschiedenen Ebenen zeigen, dass Leute, die ihrer Einschätzung nach ihren Dienst gut abgeschlossen haben, während ihrer Dienstzeit mehrere Mentoring-Beziehungen hatten. Umgekehrt war eines der häufigsten Merkmale bei denen, die unzufrieden auf ihren Dienst zurückblickten, der Mangel an Mentoring-Beziehungen während ihrer Dienstzeit.[7] Die Bedeutung, die Augustinus seinen Beichtvätern gab, kann jedem als Anregung dienen, der im Wettlauf des Glaubens läuft und vorhat, in diesem Wettlauf gut abzuschneiden.

Ein anziehender Mentor war für Augustinus jemand, der ein aufrichtiges Leben führte, seit langem eine enge Beziehung zu Gott hatte und im Leben und Dienst erfahren war. Für ihn war der Charakter des Mentors das Wichtigste, nicht das Fachwissen oder der akademische Hintergrund.

Eine der größten geistlichen Schriftstellerinnen der Geschichte, Theresia von Avila, hatte durch ihre Lektüre der Schriften des Augustinus ein Erlebnis, das manche als »zweite Bekehrung« bezeichnen. Sie schreibt, als sie sich in seine »Bekenntnisse« vertiefte, sei ihr über die Vision des verwundeten Christus das Herz gebrochen. »Als ich die ›Bekenntnisse‹ zu lesen begann, war mir, als sähe ich mich selbst in ihnen.«[8] Sie berichtet, wie sie sich unter einem Strom von Tränen zu Boden warf.

Durch dieses Mentoring, das sie sozusagen aus der Vergangenheit bezog, wurden unzählige Mentoring-Beziehungen angestoßen, angefangen von dem jungen Mönch, Johannes vom Kreuz, dem sie eine Zeit lang Mentorin wurde. Das nachahmende Leben des Glaubens vervielfacht sich im Leben anderer, das sich im Leben wieder anderer reproduziert. Das ist das Wunder des geistlichen Mentorings.

Zum Nachdenken

- Was brauchen Sie, um Ihre Geschichte für sich in Anspruch zu nehmen?
- Was hält Sie davon ab, sich einen geistlichen Mentor zu suchen?
- Welche Aspekte Ihres Lebens sind anziehend?
- Für wen sollten Sie ein geistlicher Mentor sein?
- Wie wollen Sie mit Erwartungen und Abgrenzungen umgehen?

Einen Bund schließen

Die geistlichen Disziplinen, die durch die Jahrhunderte praktiziert wurden, weisen alle darauf hin, dass es nötig ist, zwischen Mentor und geistlichem Sucher einen Bund zu schließen, um die Beziehung zu begründen. Die biblische Praxis des Bundesschlusses bietet ein ganz praktisches Werkzeug für das Frühstadium einer Mentoring-Beziehung. Wenn die Anziehung der erste Schritt auf der Reise zum geistlichen Mentoring ist, dann ist der Bundesschluss oder die Aufnahme der Beziehung der nächste deutliche Schritt in diesem Prozess. Ein Bund ist kein Vertrag, sondern eine ganz praktische Übereinkunft zwischen zwei oder mehreren Seiten, die für alle Seiten bindend ist, weil sie sich mit den darin genannten Verpflichtungen einverstanden erklärt haben. Dieser Bund wird die praktischen Absprachen zum Ablauf zwischen Mentor und Mentorand konkret benennen. Manchen ist es lieber, diese Dinge unausgesprochen zu lassen, doch wir halten es für besser, wenn die Vereinbarungen laut ausgesprochen oder sogar schriftlich festgehalten werden. Einige der praktischen Anforderungen, die in einem Bund für eine geistliche Mentoring-Beziehung erfüllt werden sollten, sind hier aufgeführt:

1. **Warum?**
   - *Motivation* beantwortet die Frage, warum Sie an einer Mentoring-Beziehung interessiert sind.

2. **Wo? Wann?**
   - *Ort* beantwortet die Frage, wo man sich treffen will, in der Öffentlichkeit oder in privaten Räumen.
   - *Frequenz* beantwortet die Frage nach der Dauer eines Treffens und den Zeitabständen, in denen man sich trifft.

3. **Wie?**
   - *Format* beantwortet die Frage nach der Struktur der gemeinsamen Zeit.
   - *Rechenschaft* beantwortet die Frage nach der Disziplin und den Aufgabenstellungen.
   - *Vertraulichkeit* beantwortet die Frage nach der Wahrung der Privatsphäre.
   - *Evaluierung* beantwortet die Frage nach den Forschritten und Erwartungen.
   - *Abschluss* beantwortet die Frage nach der zufriedenstellenden Beendigung der Beziehung.

Ob dieser Bund nun schriftlich oder mündlich geschlossen wird, es ist sowohl für den Mentor als auch für den Mentorand wertvoll, die gegenseitigen Absichten und Erwartungen in Bezug auf das Treffen zu verstehen. Die Zielrichtung eines Bundes bringt ein formelles Element in die Beziehung, die sonst informell bleiben könnte. Ein Bund bringt die Erwartungen in eine hilfreiche Struktur, so dass sich die Vorfreude entsprechend steigert. Wenn wir in unserer Arbeit an Universitäten von jemandem angesprochen werden, der sich eine Mentoring-Beziehung wünscht, stellen wir uns selbst und dem, der auf uns zugekommen ist, eine Reihe von Fragen. Dazu gehören Fragen nach dem Warum, dem Was, dem Wann, dem Wo und dem Wie. Die folgenden Beispiele sollen dem Mentor als hilfreiche Anregung dienen, welche Fragen er dem Mentorand im Anfangsstadium des gemeinsamen Weges stellen kann.

Warum? Warum ich? Was motiviert dich, mich als potenziellen Mentor auszuwählen? Was weißt oder vermutest du über mich, das dich dazu gebracht hat, an mich als möglichen Mentor zu denken? Diese Fragen benutzen wir, um dem Suchenden zu helfen, sich seiner Wahrnehmungen bewusst zu werden und zu beurteilen, inwieweit sie zutreffend sind.

Warum du? Was motiviert dich, einen bewussteren Prozess des Mentorings mit mir oder mit irgendjemand sonst anzustreben? Ein Freund von uns stellt oft eine sehr wertvolle, wenn auch brutal ehrliche Frage:»Welches Eigeninteresse steht bei dir hinter dieser Bitte?« Diese Frage fordert den Suchenden heraus, seine Motivation zu hinterfragen. Ist diese Bitte von Schuldgefühlen getrieben oder eine Reflexreaktion auf eine Predigt, eine Konferenz oder einen Artikel, die er in letzter Zeit gehört oder gelesen hat? Wie sehr ist diese Person bereit, sich auf die Arbeit und die Disziplin einzulassen, die zu diesem Vorhaben gehören?

Warum jetzt? Auch hier geht es um die Frage der Motivation. Wir möchten, dass die Suchenden sorgfältig und gründlich über ihre innere Belehrbarkeit nachdenken. Eine der ehrlichsten Beurteilungen, die Keith je zu hören bekam, wurde ihm nach einem Jahr geistlicher Wegweisung zugemutet: »Ich glaube, du bist in diesem Stadium deines Lebens dafür nicht bereit.« Diese Worte waren nicht verurteilend oder verdammend, sondern sie enthielten eine ehrliche Einschätzung der Bereitschaft.

Was? Was für eine Art von Beziehung oder Prozess suchst du? Manche Leute sind einsam und brauchen einen Freund. Andere möchten jemandem nahe sein, den sie als Person mit Status, Autorität und Kompetenz betrachten. Manche wollen, wie die Frau im Markusevangelium, einfach nur ein wenig Heilung finden, indem sie den »Saum des Gewandes« des Mentors »berühren«. Es muss also klar werden, was sich ein Suchender von einer Beziehung erhofft. Oft sind dies die peinlichsten Momente im Gespräch, denn diese Suchenden bringen eine Sehnsucht nach mehr mit, ein Verlangen nach Gespräch und Hilfe, aber sie können ihre Bedürfnisse nicht artikulieren. Der Zweck ist nicht, eine »richtige Antwort« von jemandem zu bekommen, sondern es ist notwendig, genau zuzuhören, wie sich der oder die Suchende die Beziehung und den Prozess vorstellt. »Was stellst du dir vor, was wir tun werden, wenn wir zusammen Zeit verbringen?«

Wo, wann und wie? Sobald die voranstehenden Antworten beantwortet sind, werden sich auch die Fragen nach dem Wo, Wann und Wie klären.

Es ist wichtig, den Ort für die Treffen sorgfältig auszuwählen, um die Frage nach dem *Wo* zu beantworten. Ist ein Büro der beste Ort? Bietet es genügend Ungestörtheit und Vertraulichkeit? Wäre ein Restaurant vertretbar für die Tiefe der Emotionen und des Zuhörens, die für das Mentoring erforderlich ist? Ist der Ort behaglich, ohne ablenkend zu sein? Ungestörtheit und Vertraulichkeit sind wichtige Gesichtspunkte bei der Wahl des Ortes.

Die Frage nach dem *Wann* befasst sich vor allem auch mit dem Thema der Häufigkeit und des Abschlusses. Es ist wichtig, über die Zeit und Länge der Treffen nachzudenken, mit anderen Worten, über die Häufigkeit, mit der die Mentoring-Treffen stattfinden. Wollen wir uns einmal in der Woche treffen, öfter oder weniger oft? Setzen wir einmal in der Woche eine Stunde an oder lieber weniger häufig eine längere Zeit? Das Wann bezieht sich auch auf die Frage des Abschlusses. Wann werden wir diese formelle Mentoring-Beziehung evaluieren und zum Abschluss bringen? Das hängt natürlich teilweise von dem gewählten Prozess und der geplanten Aktivität ab, doch es ist wichtig, sich über diese Frage zu unterhalten. Woher werden wir wissen, dass wir am Ende unseres gemeinsamen Weges sind?

Die Frage nach dem *Wie* befasst sich mit dem eigentlichen Ablauf in Bezug auf das Format, die Rechenschaft, die Vertraulichkeit und die Evaluierung. Sollen einer oder beide Beteiligte in der Zeit zwischen den Treffen ein bestimmtes Buch lesen? Welche Rolle wird das Gebet während der Treffen spielen? Soll eine Reihe immer wiederkehrender Fragen zur Rechenschaft als Gesprächseinstieg dienen? Soll zu dem Prozess das Führen eines Tagebuchs gehören?

Soll über die Tagebucheinträge gesprochen werden? Sollen auch andere eingeladen werden, an dem Prozess teilzuhaben (zum Beispiel der Ehepartner oder besonders enge Freunde)? Welches Maß an Vertraulichkeit wollen wir wahren? Wie werden wir den Erfolg der Mentoring-Beziehung evaluieren und wie oft werden wir eine Evaluierung vornehmen? Werden wir die Übungen des Ignatius verwenden?* Wie wäre es, das Muster von Jeanne Guyon und ihre Gedanken zum Gebet anzuwenden?* Werden wir die Methode der *lectio divina* anwenden?*

(* All diese Ansätze werden in Kapitel 6 näher beschrieben.)

Klare Grenzen ziehen

Aelred von Rievaulx, ein Vorbild für geistliche Freundschaft im zwölften Jahrhundert, betonte die Wichtigkeit von Abgrenzungen für alle, die an eine so enge Beziehung wie eine geistliche Freundschaft denken. Eine der Hauptquellen für Aelred zum Thema Anziehung war kein anderer als Augustinus. Aelred maß zwar dem Wert der menschlichen Beziehung größere Bedeutung zu als Augustinus in seinen Bekenntnissen, doch sein klassisches Werk »Geistliche Freundschaft« orientiert sich stark an der augustinischen Struktur.[9]

Das Ziehen klarer Grenzen kann dem Mentor helfen, in der Anziehungsphase einzuschätzen, ob er mit jemandem, der eine Beziehung wünscht, einen Bund eingehen sollte. Aelreds Ratschlag stammt aus einer Begegnung mit zwei Mönchen namens Walter und Gratian, die seinen geistlichen Rat suchten.[10] Drei hilfreiche Anweisungen spiegeln Aelreds Weisheit wider, die auch für heutige geistliche Mentoring-Beziehungen gilt:

Meide ziellose Beziehungen. Aelred spricht eine deutliche Warnung aus, keine geistliche Mentoring-Beziehung zu beginnen, die ohne Vernunft nur auf Zuneigung beruht. Das echte Erkennen des bereits vorhandenen Wirkens Gottes wird ohne ein gewisses Maß an Vernunft und Zweckbewusstsein sowohl beim Mentor als auch beim Mentorand behindert sein. »Die Anfänge einer geistlichen Freundschaft sollten vor allem die Reinheit der Absicht, die Zielrichtung der Vernunft und die Zurückhaltung der Mäßigung besitzen.«[11]

»Ich möchte mich gern mit dir treffen« ist vielleicht ein guter erster Schritt, doch Aelred rät uns, gründlich darüber nachzudenken, wie diese Treffen zielbewusst gestaltet werden.

Meide ungute Beziehungen. Aelred warnte seine beiden Mentoranden, keine Beziehungen mit böser Absicht einzugehen, die nach seiner Einschätzung den Namen Freundschaft nicht verdienen. In diese Kategorie gehört z. B. der Versuch, durch ungute Handlungen, die dem Glauben und der Aufrichtigkeit Schaden zufügen, die Freundschaft zu erhalten. Bin ich durch irgendetwas motiviert, das für das Wachstum dieser Person schädlich sein könnte? Gibt es bei mir eine üble Art von Neugier bezüglich dieser Person, ihrer Probleme und ihrer Vorgeschichte? Kann diese Person mir vielleicht Informationen über jemand anderen geben, der mich in der Vergangenheit verletzt hat? Es ist wesentlich, dass Sie sich Ihrer Motive als Mentor bewusst werden.

Meide eigensüchtige Beziehungen. Mentoren müssen immer auf ihre eigenen Motive bei ihrer Arbeit achten. Es sollte vermieden werden, eine Beziehung einzugehen, bei der für einen selbst »etwas herausspringen« könnte.

> *Denn wer sich einen Lohn außer der Freundschaft selbst wünscht, hat noch nicht gelernt, was Freundschaft ist. Solch ein Lohn wird die Freundschaft zweifellos für diejenigen sein, die sie pflegen, wenn sie, ganz auf Gott ausgerichtet, die in ihr Vereinten in der Betrachtung des Göttlichen versinken lässt.«*[12]

Dies sind wichtige Richtlinien, die wir in dem frühen Stadium des Bundesschlusses beachten sollten. Freundschaften beginnen auf vielfältige Weise. Vielleicht fühlen Sie sich zu jemandem hingezogen, der Ihr Mentor werden könnte. Oder es reizt Sie, einen bestimmten potenziellen Mentorand beim nächsten Schritt seiner geistlichen Reise zu begleiten. Geistlich geprägte Beziehungen entwickeln sich mit der Zeit, wenn Menschen immer mehr Nähe und Vertrauen zueinander gewinnen.

Uns ist dabei deutlich geworden, wie sehr ein guter Anfang in einer geistlichen Mentoring-Beziehung erfordert, dass wir unsere Aufmerksamkeit dem Leben des anderen zuwenden. Außerdem ist uns klar geworden, wie hilfreich es ist, durch eine Art Bundesschluss eine gewisse Zielstrebigkeit in eine geistliche Mentoring-Beziehung hineinzutragen.

Nun gilt es, sich zu fragen, wie ein Rahmen geschaffen werden kann, der durch Gastfreundlichkeit, Vertrauen und Nähe die Beziehung innerhalb des geistlichen Mentorings fördert.

Zum weiteren Nachdenken für den Mentor
1. Achten Sie auf Ihre eigene geistliche Gesundheit und Nahrung. Wer ist ein Mentor für Sie als Mentor?
2. Wer in Ihrer Umgebung könnte bereit sein, tiefer ins geistliche Wachstum vorzudringen?
3. Versucht Gott, Sie auf eine bestimmte Person aufmerksam zu machen?

Zum weiteren Nachdenken für den Mentorand
1. Beten Sie. Der Ort, an dem die Suche nach einem geistlichen Mentor beginnt, ist der Ort, wo sie auch enden wird – in den Absichten des Geistes Gottes. Bitten Sie Gott, Ihnen zu helfen, Ihre Aufmerksamkeit auf jemanden zu richten, der Ihnen als Helfer zum geistlichen Wachstum anziehend erscheint.
2. Üben Sie die Gabe der Erkenntnis aus. Jesus erinnert einmal an die Erkenntnis des Propheten Jesaja, dass sein Volk hörte, ohne zu verstehen, und sah, ohne wahrzunehmen; ihre Herzen waren verstockt (vgl. Mt 13,14f.). Ihre Ohren waren taub und ihre Augen waren verschlossen. Seien Sie aufmerksam.
3. Viele Menschen wenden sich der geistlichen Disziplin zu, ein Tagebuch ihrer geistlichen Biographie, ihrer Fragen und Gebete zu führen. Vielleicht denken Sie einmal darüber nach, ein einfaches Tagebuch zu beginnen, um sich darin zu üben, sich an die Ereignisse und die Bedeutung des Tages zurückzuerinnern. Das Tagebuch ist ein einfaches Werkzeug, das sehr helfen kann, aufmerksam zu sein.

4. KAPITEL

Vertrauen und Nähe aufbauen

> *Hier sind wir, du und ich, und ich hoffe, ein Dritter, Christus, ist in unserer Mitte ...*
> *Komm nun, lieber Freund, öffne dein Herz und schütte in diese freundlichen Ohren aus, was immer du willst, und lass uns dankbar die Wohltat dieses Ortes, dieser Zeit und dieser Muße annehmen.«*

Aelred von Rievaulx

Es gibt nichts Besseres als eine Tasse Kaffee und ein Stück Apfelkuchen. Zumindest tragen sie sehr zur Atmosphäre für Momente der Nähe bei, in denen Erinnerungen entstehen. Jeden zweiten Dienstag trafen sie sich morgens um zehn zum geistlichen Mentoring. Sie waren eine achtköpfige Gruppe von Leuten, die sich in ihrem Leben als Christen nach mehr sehnten. Randy erzählt ihre Geschichte:

> *Obwohl ich mich mit einigen der Männer auch einzeln zum geistlichen Mentoring traf, wünschte ich mir für uns das Erlebnis, wie unsere Geschichten zusammenflossen. Außerdem wollte ich diese Männer im geistlichen Mentoring schulen, damit sie fähig würden, in ihren eigenen Gemeinschaften dasselbe auch für andere zu tun. Wir trafen uns in meinem kleinen Büro, das gerade ausreichte. Die Wände sind mit Büchern bedeckt, und es gibt ein großes Fenster, in dem sich manchmal das unheimliche Heulen des Windes von*

South Dakota fängt. An der Wand hängen zwei Bilder: Das eine zeigt mich, wie ich gerade bei meinem ersten Marathon in Duluth, Minnesota, über die Ziellinie laufe; das andere ist ein Druck von Edward Hoppers berühmtem Gemälde ›Nighthawks‹. Dieses Gemälde lockt mich stets, in das Bild hineinzuspringen und die einsamen Gestalten in dem Coffee Shop aufzufordern: ›Erzählt mir doch eure Geschichte!‹ Und das, nebenbei, ist vielleicht die wichtigste Frage, die wir beim geistlichen Mentoring stellen müssen.
Damit wir einander verstehen konnten, brauchten wir eine Atmosphäre, die uns half, unsere Geschichten zu erzählen. Meine Aufgabe als Gruppenleiter war es, einen sicheren, gastfreundlichen Raum zu schaffen, in dem ihre Geschichten richtig gehört werden konnten.
Diese Atmosphäre zu erzeugen bedeutete, dass ich empfindsam sein musste für die Stellen, an denen jeder der Männer irgendwie in seinem Vertrauen und seiner Offenheit verletzt worden war. Außerdem bedeutete es, dass ich ihnen dabei helfen musste, ihre Masken abzulegen, hinter denen sie sich gerne versteckten, um zu den wirklichen Personen durchzudringen. Ich wusste, dass ich auf sensible Weise mit angemessenen Fragen und Übungen vorgehen musste.
Wir kamen zusammen, weil wir uns über unser Leben und Gottes Wegweisung für die nächste Phase unserer Reise klar werden wollten. In unseren gemeinsamen Zeiten tauchten häufig drei Fragen auf: Wo war Gott, als …? Wer bin ich? Was möchte Gott jetzt durch mich tun?
Das Erzählen unserer Geschichten war nicht einfach nur eine Übung im Austausch von Erinnerungen an irgendwelche lebensverändernden Momente oder an Schlachtfelderlebnisse. Eher war es eine Zeit, in der jeder von uns das bereits vorhandene Wirken Gottes in unseren Lebensgeschichten erkennen konnte. Während wir diese Geschichten erzählten, vertieften sich bereits begonnene Freundschaften, vergrößerte sich bereits vorhandenes Vertrauen und wurde bereits gefundene Nähe weitaus verletzlicher. Was in den frühen Phasen der Anziehung und des Bundesschlusses be-

> *gonnen hatte, ging nun in die fortgeschrittene Phase über, in der sich gesteigertes Vertrauen und größere Nähe entwickelten.«*

In diesem Kapitel befassen wir uns mit der Einwicklung von Vertrauen und Nähe zwischen Mentor und Mentorand, einer Dynamik, die wir einfach »Beziehung« nennen. Robert Clinton definiert die Beziehungsdynamik als »ein wachsendes gegenseitiges Vertrauen zwischen Mentor und Mentorand, das die Basis bildet, auf der Aufgeschlossenheit und Rechenschaft funktionieren werden und das schließlich zur Befähigung führen wird.«[1]

Was ist nötig, nachdem der Prozess mit der Anziehung seinen Anfang genommen hat, um die geistliche Mentoring-Beziehung im Leben des Mentoranden zu stärken? Wir möchten zwei Metaphern vorschlagen, um den Prozess der Entwicklung von Vertrauen und Nähe zu beschreiben: *Freundschaft* und *Gastfreundschaft*.

Dieser Prozess hat nichts mit Magie zu tun oder ist so kompliziert wie die Atomphysik; er erfordert lediglich die Einübung zweier alltäglicher Fähigkeiten, die zu einer Beziehung gehören. Die Entwicklung von Vertrauen und Nähe ist die Grundlage der Beziehung und fällt in die Verantwortung sowohl des Mentors als auch des Mentoranden. Dazu gehört ein lebendiges Wechselspiel angebotenen und angenommenen Vertrauens zwischen zwei Leuten, die sich auf eine innige, tiefe Beziehung hinbewegen. Vertrauen entsteht durch Zuhören, denn Zuhören ist für die Liebe das, was der Atem für das Leben selbst ist. Vertrauen wird verdient durch die Sorgfalt, mit der man mit dem angebotenen Vertrauen umgeht. Vertrauen entsteht durch die Entwicklung von Freundschaft und Gastfreundschaft.

Die Dynamik einer Beziehung ist grundlegend für die Kunst des geistlichen Mentorings. Einfühlsames Hegen und Pflegen von Vertrauen und Nähe ist das entscheidende Bindeglied im Prozess des geistlichen Mentorings, das es ermöglicht, so viel Aufgeschlossenheit und Offenheit zu schaffen, dass der Mentorand die Freiheit hat und sich ermutigt fühlt, offen über seinen Weg Rechenschaft abzulegen. Nur so kann ihm letztlich auch die Befähigung zukommen, die Zweck des Mentorings ist. Aber wie vertrauen Sie jemandem aus tiefstem Herzen, wenn Ihre Lebensgeschichte die Fähigkeit, Vertrauen zu schenken, völlig blockiert? Nur in der Geborgenheit einer vertrauensvollen, innigen Beziehung werden Sie wieder Vertrauen lernen können. Das ist es, was wir mit »einen sicheren Raum schaffen« meinen. Aber wie sieht ein solcher »sicherer Raum« aus?

Einen sicheren Raum für Entdeckungen schaffen

Das, worum es uns in diesen Anfangsstadien der geistlichen Mentoring-Beziehung geht, ist anderswo als »Entwicklung einer gastfreundlichen Lernumgebung«[2] beschrieben worden. Es ist ein Ort, wo Lernen begrüßt, Wachstum geachtet und vertrauensvolle Nähe gewünscht wird. In seinem Buch »To Know As We Are Known« (»Kennen, wie wir selbst erkannt sind«) beschreibt Parker Palmer den Lern-Raum nicht nur als einen physischen Ort, sondern als einen Ort des Herzens und des Verstandes. Sein Ausdruck »Spiritualität der Erziehung« liegt dicht bei dem, was wir mit der Spiritualität der Mentoring-Beziehung meinen.

Palmer ist zu der Überzeugung gelangt, dass für die Entwicklung eines Lern-Raumes drei Voraussetzungen erfüllt sein müssen: Offenheit, Abgrenzungen und Gastfreundschaft. »**Offenheit**« bezieht sich auf das Beseitigen von Lernhindernissen. Solche Hindernisse können in dem physischen Raum liegen, in dem das Lehren und Lernen stattfindet, doch genauso gut können es Hindernisse des Misstrauens, der Negativität, der Stereotypisierung und der Angst sein.

Mit »**Abgrenzungen**« meint Palmer, dass der Lern-Raum Grenzen haben muss. Damit Lehrer und Lernender sich sicher fühlen, werden gewisse Abgrenzungen geschaffen. Abgrenzungen der Zeit und des Zeitplans, des Vertrauens und der Vertraulichkeit zum Beispiel.

»**Gastfreundschaft**« bedeutet, einander als Gäste aufzunehmen und als willkommene Besucher zu begrüßen. Es bedeutet, dass wir einander mit Offenheit und Fürsorge aufnehmen, wenn jeder mit seinen Kämpfen und Fragen kommt. Wir tun, was nötig ist, um eine Umgebung zu schaffen, in der Gemeinschaft entstehen kann.[3]

Palmer macht deutlich, dass Lernen mehr ist als einfache Vernunft oder Emotionalität. Alles Lernen hat etwas Spirituelles an sich, indem wir erkennen und zugleich danach streben, erkannt zu sein. Suche nach Wahrheit hat etwas mit dem Eintreten in eine Beziehung zu tun, einen Bund mit anderen, in dem wir gemeinsam in einer Umgebung des Vertrauens und der Nähe lernen können. Dazu muss der Mentor bewusst und zielstrebig die Aufgabe wahrnehmen, eine Atmosphäre zu schaffen, in der der Mentorand weiß, dass er gefahrlos forschen, zweifeln und staunen kann.

Folgende Aufgaben hat der Mentor, um Vertrauen und Nähe in den Beziehungen zu stärken:
- Einen Raum schaffen, der den Mentorand einlädt, sich sicher und frei zu fühlen.

- Einen Raum schaffen, der durch Vertraulichkeit, Struktur und Wegweisung klar abgegrenzt ist.
- Einen Raum schaffen, in dem Fragen, Kämpfe, Emotionen und Zweifel willkommen sind.
- Einen Raum schaffen, in dem Gedanken, Neugier, Staunen und Freude aufblühen können.
- Einen Raum schaffen, in dem das Alltägliche als Gefäß der Liebe Gottes geehrt wird.

Die Schaffung eines sicheren Raumes ist eine Aufgabe, die sich durch den ganzen Prozess des geistlichen Mentorings hindurchzieht. In dieser Umgebung kann jedes gesprochene Wort ernst genommen werden, weil sich in ihm menschliches Leben offenbart. Nicht Formeln, Schritte oder bestimmte Vorgangsweisen, sondern der sichere Ort ist es, der es möglich macht, Vertrauen und Nähe zu entdecken.

Jeder Mentorand, der auf seiner Glaubensreise mit Hilfe eines Mentors Fortschritte macht, wird eine Mentoring-Umgebung beschreiben, in der er ungefährdet reden kann. Die meisten von uns haben gelernt, über alles Mögliche in aller Offenheit mit anderen zu reden, nur nicht über unser persönliches geistliches Leben. Es macht uns nichts aus, von unserer Leidenschaft für Cappuccino, Werder Bremen oder die Alpen freimütig zu reden, doch wenn es um unsere Beziehung zu Gott geht, sind wir unvergleichlich reservierter. Wir wollen unsere Lebensgeschichten ja gern erzählen, aber wir fragen uns, ob diese Geschichten nicht zu gewöhnlich, zu wirr, zu weltlich oder ganz einfach zu kompliziert sind. Die beständige Rolle des Mentors ist es, einen sicheren Ort zu schaffen und zu erhalten, an dem der Mentorand dem Mentor sein inneres Selbst offenlegen kann. Damit in einer Beziehung inniges Vertrauen wachsen kann, müssen sowohl Mentor als auch Mentorand bisweilen ungeschützt über ihre Sünden, ihren Schmerz und ihre Fragen zu einem Leben nach dem Willen Gottes reden können. Der Mentorand muss lernen, aufgeschlossen zu sein für die Weisheit, die ihm sein Mentor bietet, wenn es zu wirksamen Lebensveränderungen kommen soll. Das bedeutet, dass der Mentor zunehmend die Erlaubnis bekommt, unbequeme Fragen zu stellen, die die Masken durchdringen, hinter denen sich die meisten von uns verstecken.

Die Versicherung: »Du kannst ruhig über alles reden« wird jedem wie eine hohle Phrase vorkommen, wenn der Mentor nicht ein Mensch ist, bei dem vertrauliche Äußerungen sicher aufgehoben sind. Garantien wie: »Ich werde keiner Menschenseele etwas davon sagen« lassen einen Mentoranden eher zurückschrecken, vor allem, wenn der Mentor eine völlig unangebrachte Neugier an der Geschichte des Mentoranden an den Tag legt.

Vertrauen entwickeln ist eine Kunstform, keine Frage von Rezepten. Vertrauen und Nähe entfalten sich in wackeligen Schritten oder im stockenden Erzählen von Geschichten, wenn zwei Menschen es wagen, einander als Freunde ihr innerstes geistliches Selbst zu offenbaren.

In diesem Kapitel blenden wir zurück ins zwölfte Jahrhundert, zu einem Mönch namens Aelred, der ein Buch mit dem Titel »Geistliche Freundschaft« verfasste. Sein Konzept des Mentors als geistlicher Freund bietet uns wichtige und praktische Ratschläge für die Pflege der Mentoring-Beziehung.

Der Mentor als Freund

In der klassischen Welt der geistlichen Wegweisung war der Mentor Ratgeber und Wegweiser, meistens jedoch eine dominierende Autoritätsperson. Viele Mentoren waren Mönche oder Klosterfrauen, Priester oder geistliche Gelehrte, die in ihrer Gesellschaft großes Ansehen genossen. Heute findet man die meisten Mentoren in informellen Beziehungen: Lehrer und Schüler, Coach und Mannschaft, kleine Gruppen von Freunden, die sich zu Kaffee und geistlichen Gesprächen treffen. Sie versammeln sich zum Gebet, zur Gemeinschaft und zum geistlichen Lernen. Freundschaft und Gastfreundschaft bieten so eine natürliche und behagliche Umgebung für das geistliche Mentoring.

Zwei geistliche Lehrer, Aelred von Rievaulx und Henri Nouwen, verwenden zwei praktische Metaphern, die uns helfen, das »tägliche Sakrament« der geistlichen Freundschaft zu schätzen und die uns lehren, dass Freundschaft die Umgebung ist, in der unsere Seelen die nötige Nahrung finden, um sich geistlich weiterzuentwickeln.

Im zwölften Jahrhundert beschäftigte sich der junge Mönch Aelred mit dem klassischen Werk »De Amicitia«, »Über die Freundschaft«, des großen stoischen Philosophen Cicero und entwickelte danach seine eigenen Gedanken in einer Schrift, die er »Geistliche Freundschaft« nannte. Um jedoch Aelreds Geschichte zu erzählen, müssen wir zuerst von seinem Freund Bernard von Clairvaux sprechen, denn Bernard prägt in seiner Rolle als Freund und Mentor Aelreds sein Denken und sein Werk.

Als junger Mann von zweiundzwanzig Jahren traf Bernard seine Entscheidung, in seiner Heimat England in ein Kloster einzutreten. Das tat er, aber er machte es auf seine Weise – statt allein ins Kloster zu gehen, nahm er fünf Angehörige, vier Brüder und einen Onkel, sowie fünfundzwanzig weitere Freunde mit. Dieses Muster wiederholte sich noch öfter im Leben dieses charismatischen Mannes, der die Erneuerungsbewegung innerhalb des Benediktinerordens, die Zisterzienser, gründete. Bernard, der zum Mentor für Aelred, Wilhelm von St.-Thierry und Dutzende anderer wurde, schuf eine Bewegung, deren geistige und geistliche Wahrheit nur darauf wartet, heute neu entdeckt zu werden. Bernards Überzeugung, auf einen einfachen Nenner gebracht, lautete: »Die Erkenntnis Gottes kommt nur durch die Hingabe an Gott in Armut, in Einfachheit und in Einsamkeit.«[4]

In einer seiner Predigten über das Lied der Lieder schrieb Bernard:

> *Die Weisungen, die ich euch gebe, meine Brüder, weichen von denen ab, die ich denen geben würde, die draußen in der Welt sind; zumindest die Art und Weise wäre anders. ... Die Lehrmethode des Paulus ... ist eine nahrhaftere Speise für diejenigen, die geistlich erleuchtet sind. ... ›Wir reden‹, sagt er, ›nicht mit Worten, wie sie menschliche Weisheit lehren kann, sondern mit Worten, die der Geist lehrt, und deuten geistliche Dinge für geistliche Menschen‹.« (1 Kor 2,13)*[5]

Bernard war beeindruckt von den schriftstellerischen Fähigkeiten des jungen Aelred aus der nordenglischen Stadt Hexham und drängte ihn, sein Buch »Geistliche Freundschaft« zu schreiben. Aelreds historischer Einfluss auf das Verständnis geistlicher Beziehungen war beispiellos. Interessant zu beobachten ist, dass seine Schriften an Einsicht gewannen, nachdem er aufgehört hatte, aus einem philosophischen Bezugsrahmen heraus schreiben zu wollen, und sich stattdessen auf seine eigenen Erfahrungen und Perspektiven stützte.

Aelred hatte immer wieder Erlebnisse mit geistlichem Rat, die seine Einsicht in die Freundschaft als eine Form geistlicher Wegweisung beeinflussten. Seine Einführung ins Erwachsenenalter geschah durch eine in der antiken Feudalgesellschaft verbreitete Sitte. Söhne aus reichen Familien wurden oft für ein Jahr bei anderen Mitgliedern der Oberklasse in Vormundschaft und Ausbildung genommen. Diese Sitte, »Pflegschaft« genannt, schulte die Jungen in Dingen, die ihrem Status entsprachen, und knüpfte Netze der Freundschaft, die für ihre Positionen der Macht und der Verantwortung unverzichtbar waren. So kam Aelred als fünfzehnjähriger Junge in seine Pflegschaft am Hof des schottischen Königs. Sein Übergang ins junge Erwachsenenalter begann mit einem Mentoring-Erlebnis. Es überrascht nicht, dass sein Leben auf ähnliche Weise endete: in einem Kreis von Mönchen, die sich um ihn versammelten, wie sie es so oft als Gesprächspartner, Mentoren und Freunde taten. Der Beitrag der Freundschaft zur Tiefe des Lebens war ein häufiges Thema in seinen Schriften. Drei seiner Gedanken über die Freundschaft vermitteln einen Geschmack von der Tiefe seines Denkens:

> *Denn die Freundschaft trägt in diesem Leben und im nächsten ihre Früchte.*[6]
> *Doch welches Glück, welche Geborgenheit, welche Freude ist es, jemanden zu haben, mit dem man auf gleicher Stufe wie zu einem Gegenüber zu sprechen wagt; jemanden, dem man ohne Furcht sein Versagen gestehen kann; jemanden, dem man, ohne rot zu werden, mitteilen kann, welche Fortschritte man im geistlichen Leben gemacht hat; jemanden, dem man alle Geheimnisse seines Herzens anvertrauen und vor dem man all seine Pläne ausbreiten kann! Was wäre darum angenehmer, als auf diese Weise den Geist eines anderen mit sich selbst zu verbinden und zu zweit eins zu werden, so dass von nun an keine Prahlerei mehr zu fürchten ist, kein Verdacht mehr schrecken kann, keine Korrektur des einen durch den anderen mehr Schmerz verursacht, kein Lob auf Seiten des einen mehr den Vorwurf der Selbstbeweihräucherung beim anderen hervorruft. ›Ein Freund‹, sagt der Weise, ›ist die Medizin des Lebens.‹*[7]
> *Darum steigert die Freundschaft die Freuden, wenn es dir gut geht und lindert den Kummer der Widrigkeiten, indem er mit dem Freund geteilt wird. Darum ist die beste Medizin im Leben ein Freund. Selbst die Philosophen hatten Gefallen an dem Gedanken: Nicht einmal Wasser, Sonnenlicht und Feuer brauchen wir häufiger als einen Freund. In jeder Tat, jedem Vorhaben, im Privaten wie im Öffentlichen, in jeder Überlegung, daheim oder auf Reisen, überall wird die Freundschaft geschätzt, überall braucht man einen Freund und immer ist der Dienst eines Freundes von Nutzen.*
> *›Darum sind Freunde‹, sagt Tullius, ›anwesend, selbst wenn sie abwesend sind, reich, selbst wenn sie arm sind, stark, selbst wenn sie schwach sind, und – was*

noch seltsamer erscheint – lebendig, selbst wenn sie tot sind.‹ Und so preisen auch die Reichen die Freundschaft als ihre Herrlichkeit, die Verbannten als ihre Heimat, die Armen als ihren Reichtum, die Kranken als ihre Medizin, die Toten als ihr Leben, die Gesunden als ihren Zauber, die Schwachen als ihre Stärke und die Starken als ihren Gewinn.«[8]

Kann man geistliche Dinge außerhalb des Kontextes einer Beziehung lernen? Bernard von Clairvaux würde sagen: Nein. Kann einer Mentor für einen anderen sein ohne die Grundlage einer innigen, vertrauensvollen Freundschaft? Aelred würde sagen: Nein. Jeder geistliche Mentor, der Jesu Umgang mit seinen eigenen Jüngern nachzuahmen sucht, würde sagen: Nein. Geistliches Mentoring ist im innersten Kern eine Beziehung aus Vertrauen und immer größer werdender Nähe, eine Freundschaft, die miteinander und mit dem Herrn Jesus Christus geteilt wird. Es muss nicht unbedingt eine Freundschaft aus gemeinsamen geselligen Aktivitäten und Erlebnissen sein, aber es ist eine Freundschaft von der höchsten Art, eine Beziehung, in der sich Herzen mitteilen.

Zum Nachdenken

Nehmen Sie sich einige Momente Zeit, um über den Wert Ihrer eigenen Freundschaften für Ihre geistliche Entwicklung nachzudenken.

- Wie haben Ihre Freundschaften Sie als Menschen des Glaubens – zum Guten wie zum Schlechten – geprägt oder verändert?
- Welchen praktischen Nutzen haben Ihre Freundschaften für Ihr geistliches Wachstum gebracht?
- Welchem Ihrer Freunde haben Sie am meisten zu vertrauen gelernt? Warum? Wie haben sich diese Freundschaften entwickelt?

Stufen der Freundschaft

Aelred lehrte, dass es Stufen der Freundschaft gibt, die unserer Meinung nach sehr an die »Bewegungen« in der Mentoring-Beziehung erinnern. Es muss nicht unbedingt klar definierte Schritte geben, die alle Beziehungen durchlaufen, doch Aelred betonte sehr stark vier fließende Bewegungen in der Entwicklung einer geistlichen Freundschaft: *Wahl, Bewährung, Zulassung* und *Harmonie*.

 Ein Freund sollte mit äußerster Sorgfalt gewählt und mit größter Vorsicht geprüft werden. Ist er jedoch einmal zugelassen, so sollte er so ertragen, so behandelt,

> *so bedient werden, dass er, solange er sich nicht unwiderruflich von der vereinbarten Grundlage zurückzieht, dein ist und du sein bist, im Körper wie auch im Geist, so dass es im Denken, in der Zuneigung, im Willen oder im Urteil keinerlei Trennung mehr gibt. Du siehst also die vier Stufen, durch die man zur vollkommenen Freundschaft emporsteigt: Die erste ist die Wahl, die zweite die Bewährung, die dritte die Zulassung und die vierte die vollkommene Harmonie in menschlichen wie in geistlichen Dingen, voll Liebe und Wohlwollen.«*[9]

Diese Bewegungen in der Freundschaft tragen dazu bei, Vertrauen und Nähe zwischen zwei Freunden zu kultivieren. Für Aelred war die Liebe die bindende Kraft in der Beziehung. »Liebe ohne Freundschaft mag es geben, doch Freundschaft ohne Liebe ist unmöglich.«[10] Ebenso wie die Freundschaft ist Mentoring ein Prozess. Es kostet Mühe, Vertrauen und Nähe aufzubauen, und Aelred war davon überzeugt, dass Freunde diese vier Stufen durchlaufen, um das Vertrauen und die Nähe geistlich gereifter Persönlichkeiten zu erlangen. Sicherlich sprechen wir selten so methodisch von einer sich entwickelnden Freundschaft, doch Aelred verstand, dass Freundschaft viel zu wichtig für unser Leben ist, als dass wir nachlässig oder nach Lust und Laune damit umgehen könnten.

Wenn Sie seine Beschreibung der vier Schritte lesen, denken Sie darüber nach, was daraus für die Entwicklung einer Mentoring-Beziehung zu lernen ist. Jedem seiner vier Schritte in der Entwicklung einer geistlichen Freundschaft folgt eine Frage als Anregung zum Nachdenken.

Wahl. Aelred fordert uns auf, in einer geistlichen Freundschaft nach mehreren Elementen der Liebe, Zuneigung, Geborgenheit und Zufriedenheit zu suchen.

> *Liebe bedeutet, dass man einander mit einem Wohlwollen, einer Zuneigung und einer inneren Befriedigung dient, die sich nach außen manifestiert; Geborgenheit, dass man alle Ratschläge und vertraulichen Mitteilungen ohne Furcht und Argwohn austauschen kann; Zufriedenheit, dass man über alles, was sich ereignet, was man gelehrt oder gelernt hat, angenehm und freundlich reden kann, ob es nun freudig oder traurig ist, schädlich war oder nützlich.«*[11]

➤ Zu wem fühlen Sie sich als Mentor oder Mentorand hingezogen? Welche Elemente der Freundschaft, die Aelred nennt, ziehen Sie zu dieser Person hin?

Bewährung. Aelred beschreibt vier persönliche Merkmale, die zu Beginn einer sich entwickelnden Freundschaft auf die Probe gestellt werden.

> *Es gibt vier Eigenschaften, die an einem Freund erprobt werden müssen: die Loyalität, die gute Absicht, die Umsicht und die Geduld. Die Loyalität, damit du dich ihm gefahrlos anvertrauen kannst. Die gute Absicht, damit er nichts von deiner Freundschaft erwartet außer Gott und ihre natürlichen Vorzüge. Die Umsicht, damit er versteht, was für einen Freund zu tun ist, was von einem Freund zu erwarten ist, welche Leiden um seinetwillen zu erdulden sind, zu welchen guten Taten er beglückwünscht werden sollte; und da wir meinen, dass ein Freund manchmal auch zurechtgewiesen werden sollte, muss er auch wissen, für welche Fehler das geschehen sollte, wie auch auf welche Weise, zu welcher Zeit, an welchem Ort. Schließlich die Geduld, damit er sich nicht grämt, wenn er gescholten wird, oder den verachtet, der ihn schilt, und damit er sich nicht sträubt, um seines Freundes willen Widrigkeiten zu ertragen.«*[12]

➤ Welche Schritte könnten Sie tun, um eine Atmosphäre des gegenseitigen Prüfens und Kennenlernens für Sie als Mentor und für den Mentoranden zu schaffen? Wie können Sie die Bereitschaft des Mentoranden zu der ernsthaften Arbeit des geistlichen Mentorings prüfen?

Zulassung. Menschen, die man näher kennen gelernt hat und die sich als vertrauenswürdig erwiesen haben, werden sodann völlig zur Freundschaft zugelassen.

> *Wir begegnen sehr vielen Menschen mit aller Zuneigung, doch nicht so, dass wir sie zu den Geheimnissen der Freundschaft zulassen würden, die ja gerade darin bestehen, dass wir all unsere geheimen Gedanken und Pläne offenbaren. ... Wie St. Ambrosius sagt: ›Er gibt uns die Formel der Freundschaft, der wir folgen sollen:*

nämlich dass wir den Willen unseres Freundes tun, dass wir unserem Freund offen legen, was wir an Geheimnissen im Herzen tragen, und dass wir über seine Geheimnisse nicht in Unkenntnis sind. Lasst uns ihm unser Herz entblößen, und lasst ihn das seine uns gegenüber entblößen. Denn ein Freund verbirgt nichts. Wenn er wahrhaftig ist, gießt er seine Seele aus, wie der Herr Jesus die Geheimnisse des Vaters ausgoss.‹ So spricht Ambrosius. Wie viele also gibt es, die wir lieben, vor denen wir jedoch unklug wären, unsere Seelen zu entblößen und unsere innersten Herzen auszuschütten! Männer, deren Alter oder Gefühl oder Umsicht nicht ausreichen, um solche Offenbarungen zu ertragen.«[13]

➤ Gibt es Zeichen dafür, dass das Vertrauen und die schutzlose Offenheit in Ihren Mentoring-Zeiten zunehmen? In welcher Hinsicht können Sie sehen, dass zwischen Ihnen eine immer tiefer werdende Freundschaft wächst?

Harmonie. Wenn die Freundschaft andauert, kann sie sich zu einer immer tieferen Beziehung entwickeln.

Darum soll ein Mann sich an seinen Freund angleichen und anpassen, um in Harmonie mit seiner Gemütsart zu sein. So, wie man seinem Freund in seinen materiellen Rückschlägen helfen sollte, so sollte man um so bereitwilliger herbeieilen, um ihm in seelischen Nöten beizustehen.[14]
Wie kostbar ist es also, wenn einer die Trauer des anderen mitträgt, sich jeder abmüht, um die Lasten des anderen zu tragen, während jeder es als Glück erachtet, sich selbst um des anderen willen zu vergessen, den Willen des anderen höher zu schätzen als den eigenen, sich Missgeschicken entgegenzustellen und auszusetzen! Und wie ergötzlich finden es Freunde derweil, miteinander zu reden, sich gegenseitig ihre Interessen zu offenbaren, alle Dinge gemeinsam zu betrachten und sich über sie alle einig zu sein! Dazu kommt das Gebet füreinander, das, wenn es von einem Freund kommt, in dem Maße wirksamer ist, in dem es mit Liebe vor Gott gebracht wird, unter

> *Tränen, die entweder die Furcht erregt oder die Zuneigung weckt oder die Trauer hervorruft.«*[15]

➤ Sehen Sie beide Ihrer anberaumten gemeinsamen Zeit voller Vorfreude entgegen? Inwiefern haben sich Ihre Gebete füreinander vertieft, als Ihre gemeinsame Arbeit sich vertieft hat?

Aelred hielt die Freundschaft für das Herz der geistlichen Wegweisung. Er scheint sogar der Auffassung zu sein, dass es ohne die Liebe unter Freunden geistliche Wegweisung gar nicht geben kann. Heutzutage wird das Wort Freundschaft in einem viel beiläufigeren Sinn benutzt. Freunde können Leute sein, mit denen wir zusammenarbeiten oder mit denen wir morgens gemeinsam im Fahrstuhl stehen; es können Bekannte oder Nachbarn sein, die wir nur über die Straße hinweg oder im Lebensmittelladen sehen. Für Aelred war ein Freund jemand, den er liebte und für den er sorgte; einer, mit dem zusammen er im Glauben und im Dienst wachsen wollte.

Zum Nachdenken

➤ Was verändert sich bei der Entwicklung von Vertrauen und Nähe zu Ihrem Mentorand, wenn Sie diese Person als einen Freund und Ihre geistliche Verantwortung als Freundschaft sehen?
➤ Wie fördern Sie das Vertrauen in Ihren wichtigsten Beziehungen?
➤ Was hat Ihnen bei der Entwicklung von Nähe zu Ihren engsten und besten Freunden geholfen?
➤ Wie könnten Sie diese Praktiken von der Freundschaft auf Ihre Rolle als geistlicher Mentor übertragen?

Es gibt einige unverzichtbare Grundlagen, die in fast allen tiefen Freundschaften vorhanden sind:

➤ die Praxis des sorgfältigen, engagierten Zuhörens;
➤ die Praxis des mitdenkenden, interessierten Fragenstellens;
➤ die Praxis der Vertraulichkeit, durch die die Privatsphäre der Freunde geachtet wird;
➤ die Praxis des fortschreitenden Vertrauen-Schenkens und Vertrauen-Empfangens unter Freunden.

Der Mentor als Gastgeber

Der Gelehrte und Geistliche Henri Nouwen gab der Gastfreundschaft und dem Dienst in seinen, uns manchmal prophetisch anmutenden Schriften eine große Bedeutung. Er verstand Gastfreundschaft als das Schaffen eines freien, offenen Raumes, in dem sich

Menschen ohne Furcht und Feindseligkeit begegnen können. Somit kommt der Gastfreundschaft eine große Bedeutung für die geistliche Entwicklung zu.

> *Obwohl viele, wir könnten sogar sagen die meisten, Fremde in dieser Welt leicht zu Opfern einer ängstlichen Feindseligkeit werden, ist es für Männer und Frauen möglich und für Christen obligatorisch, einen offenen und gastfreundlichen Raum anzubieten, in dem Fremde ihre Fremdheit abwerfen und uns zu Mitmenschen werden können. ... Das ist unsere Berufung: aus dem* hostis *einen* hospes *zu machen, aus dem Feind einen Gast, und den freien und angstfreien Raum zu schaffen, in dem Brüderlichkeit und Schwesterlichkeit sich ausbilden und in Fülle erlebt werden kann.«*[16]

Gastfreundschaft ist also ein Dienst von Freunden, die ihr Leben, ihre Häuser und ihre Herzen anderen öffnen, um ihnen Erfrischung, Pflege, Wachstum und Freude zu bieten. So wie Aelred von der geistlichen Freundschaft als einer hoch zu schätzenden Tugend sprach, spricht Nouwen von der Gastfreundschaft als einer biblischen Berufung, für die der Christ auf einzigartige Weise gerüstet ist.

> *Wo Feindseligkeit sich in Gastfreundschaft verwandelt, können furchtsame Fremde zu Gästen werden, die ihren Gastgebern die Verheißung offenbaren, die sie bei sich tragen. Denn in Wahrheit erweist sich die Unterscheidung zwischen Gastgeber und Gast als künstlich und verflüchtigt sich in der Erkenntnis der neugefundenen Einheit. So helfen uns die biblischen Geschichten, nicht nur zu erkennen, dass Gastfreundschaft eine wichtige Tugend ist, sondern mehr noch, dass im Kontext der Gastfreundschaft Gast und Gastgeber ihre kostbarsten Gaben offenbaren und einander neues Leben bringen können.«*[17]

An anderer Stelle fügt Nouwen hinzu:

> *Vielleicht können Lehrer keine wahren Lehrer sein, wenn sie nicht in einem gewissen Maße auch Freunde sind. Mit anderen Worten, als Jesus zu seinen Jüngern sagte: ›Ich sage hinfort nicht, daß ihr Knechte seid ... . Euch aber habe ich gesagt, daß ihr Freunde seid‹ (Joh 15,15), da wurde er in Wahrheit ihr wirklicher Lehrer, weil alle Furcht überwunden war und das wirkliche Lernen beginnen konnte.«*[18]

Leute, die Nouwen persönlich kannten, beschreiben ihn als einen Mann, der sich nach einem Zuhause sehnte, einem Ort der Gastfreundschaft, wo er sich aussprechen, vollkommen angenommen sein und vollkommen geliebt sein konnte, so wie er war. Offenbar fand er einen solchen gastfreundlichen Raum in seinem innig geliebten Freund Adam. Adam war ein schwer behinderter junger Mann, der in der »Arche« lebte, einer christlichen Gemeinschaft von Behinderten und Nichtbehinderten.

Nouwens Wechsel aus dem prestigeträchtigen Bereich der Harvard-Universität in die Lebensgemeinschaft der »Arche« war alles andere als leicht. Seine erste Aufgabe in seinem neuen Zuhause bestand darin, sich fürsorglich um Adam, einen seiner Mitbewohner, zu kümmern. Durch diese ungewöhnliche Beziehung entdeckte Nouwen die Wahrheit, dass er selbst geliebt war. Seine Worte übermitteln uns einen heiligen Ruf, unser Geliebtsein durch die Gegenwart eines geistlichen Mentors zu erkennen – durch jemanden wie Adam.

» *In unserer Gesellschaft, geplagt von Furcht, Angst, Einsamkeit, Depressionen und einem Gefühl des Verlorenseins, sind wir ständig auf der Suche nach Ratgebern. Wir hoffen inständig, dass irgendjemand – ein Guru, ein geistlicher Wegweiser oder ein Seelenfreund – uns helfen möge, uns einen Reim zu machen auf all das, was uns verwirrt, und der uns einen Weg zu Heilung, Freiheit und Frieden für unser Inneres zeigen könnte. Meist suchen wir dabei nach Männern und Frauen mit gutem Ruf, mit Weisheit, psychologischem Einblick, geistlichem Einfühlungsvermögen und solider Lebenserfahrung. Vielleicht ist aber gerade dies das Problem, dass wir zu viel erwarten und sie zu viel geben wollen. Dadurch werden wir abhängig und sie beherrschend.*

Adam war der am wenigsten beherrschende und ›hilfloseste‹ Ratgeber, dem ich je begegnet bin. Vielleicht war das der Grund, warum ich so viel Vertrauen in ihn setzen konnte. Ich glaube, dass er Wunder tat wie die Wunder Jesu, gerade weil er nie eines davon für sich selbst beanspruchte. Er wollte kein Geld, keinen Ruhm, nicht einmal Dank. In seiner vollkommenen Machtlosigkeit war Adam ein reines Werkzeug der heilenden Macht Gottes ... für mich.«[19]

Im gegenseitigen Teilen von Freundschaft und Gastfreundschaft findet geistliches Wachstum auf natürliche, ganzheitliche Weise statt. Sowohl Aelred als auch Nouwen helfen uns, das Mentoring als einen Prozess der geistlichen Freundschaft zu sehen, der Gastfreundschaft für Gott, den Mentor und den Mentoranden schafft. Während im normalen Leben Freundschaft und Gastfreundschaft oft von der Begabung und der Charakterprägung des Einzelnen abhängen, pflegt die Gemeinde Jesu die geistliche Freundschaft in einer Atmosphäre, in der Freundschaft und Gastfreundschaft sich in Beziehungen natürlich entfalten können, unabhängig von unserer Fähigkeit oder Interessenslage.

Adams Geschenk an Nouwen war ein gastfreier Raum bedingungsloser Freundschaft, in dem Liebe gegeben und empfangen wurde. Dieses Beispiel besitzt eine faszinierende Aussagekraft für die zweite Bewegung im geistlichen Mentoring. Wir alle haben Freunde und haben als Gastgeber oder Gast Erfahrungen mit Gastfreundschaft gemacht. Die Bewegungen des geistlichen Mentorings ähneln stark den Bewegungen von Freundschaft und Gastfreundschaft – wir öffnen unser Haus oder uns selbst in aufsteigenden Schritten der Ehrlichkeit, des Vertrauens, der Nähe und der schutzlosen Offenheit.

Mut zur Ungeschütztheit

Der sichere, gastfreie Raum des Vertrauens und der Nähe wird nie Wirklichkeit werden, solange der Mentor, Leiter, Prediger oder Lehrer nicht wirklich offen wird. Bei unserem Studium der historischen Autoren wurde uns deutlich, dass Mentoring-Beziehungen nicht auf Schulung, Bildung oder esoterischem Wissen beruhten, sondern auf Charakter, Herz, Erfahrung, Weisheit und Urteilsvermögen. Lernen war Teilen – von Geschichten, Fragen, Einsichten, Verwirrung, Leiden, Widersprüchlichkeiten und Freude. Erkenntnis wurde nicht gegeben, sie wurde geteilt. Weisheit wurde nicht eingetrichtert; sie wurde lebendig vor Augen gestellt. Charakter wurde nicht gelehrt; er wurde wachgerufen.

Als Mentoren brauchen wir den Mut zur Schutzlosigkeit, um unser Leben und unsere Erfahrungen, unsere Integrität und unser Versagen, unser Verstehen und unsere Verwirrung preiszugeben, so dass beide Partner in der Beziehung daraus lernen können. Durch den Mut zur Schutzlosigkeit wagt es ein Mentor, seine Macht und seine Abwehr sinken zu lassen. Wenn ein Mentor schutzlos offen wird, nimmt er die Maske vom Gesicht und wagt es, seine eigene Geschichte offen zu legen – ohne sie schönzureden – und nur wenn er das tut, wird auch der Mentorand eine ähnliche Freiheit dazu haben. Schutzlose Offenheit ist allerdings auch kein Freibrief, um jede Erfahrung des Mentoranden durch eine frühere Erfahrung des Mentors zu beschreiben. »Lass mich erzählen, wie es bei mir war« ist für einen Mentor eine gefährliche Marschrichtung. Es muss sorgfältig abgewogen werden, wann der Zeitpunkt für den Mentor gekommen ist, seine eigenen Geschichten in das Gespräch einzustreuen.

Was ein Mentor ganz persönlich zu geben hat, ist nicht eine Unterrichtsmethode, sondern ein Raum, in dem Beziehung stattfinden kann, so dass aufmerksames Lernen möglich wird. Was Jesus uns in der dramatischsten aller Inkarnationen zeigte, war eine Selbstentäußerung, eine *kenosis* (κενοσις) seiner Macht und Stellung, so dass er den Menschen sozusagen mit Haut und Haar zur Verfügung stehen konnte. Als Paulus den Dienst Jesu mit dem Wort *kenosis* beschrieb, sagte er, dass Jesus »sich selbst entäußerte«, um eins mit uns zu werden. Damit das geschehen kann, muss zwischen Mentor und Mentorand die Wahrheit auf den Tisch. Aelred brachte es auf einen knappen Punkt: »Ja, ein Mann schuldet seinem Freund die Wahrheit, ohne die das Wort Freundschaft ohne Wert ist.«[20]

Als er sein Buch über den seelsorgerlichen Dienst schrieb, nannte Henry Nouwen es »The Wounded Healer« (»Der verwundete Heiler«), weil er verstand, dass nur diejenigen, deren eigenes Herz durch die Leiden des Lebens verwundet wurden, wirklich mit ganzem Herzen für andere da sein können; durch das Erzählen unserer eigenen Geschichten des Schmerzes und der Freude können wir den Bedürfnissen anderer dienen, und das ist Seelsorge. Ein Mentor lernt immer mehr, persönliche Geschichten weiterzugeben, so wie ein guter Gastgeber seine Erfahrungen in der Stadt, die sein Gast besucht, weitergibt – nicht aufdringlich oder mit der Forderung, dass der Gast die Erfahrung des Gastgebers genau kopieren muss, sondern freigiebig und bereitwillig.

Der Mentor glaubt, dass neues Leben zu finden ist, indem er sein Leben gemeinsam mit dem Mentorand lebt und teilt. Deshalb muss ein Mentor den Mut haben, auf dem gemeinsamen Weg dem Mentorand gegenüber schutzlos offen zu sein. Dabei sollte ein guter Mentor die Fähigkeit haben, über das Dunkle der Vergangenheit oder Gegenwart hinauszublicken, nicht, weil er optimistisch veranlagt ist, sondern weil er versteht, dass Gott der Herr der Auferstehung und damit auch der Grund aller Hoffnung ist.

Keith erinnert sich an eine besonders schwere Zeit in seinen Jahren auf dem Seminar:

» *Ich saß im Büro meines Mentors, meines Freundes. Schon viele Male zuvor hatte er mich zu Antworten, Lösungen, Erklärungen und Weisheiten geführt. Seine Worte flossen normalerweise leicht und schnell und waren voller Anregungen für die Entwicklung meiner Fähigkeiten; doch an diesem Tag saß er still da, die Hände auf dem Schreibtisch verschränkt. Dann stand er auf und ging durchs Zimmer. Er sagte: ›Weißt du, der große Prediger Harry Emerson Fosdick hatte einen starken Einfluss auf mein Leben. Seine Predigten gehören zu den besten seiner Ära der amerikanischen Geschichte. Was du wahrscheinlich nicht weißt, ist, dass er an einem entscheidenden Punkt in seiner Entwicklung als junger Mann einen Nervenzusammenbruch erlitt, und dieses Erlebnis prägte seine Predigttätigkeit für den Rest seines Lebens.‹ Diese Geschichtslektion war faszinierend, aber ich brauchte nicht lange zu warten, bis er zur Sache kam. ›Während meines Studiums habe ich so etwas auch einmal erlebt.‹*

Während der folgenden Stunde offenbarte er mir langsam seine eigene Geschichte von Traumatisierung, Verwirrung, Schmerz und Not und bemühte sich dabei, meine überraschten und stockenden Fragen zu beantworten.

Es wurden keine Antworten gegeben an diesem Tag – oder doch? Keine Lösung für meine Probleme wurde mir geboten. Keine Richtlinien für die endgültige Lösung, keine Weisheit, die mir den Weg zeigen würde. An jenem Tag zeigte sich ein fähiger, kompetenter Mann als mutiger Mentor. Er wusste, dass es ein Unterschied war, ob er mir Fähigkeiten beibrachte oder mir Leben zeigte. Er wusste, wann es Zeit war, mir zu sagen, was ich hören musste, und wann es Zeit war, sich zu öffnen und zu sagen: ›Heute keine Antworten – nur eine Geschichte.‹ In den Geschichten, die er mir erzählte, besonders von den Umwegen auf seiner eigenen Pilgerreise, schuf er Gastfreundschaft für mich. Zuhören und treffende Fragen stellen ist wertvoll, doch zum Wohl des Mentoranden und der Beziehung sind auch Zeiten notwendig, in denen man mutig und schutzlos von sich persönlich erzählt.«

Zum Nachdenken
- Wie schutzlos geben Sie sich gegenüber denen, denen Sie ein Mentor sein wollen?
- Wie würde es aussehen, wenn Sie »sich selbst entäußern« würden?
- An welchen Stellen in Ihrem Leben wünschen Sie sich Macht?

Vier gefährliche Fallen für den geistlichen Mentor
- **Der Messias-Komplex:** Ich halte es für meine Aufgabe, dich zu retten oder von den Kämpfen und Schmerzen deines Lebens zu befreien.
- **Die Problemlöser-Mentalität:** Ich halte es für meine Rolle, dir zu sagen, was die richtigen Antworten sind oder dir einen Ausweg zu zeigen.
- **Das Macher-Syndrom:** Ich halte es für meine Rolle, dich zu einem vorgegebenen Gebilde oder Produkt zu formen.
- **Der Weisheits-Spender-Dünkel:** Ich glaube, dass ich jedes Mal, wenn ich mich mit meinem Mentorand treffe, auf Verlangen Weisheiten von mir geben muss, denn ich bin eine Quelle der Weisheit und Wahrheit.

Wenn ein Mentor zum Messias, Problemlöser, Macher oder Weisheits-Spender wird, verringern sich die Chancen, anderen zu ihrer geistlichen Weiterentwicklung zu verhelfen. Ein Mentor ist nichts von alledem, auch wenn Problemlösungen, Weisheit und Antworten ein Teil des Entfaltungsprozesses sein *können*. Verständnis ist die köstliche Perle für den Mentor. Um Verständnis zu erlangen, braucht man schutzlose Offenheit, Demut und ein offenes Ohr, um auf die Stimme des Geistes Gottes zu hören.

Wesentliche Funktionen für die Entwicklung von Freundschaft und Gastfreundschaft
Wie entwickelt sich die Beziehung während der ersten Treffen und Gespräche? Geistliches Mentoring als Freundschaft und Gastfreundschaft wird sich auf drei wesentliche Funktionen des Mentors konzentrieren:

- **Geistliches Zuhören:** Aufmerksamkeit schenken, Gemeinschaft entwickeln, echte Fürsorge und Anteilnahme und aufrichtiges Interesse am Leben des Mentoranden, im Bewusstsein der ständigen Gegenwart des Heiligen Geistes.

- **Geistliches Sehen:** Den anderen mit Liebe, Barmherzigkeit, echter Fürsorge, Anteilnahme und Interesse an seiner Entwicklung beobachten.
- **Ganzheitliches Zuhören:** Dem Mentoranden und dem Heiligen Geist voll und ganz aufrichtig zur Verfügung stehen, mit dem Mut zu einer ungeschützten Offenheit, um sich an der passenden Stelle vor dem Mentorand zu offenbaren, einer Offenheit, in der »alles, was ich bin, allem, was du bist, zuhört«.

Geistliches Zuhören. So wie Jesus ganz informell durch das gemeinsame Leben »unterwegs« lehrte, so hilft uns auch das Mentoring, auf das Leben »unterwegs« zu hören. In der Gemeinde Jesu gibt es eine furchtbar schädliche Vorstellung, dass geistliche Dinge nur dann passieren, wenn wir im Gottesdienst oder in der Anbetung sind oder wenn der Pastor dabei ist. Wir sind fest davon überzeugt, dass Gott sich uns in allem und bei allen Gelegenheiten mitteilen möchte, doch die Musik der Seele müssen wir genauso erlernen, wie ein Kind lernt zu singen: »unterwegs«. Wartet ein Kind erst auf den Gesangsunterricht oder die Chorprobe, bevor es ein Lied anstimmt? Hält es den Mund, bis jemand befindet, es sei der »rechte Zeitpunkt« für Musik? Der Heilige Geist legt uns keine Schranken auf, zu welchen Zeiten, an welchen Orten oder in welchen Momenten unsere Seelen lernen können zu singen. Das hilfreiche Bild des Gesprächs mit den Eltern aus dem 6. Kapitel des Buches Deuteronomium bietet eine eindrückliche Beschreibung der praktischen Erdverbundenheit des geistlichen Lernens »unterwegs«:

»Und diese Worte, die ich dir heute gebiete, sollst du zu Herzen nehmen und sollst sie deinen Kindern einschärfen und davon reden, wenn du in deinem Hause sitzt oder unterwegs bist, wenn du dich niederlegst oder aufstehst. Und du sollst sie binden zum Zeichen auf deine Hand, und sie sollen dir ein Merkzeichen zwischen deinen Augen sein, und du sollst sie schreiben auf die Pfosten deines Hauses und an die Tore.« (Dtn 6,6-9)

Israelitischen Eltern war leidenschaftlich daran gelegen, dass ihre Kinder gewisse Wahrheiten über ihren Gott Jahwe erfuhren. Sie bestanden darauf, dass Kinder die Musik ihrer Geschichte und der darin lebendig gewordenen Theologie kennen lernen und wiedergeben konnten. Sie verstanden auch, dass dieses Lernen irgendwie mit der Lebenserfahrung ihrer Kinder in Verbindung gebracht werden musste. Darum werden hier verschiedene Haltungen des Lernens beschrieben: im Sitzen, im Liegen, im Gehen, im Stehen. Kinder wurden angehalten, ihrem Leben in seiner ganzen Erdverbundenheit ihre Aufmerksamkeit zuzuwenden. Auf dem Lehrplan stand ein sich beständig entfaltendes Buch mit Fragen, Zweifeln und Frustrationen. Ohne die Sprache des Lernens zu verwenden, erzogen sie ihre Kinder inmitten ihrer Lebenserfahrung. Kinder lernen, was sie leben. Kinder werden lernen, die Lieder des Glaubens zu singen, wenn sie in den natürlichen, aufgeschlossenen Momenten »unterwegs« gelehrt werden.

Den israelitischen Eltern war auch klar, dass geistliche Unterweisung in einer vertrauten, liebevollen Beziehung stattfinden musste. Das Lernen des Glaubens der Väter war nie als akademische Beschäftigung gedacht, die mit der Familie und dem Leben nichts zu tun hatte und in abstrakten Begriffen vermittelt wurde. Nein, das Lernen des Glaubens ist ein natürlicher, sich entfaltender, pragmatischer, ganzheitlicher Entdeckungsprozess in den konkreten Momenten des Lebens selbst. Am natürlichsten vollzog er sich in der Geborgenheit und dem kreativen Lernraum einer israelitischen Familie.

Schließlich verstanden sie, dass zum Lehren eine Leidenschaft für etwas überragend Wichtiges und eine starke Überzeugung in ihrem Leben notwendig war. Kein israelitisches Elternteil wäre an diese Aufgabe gleichgültig herangegangen; die Geschichte an die nächste Generation weiterzugeben war eine lebenswichtige, wesentliche Erziehungsaufgabe. Im Hebräischen war *erkennen* ein Wort, in dem viel von intimer Vertrautheit mitschwang. Etwas zu kennen bedeutete, hingegeben zu sein. Etwas zu kennen bedeutete, daran Anteil zu nehmen. Etwas zu kennen bedeutete, schutzlos zu sein. Es setzte eine Vertrautheit voraus, die aus leidenschaftlicher Hingabe an die entstand, die man lehrte.

Das soll nicht heißen, dass Mentoring eine elternähnliche Färbung oder Beziehung annehmen sollte; im Gegenteil, der autoritäre Ansatz manchen elternähnlichen Mentorings kann zur Abhängigkeit des Mentoranden führen, statt ihn zu befähigen, mit eigener Stimme zu sprechen. Es soll allerdings heißen, dass Mentoring zutiefst eine Beziehungssache ist, wach für das Handeln Gottes im alltäglichen Leben und verankert in einer leidenschaftlichen Liebe zu Gott und zum Wachstum des Mentoranden. Es bedeutet, dass wir wieder verbinden werden, was getrennt worden ist, wieder erinnern, was durch die Trennung von Glauben und Leben, Lernen und Leben, Lehren und Leben verloren ging. Darum ist es fürs Mentoring unerlässlich, eine vertrauensvolle Beziehung aufzubauen. Wie die israelitische Familie Wahrheit im Zusammenhang von Vertrauen, Nähe und ungeschützter Offenheit entdeckte, so wird die Wahrheit auch in einer geistlichen Mentoring-Beziehung dort entdeckt werden, wo ein gastfreier Raum der Vertrautheit und der ungeschützten Offenheit geschaffen wurde.

»Aufmerksam sein« heißt, dass Mentor und Mentorand lernen, auf die Stimme Gottes zu hören, die wirklicher werden kann als andere hörbare Geräusche, die uns den ganzen Tag über umgeben und auf uns eindringen. Aufmerksam sein zieht uns hinein in den Klang des stillen, »sanften Säuselns« (vgl. 3 Kön 19,12) der Stimme Gottes im Leben der Seele. Wenn unsere Vorstellungskraft sich ganz auf Gott ausrichtet, werden wir unsere Seelen zur Freude über Gott befreit haben. Geistliches Mentoring hilft uns, mit offenen Ohren zu hören, mit offenen Augen zu sehen und mit freier Seele sich an Gott zu freuen: Das ist ein Leben, das auf Gott mit ganzem Herzen achtet.

Und nun kommt die Überraschung: Das Heilige, Geistliche wird häufig in dem erlebt, was scheinbar nichts mit Gott zu tun hat. »Dichter und Künstler lenken immer wieder unsere Aufmerksamkeit auf das Heilige an den unterschiedlichsten und manchmal überraschenden Orten.«[21]

Geistliches Zuhören heißt lernen, die stille, sanfte Stimme Gottes zu hören – an alltäglichen, unerwarteten und gewöhnlichen Orten. In einem Kurs in Chicago wird den Studenten ein Gedicht des Schriftstellers und Soziologen Andrew Greeley vorgelesen, in dem folgende Aussage vorkommt: »In Chicago lauert unser Gott überall.«[22] Manchen Leuten gefällt der Gedanke nicht, dass Gott hinter Mülltonnen und in Gassen »lauert« oder sich im Café oder im Büro an sie anschleicht, doch das Bild sagt viel über unser Verständnis von Spiritualität. Gott ist da draußen und wartet darauf, uns mit Liebe und dem Geschenk der göttlichen Gegenwart zu »überfallen«, und er lädt uns ein, aufmerksam zu sein.

Wissen Sie, was der große Roman-Detektiv Sherlock Holmes als Grund nannte, warum die meisten Leute keine guten Detektive seien? »Sie sehen, aber sie nehmen nichts wirklich wahr.« Wenn wir in unserer Umgebung die Anzeichen der Gegenwart Gottes bemerken wollen, müssen wir unser Leben so weit verlangsamen, dass wir ihn wahrnehmen können. Dann werden wir lernen, das Handeln des unsichtbaren Gottes inmitten des Sichtbaren zu entdecken. Dazu brauchen wir jemanden, der uns sehen hilft – einen Mentor, der uns helfen kann, geistlich zu sehen.

Geistliches Sehen. Es gibt eine wunderbare Geschichte im Alten Testament, welche die Frage aufwirft: Was bedeutet es, Gott zu erfahren, Gott zu kennen, von Gott erkannt zu sein? Um diesen Text zu verstehen, hilft es vielleicht, Sie mit zurückzunehmen in Keiths Kindheit in Chicago:

> *Sie müssen sich einen achtjährigen sommersprossigen, rothaarigen Bengel mit riesigen Ohren und coolem Marine-Haarschnitt vorstellen. Dicke, schwere braune Kordhosen und ein schrilles, topmodisches Hemd mit großen Tupfen oder kleinen Autos oder Lokomotiven oder sonst etwas Besonderem darauf. Da sitze ich am Samstagmorgen und schaue fern. Zeichentrick ist ja ganz nett, aber ich warte auf die Roy-Rogers-Show, weil mein Papa einmal einen der Schauspieler in der Stadt beim Mittagessen getroffen hat – den alten Burschen mit dem gewaltigsten Vollbart der Welt – Gabby Hayes. Der geriet immer in Schwierigkeiten, wurde ständig von den Schurken erwischt und im* Silver-Dollar-Saloon *an einen Stuhl gefesselt. Immer wieder musste Roy Rogers auf seinem Hengst Trigger hereinstürmen, um Gabby oder Gabby und Dale Evans oder Gabby und irgendeine andere hilflose Frauengestalt zu retten. Ich klebte vor dem Fernseher, obwohl ich schon genau wusste, wie es ausgehen würde.«*

Im 6. Kapitel des 2. Buchs der Könige sind es andere Darsteller, aber die Handlung ist die gleiche. Der Prophet Elisa war in Schwierigkeiten. Der König von Aram (etwa heutiges Syrien) schmiedete geheime Pläne, um seinen Feind, den König von Israel, zu Fall zu bringen, doch Elisa wusste von dem Plan, weil Gott zu ihm gesprochen hatte und sagte jedes Mal dem König Bescheid, so dass dieser dem Hinterhalt geschickt ausweichen konnte. Schließlich sammelte der syrische König all seine Leute zusammen und verlangte zu wissen, wer ihre geheimen Pläne verriet. Dann legte der König einen weiteren Hinterhalt und umzingelte das Haus des Propheten in Dotan, wo Elisa mit seinem jungen Diener lebte.

Vers 15 könnte eine Dialogzeile von Gabby Hayes persönlich sein, in seiner besten dramatischen Intonation. Noch bevor der Diener am Morgen Zeit fand, den Kaffee zu machen, schaute er aus dem Fenster und sah, dass sie von Soldaten umzingelt waren und dass diese Soldaten nicht gekommen waren, um für die Heim-Mannschaft Fahnen zu schwenken! Also rannte er angstschlotternd zu seinem Herrn und rief: »Oh weh, mein Herr! Was sollen wir nun tun?«

Elisa blieb gelassen und sagte zu ihm: »Fürchte dich nicht, denn derer sind mehr, die bei uns sind, als derer, die bei ihnen sind.« An diesem Punkt muss der junge Diener sich wohl noch mehr gesorgt haben als zuvor. Sein Haus war von feindlichen Truppen umzingelt, und jetzt waren seinem Meister auch noch die elementarsten Rechenkenntnisse abhanden gekommen! Sie standen eins plus eins gegen eine ganze Armee und Elisa sagte seelenruhig: »Fürchte dich nicht, denn derer sind mehr, die bei uns sind, als derer, die bei ihnen sind.«

Vers 17 schildert den Wendepunkt in der ganzen Episode, als Elisa Gott um eine Vision bittet: »Herr, öffne ihm die Augen, dass er sehe!« Und als der junge Diener wieder hinschaute, sah er, was der Prophet mit den Augen des Glaubens sah; er sah die Berge rings um Elisas Haus voller feuriger Pferde und Wagen.

Die biblische Lehre ist klar und wird oft wiederholt: Glaube ist eine Art zu sehen. Er ist ein Weg, die Augen aufzumachen und die Welt so zu sehen, wie Gott sie sieht. Das ist die geistliche Reise, die wir unternehmen – eine Reise, auf der wir Gott bitten, unsere Augen zu öffnen, damit wir sehen, was da ist – geistliche Mächte, kraftvoll und unbesiegbar, doch für das menschliche Auge unsichtbar. Im 11. Kapitel des Hebräerbriefes (11,1) lesen wir: »Es ist aber der Glaube eine feste Zuversicht auf das, was man hofft, und ein Nichtzweifeln an dem, was man nicht sieht.« Glaube ist nicht blind – ganz im Gegenteil. Der Glaube ist eine geistliche Art zu sehen, was unsere physischen Augen allein niemals sehen könnten. »Durch den Glauben erkennen wir, daß die Welt durch Gottes Wort geschaffen ist, so daß alles, was man sieht, aus nichts geworden ist« (Hebr 11,3).

Das wissenschaftliche Denken kann mit dieser Folgerung nicht viel anfangen. Normalerweise ziehen wir Schlüsse über das, was wir nicht physisch sehen, aus dem, was wir sehen. Wir sammeln die Beweise für das, was wir wissen, und schließen daraus auf das, was wir nicht wissen. Der Erkenntnisweg des Evangeliums kehrt das um, indem Gott unsere geistlichen Sinne weckt, so dass wir fähig werden, auf der Grundlage dessen, was wir nicht sehen, zu verstehen, was wir sehen.

Wann und wo sehen wir Gott? In der Bibel offenbart sich Gott oft in der gewöhnlichen Routine des Alltags. Viele von uns meinen, wir müssten Gott in einer Art mystischer, halluzinationsähnlicher Erfahrung wahrnehmen oder zumindest an einem heiligen Ort – in einem Kloster, in einem Heiligtum, auf einem Berggipfel oder während wir uns in die Stille zurückziehen. Doch Gott begegnete Mose, während er das tat, was er Tag für Tag zu tun pflegte – Schafe hüten. Jesaja hatte, wie schon gesagt, seine große Vision Gottes, während er anbetete. Paulus war auf einer Reise und Maria schöpfte gerade Wasser. Die Jünger flickten ihre Netze und kümmerten sich um ihre alltäglichen Aufgaben als Fischer, als Jesus sie rief und sagte: »Folgt mir nach.«

Ganzheitliches Zuhören. Margaret Guenther schreibt, dass geistliche Wegweisung sich durch alle Stadien der Beziehung am besten erhalten und pflegen lässt, indem wir das Offensichtliche in unserem Leben aufdecken. Deshalb geht es beim geistlichen Mentoring auch darum, ganzheitlich zuzuhören. Wenn der Mentor fähig ist, ganzheitlich zuzuhören, wird ihm auch das geistliche Zuhören leichter fallen. Die wichtigste Eigenschaft eines Mentors ist vielleicht die Fähigkeit, anderen zu helfen, auf ihr eigenes Leben zu hören. Geistliches Mentoring soll kein Ersatz für Psychotherapie oder Lebensberatung sein, sondern eine Gelegenheit zum geistlichen Zuhören durch ganzheitliches Zuhören.

Aelred verstand geistliche Wegweisung als ein geistliches Hören auf den anwesenden, handelnden Gott. Er schrieb: »Hier sind wir, du und ich, und ich hoffe, ein Dritter, Christus, ist in unserer Mitte.«[23] Geistliches Mentoring ist die Gelegenheit, ganzheitlich auf den Dritten in unserer Mitte zu hören, mit einer Aufmerksamkeit, durch die es zu einem geistlichen Zuhören wird. Als Reisegefährten helfen Mentoren anderen bewusst und sorgfältig, auf ihr eigenes Leben zu hören, ihre eigenen Fragen zu stellen, ihre eigenen Geschichten mit der großen Geschichte Jesu in Zusammenhang zu bringen. Der Mentorand ist während der Entwicklung der Mentoring-Beziehung nicht untätig oder passiv. Er muss sich in der Haltung des geistlichen Hörens auf Christus »in unserer Mitte« üben, indem er auf die Stimme des Mentors, auf die Stimme des Heiligen Geistes und auf die Stimme in seinem Innern hört.

Gott spricht zu uns auf vielerlei Weise. Eine heute sehr verbreitete Sichtweise setzt unser geistliches Leben mit unserem Bibellesen, Beten und Gottesdienstbesuch gleich. Wenn meine frommen Aktivitäten stimmen, dann stimmt auch mein geistliches Leben. Wenn meine »Stille Zeit« am Morgen großartig lief, dann muss ich wohl Gott sehr nahe sein; wenn nicht, dann ist mein geistliches Leben sicher sehr mangelhaft. Wenn ich Gott in meinem Gebetsleben »spüre« oder Gott fast akustisch wahrnehmbar »höre«, wenn ich Gott in einer mystischen oder charismatischen Vision »sehe«, dann ist mein geistliches Leben gut, stark oder wirksam. Doch die Lehre vom geistlichen Leben hat durch die Jahrhunderte einmütig ein anderes

Bild gezeichnet: Gott spricht zu uns auf vielerlei Weise; geistlich leben heißt, der Gegenwart Gottes in allen Dingen Aufmerksamkeit zu schenken.

Geistliches Zuhören ist nie auf die Aktivitäten im Gottesdienst, in der täglichen Andacht oder in den geistlichen Übungen beschränkt. Es lässt auf unerwartete Weise jede Stunde des Tages und der Nacht widerhallen. Wie tief, wie ganzheitlich müssen wir die Worte Davids in uns aufnehmen, der schrieb:

»Die Himmel erzählen die Ehre Gottes,
und die Feste verkündigt seiner Hände Werk.
Ein Tag sagt's dem andern,
und eine Nacht tut's kund der andern,
ohne Sprache und ohne Worte; unhörbar ist ihre Stimme.
Ihr Schall geht aus in alle Lande
und ihr Reden bis an die Enden der Welt.« (Psalm 19,2-5)

David hielt die Schöpfung in all ihrer Erdverbundenheit und Alltäglichkeit tatsächlich für ein Mikrofon, um die Herrlichkeit Gottes auszurufen! Ohne Sprache und ohne Worte geht ihr Schall »aus in alle Lande«. Gottes Stimme erklingt in den Himmeln und in den vollkommenen Weisungen des göttlichen Gesetzes. David hatte den Glauben, dass durch die ganze Schöpfung hindurch Gott den Menschen seine liebevollen Worte zuflüstert. Wir könnten sagen, Gott sang und singt sein Lied für die menschliche Familie!

Theresia von Avila lehrte, Gott sei zwischen Töpfen und Pfannen zu finden. Sie half ihrer Gemeinschaft zu erkennen, dass dramatische geistliche Erfahrungen nicht in sich wertvoller sind als der gewohnheitsmäßige Gehorsam des alltäglichen Glaubenslebens. Geistliche Reife, oder »Vollkommenheit«, wie sie es nannte, misst sich nicht an mystischen Augenblicken, sondern daran, dass man im Kontext des wirklichen Lebens Gottes Willen tut. Der Evangelist Johannes spricht ihr aus dem Herzen, als er schrieb (1 Joh 1,1-2):

»Was von Anfang an war, was wir gehört haben, was wir gesehen haben mit unsern Augen, was wir betrachtet haben und unsre Hände betastet haben, vom Wort des Lebens – und das Leben ist erschienen, und wir haben gesehen und bezeugen und verkündigen euch das Leben, das ewig ist, das beim Vater war und uns erschienen ist.«

Alles Leben ist heilig. Wenn Gott uns sein Herz offenbart, dann wird diese Offenbarung uns höchstwahrscheinlich so zuteil, wie es im ersten Johannesbrief beschrieben wird. Haben Sie es bemerkt? Was wir gehört haben, was wir betrachtet haben und was unsere

Hände betastet haben. Wir werden die Gegenwart Gottes durch unsere fünf Sinne erkennen: Hören, Sehen, Tasten, Schmecken und Riechen. Dallas Willard sagt: »Das geistliche Leben der Menschen beinhaltet immer den Einsatz unseres Körpers. Wir haben keine anderen Werkzeuge oder Instrumente im geistlichen Leben als ihn.«[25] Durch unsere körperlichen Sinne werden wir für das Reich Gottes lebendig gemacht. Für uns als Menschen ist er der Weg der Erkenntnis.

»Stell dich auf die Stimmung der Person ein, mit der du sprichst. Sei fröhlich mit den Fröhlichen und traurig mit den Traurigen. Mit einem Wort, sei alles für alle Menschen, damit du alle Menschen gewinnen kannst.«[26]

Im geistlichen Mentoring gibt es eine dreifache Dynamik, die das ganzheitliche Zuhören des Mentors erfordert. Mentoren müssen lernen, in ihrem Zuhören dreisprachig zu sein. Sie müssen mit Energie, Sorgfalt und Konzentration (ganzheitlich) auf den Mentorand, seine Geschichte und seine Bedürfnisse hören. Sie müssen darauf hören, was nicht gesagt wird, wie die Dinge gesagt werden, wohin die Blicke ausweichen oder starren, während die Geschichten erzählt werden. Zweitens muss der Mentor ganzheitlich auf den Heiligen Geist hören, dessen Stimme leise flüstern kann, während der Mentorand spricht. Gibt es vielleicht ein Wort, das Ihnen der Geist für den Mentorand geben möchte, eine Einsicht in das Leben dieses Menschen, eine Anregung, eine Warnung, eine Disziplinübung für die kommende Woche? »Rede, Herr, dein Diener hört.« Und drittens erfordert ganzheitliches Zuhören, dass Sie auf Ihr eigenes Herz und Ihre Instinkte als Mentor hören. Was regt sich in Ihnen, was erzeugt Harmonie, was Misstöne? Welcher Teil von Ihnen spricht auf die Geschichte des Mentorands an – Ihre Vernunft, Ihre Vorstellungskraft, Ihre Erinnerung? Wie packt Sie das, was Sie hören? Wo ganzheitliches Zuhören praktiziert wird, kommt es zum geistlichen Zuhören.

Gedanken über die Praxis Jesu

Im dritten Kapitel des Markusevangeliums wird ein grundlegender Rhythmus im Leben Jesu geschildert.

>*»Und er ging auf einen Berg und rief zu sich, welche er wollte, und die gingen hin zu ihm ..., daß sie bei ihm sein sollten und daß er sie aussendete zu predigen.«* (Mk 3,13-14)

Jesus zog sich für eine bestimmte Zeit aus dem Leben voller Aktivität zurück und nahm bestimmte Leute mit, »dass sie bei ihm sein sollten und dass er sie aussendete«. Vor diesem wichtigen Moment zog er sich in die Einsamkeit zurück, um auf diese Weise einen geistlichen Ort zu schaffen, an dem sie sich aufhalten und von dem sie ausgesandt werden konnten. Er nahm sie mit in die Abgeschiedenheit, um sie mit Vollmacht auszusenden, bis es wieder Zeit für sie war, mit ihm in die Einsamkeit zu gehen. Diese Bewegung wiederholte sich mehrere Male im Umgang Jesu mit seinen Jüngern.

Im hohepriesterlichen Gebet (Joh 14-16) beobachten wir Jesus in Aktion als geistlichen Mentor für seine Jünger, die Gemeinschaft seiner Freunde. Die Art, wie er sich im Gebet dem Vater nähert, bietet uns viele Anhaltspunkte, wie wir geistliches Mentoring verstehen und praktizieren können.

Zum Nachdenken

Denken Sie darüber nach, wie Jesus Fürsorge für seine Gemeinschaft praktiziert. Bedenken Sie, wie das Gebet Jesu als praktische Anleitung für den Mentoring-Prozess gesehen werden kann.

In **Joh 14,1-10** weist Jesus seine Jünger auf den Vater hin. Selbst die Worte, die er spricht, sagt Jesus, sind nicht seine eigenen; sie sind verwurzelt im Herzen des Vaters, dessen innige Liebe zu ihnen so weit geht, dass er eine Wohnstätte für sie vorbereitet hat. Er versteht geistliches Leben als Reaktion auf die bereits aktive Gegenwart Gottes. Er hört zu.

In **Joh 14,15-17** weist er sie auf den Heiligen Geist hin. Der Paraklet (Anwalt oder Helfer) wird an unsere Seite treten, um »bei euch« und »in euch« zu sein. Der Abschnitt offenbart Jesu Selbstlosigkeit, mit der er von sich selbst weg auf den Vater und auf das Werk und den Dienst des Heiligen Geistes verweist.

In **Joh 16,13-14** lehrt er, dass der Heilige Geist diesen Kreis vollenden wird: »Er wird mich verherrlichen; denn von dem Meinen wird er's nehmen und euch verkündigen.« Wieder macht er seine Jünger auf Gottes bereits aktive Gegenwart im Wirken des Heiligen Geistes aufmerksam.

In **Joh 14,1-3** und **14,27** ermutigt er sie mit der Hoffnung auf das Morgen. Der Abschnitt ist vom Blick in die Zukunft durchdrungen; nicht nur, weil Jesus seine Jünger bald verlassen wird, sondern weil er sie drängt, zu verstehen, dass sie einen bleibenden Auftrag haben und eine Beziehung zum lebendigen Gott brauchen. Sie müssen ihre Aufmerksamkeit dem gegenwärtigen Moment zuwenden, jedoch stets auch mit dem Blick in die Zukunft.

In **Joh 15,18** und **16,1-4; 32-33** spricht er ohne Beschönigung von dem Schmutz und Chaos der wirklichen Welt. Hier spricht kein blauäugiger Idealist oder sentimentaler Optimist, sondern einer, der vertraut ist mit dem Dreck und der Verworfenheit einer Welt voller Ablehnung, Verfolgung, Verwüstung und Kampf. Schon bald, nachdem er diese Worte zu seinen Freunden gesprochen hatte, wurde Jesus verhaftet und musste all das erleiden, was er soeben vorhergesagt hatte. Jesus stellt sich der Wahrheit der wirklichen Welt und drängt seine Jünger, dasselbe zu tun. Es gibt Grund zur Hoffnung: Gott wird die Welt verwandeln und ihnen Frieden und Kraft verleihen. Es gibt Grund zum Schmerz: Die Welt, in der wir leben, ist an der Sünde zerbrochen und hat nichts übrig für Leute, die Jesus nachfolgen. Er wollte, dass seine Jünger für alle Angriffe, die kommen würden, gewappnet waren.

In **Joh 16,8** sagt Jesus die Wahrheit über das menschliche Herz. Der Grund, warum wir den Heiligen Geist so dringend brauchen, liegt darin, dass wir ein so großes Talent zur Selbsttäuschung und Selbstrechtfertigung haben. Jesus sagte seinen Jüngern, der Heilige Geist werde »der Welt die Augen auftun über die Sünde und über die Gerechtigkeit und über das Gericht«, und in 16,13 verheißt er: »Wenn aber jener, der Geist der Wahrheit, kommen wird, wird er euch in alle Wahrheit leiten.« Beim Mentoring geht es darum, die Wahrheit zu sagen, denn die Wahrheit ist unverzichtbar für die geistliche Reife.

In **Joh 16,13** weckt Jesus die Bereitschaft für die bereits gegenwärtige Aktivität des Heiligen Geistes. Jesus will, dass seine Jünger das Herz und das Denken des Heiligen Geistes erkennen. »Ich habe euch noch viel zu sagen; aber ihr könnt es jetzt nicht ertragen« (16,12). Er ermutigt sie zu Offenheit, Bereitschaft und Vorfreude auf die nächste Wahrheit Gottes, die sie kennen lernen werden.

Von **Joh 17,1** an praktiziert Jesus den Dienst des Gebetes für seine Anhänger. »Heiliger Vater, erhalte sie in deinem Namen, den du mir gegeben hast, daß sie eins seien wie wir« (17,11). In seiner Abwesenheit von ihnen betet er für sie um Bewahrung, Heiligung, Einheit und Errettung. Sein Interesse an ihrem geistlichen Wachstum hört nicht auf, wenn ihre gemeinsame Zeit zu Ende ist, sondern setzt sich im Gebet fort.

Weitere Denkanstöße für den Mentor
1. Schaffen Sie eine Umgebung, in der Ihre Beziehung zu dem Mentoranden sich entspannt und natürlich entfalten kann. Es gibt keine Formel dafür, wie man am besten jedes Treffen einleitet oder wie man am besten vorgeht, aber es ist wichtig, dass Sie für

den Prozess, Vertrauen und Nähe aufzubauen – den fruchtbaren Boden für die Mentoring-Beziehung –, die Richtung vorgeben.
2. Es ist entscheidend, dass Sie diese Zeit nicht missbrauchen, um das Gespräch mit Ihren neuesten geistlichen Einsichten, theologischen Entdeckungen oder persönlichen Fragen zu dominieren. Denken Sie daran, dass diese Zeit für den Mentorand da ist. Der Schlüssel ist, zu lernen, wann Zuhören und wann Reden dran ist.
3. Hören Sie mit Ihrem geistlichen Ohr auf die Musik des Heiligen Geistes, der Sie und den Mentorand zusammengebracht hat. Wenn Sie daran denken, dass dies Gottes Sache ist, werden Sie auch Gottes Agenda für den anderen nicht aus den Augen verlieren. Ihre Aufgabe ist es, auf die Musik des Heiligen Geistes zu hören. Bereiten Sie Ihr Treffen mit dem Mentorand im Gebet vor.

Weitere Denkanstöße für den Mentorand
1. Bereiten Sie sich im Gebet auf das Treffen vor. Die Agenda für Ihre gemeinsame Zeit ist Gott vorbehalten. Bitten Sie Gott, dass er Ihnen hilft, bereit zu sein, um aktiv zuzuhören. Was können Sie tun, um Ihre hörende innere Einstellung zu stärken?
2. Bereiten Sie sich vor, indem Sie Ihre Erwartungen darauf einstellen, dass es Arbeit bedeutet, kreativ auf Gott zu hören. Wenn Sie mit der Erwartung ins Treffen gehen, vorgefertigte Antworten auf Ihre Fragen, Lösungen für Ihre Probleme und Ratschläge für Ihre Situation zu bekommen, verpassen Sie vielleicht die Musik, die Gott Ihre Seele zu singen lehren möchte.
3. Bereiten Sie sich vor, indem Sie aktiv für Ihren Mentor beten, der umgekehrt auch für Sie beten wird.

Offen und belehrbar

Selig sind, die da hungert und dürstet nach der Gerechtigkeit.«

Jesus

Diejenigen, die von Mentoren betreut werden, könnten in ihrer Beziehung den Eindruck gewonnen haben, die Hauptarbeit des Mentorings werde von einem anderen, eben von ihrem Mentor, an ihnen geleistet. Nichts könnte weiter von der Wahrheit entfernt sein. Der Mentorand spielt eine aktive, engagierte Rolle im Mentoring-Prozess. Der Mentor ist insofern aktiv, als er einen Raum schafft, die Zeiten und die Struktur der Mentoring-Beziehung vorgibt und das Gespräch lenkt. Doch auf andere, spezifische Weise ist der Mentorand ebenso aktiv. Seinen Beitrag könnte man am besten mit dem Wort »Aufgeschlossenheit« beschreiben. Mentoring ist ein gegenseitiger Prozess, an dem sowohl Mentor als auch Mentorand aktiv beteiligt sind.

Dieses Kapitel beleuchtet die Rolle des Mentoranden als aktiv Lernenden und »Co-Mentor«, Beteiligter und Handelnder bei seiner eigenen geistlichen Weiterentwicklung. Belehrsamkeit, Aufgeschlossenheit, ein offenes Herz, ein offener Geist – dies sind die wesentlichen Wege zu aktivem Lernen für den Mentorand. In diesem Kapitel werden wir zwei Hauptthemen erörtern, die beide Dimensionen der Dynamik sind, die wir »Aufgeschlossenheit« nennen.

Erstens: *Was ist mein Anteil als aktiver Teilnehmer am Mentoring-Prozess?* Welche Rolle spiele ich als motivierter, bereitwillig Lernender bei meinem eigenen geistlichen Wachstum? Theresia von Avila hat dazu guten Rat für uns und wird uns einen Weg zeigen, um unsere geistliche Bereitschaft einzuschätzen.

Zweitens: *Was passiert in Krisenzeiten?* Was passiert, wenn ich in die schweren Zeiten geistlicher Dürre hineingerate, in denen die guten Zeiten meiner Beziehung zu Gott nur noch eine blasse Erinnerung zu sein scheinen oder wenn ich in der »dunklen Nacht der Seele« versinke, in der Gott zu schweigen und mich mit meinen Zweifeln und meiner geistlichen Leere allein zu lassen scheint? Johannes vom Kreuz wird diese Erfahrung mit seinem berühmten Bild der »dunklen Nacht der Seele« beschreiben und uns guten Rat für unsere nächsten Schritte zu neuer geistlicher Aufgeschlossenheit geben.

Aufgeschlossenheit gegenüber dem Mentor ist zuerst ein Akt der Bereitschaft zum Zuhören auf Seiten des Mentoranden. Dieser Akt ist davon gekennzeichnet, dass der Mentorand den Mentor in seinem Leben willkommen heißt und sich immer wieder dazu entscheidet, von ihm lernen zu wollen. Die Aufgeschlossenheit des Mentoranden ist keineswegs eine passive Rolle, sondern sie erfordert immer wieder neu die Entscheidung, bereitwillig zuzuhören und das Gehörte im eigenen Leben umzusetzen. Jeder Schüler weiß, dass er einen Lehrer daran hindern kann, ihm etwas beizubringen, indem er nicht bereit ist zuzuhören oder sich entscheidet, sich vom Prozess des Lernens ablenken zu lassen. Die Rolle des geistlichen Mentors besteht oft eher darin, »zu erleichtern (anzuregen, zu erklären, zur Selbstentdeckung zu motivieren) als anzuweisen. (...) Mit anderen Worten, der Antrieb zum Weiterkommen muss vom Mentorand ausgehen.«[1] Clinton schreibt: »Aufgeschlossenheit bezeichnet die Haltung freiwilliger Unterordnung, die der Mentorand gegenüber dem Mentor einnimmt, so dass Ratschläge und Aufträge respektiert, geschätzt, beachtet und befolgt werden.«[2]

Begriffe wie Unterordnung lösen heute bei vielen unbehagliche Gefühle aus. In unserer Zeit der demokratischen Wertvorstellungen sehen wir leicht jede Form von Unterordnung als in sich gefährlich an. Zu oft wurde die Grenze zur Manipulation überschritten und die Freiheit und Persönlichkeit eines Menschen in Mitleidenschaft gezogen. Unterordnung muss jedoch nichts mit Unterwürfigkeit oder Servilität zu tun haben, sondern sie kann auch eine lernbereite, belehrbare Haltung und ein aufgeschlossenes Herz bezeichnen.

Mentoring erfordert die Bereitschaft, auf die Weisheit zu hören, die uns durch Mentoren der Gegenwart und Vergangenheit erreichen will. Dieses Zuhören wiederum erfordert eine wartende Haltung, eine Bereitschaft, den anderen reden zu hören. Diese Haltung des aufmerksamen Zuhörens auf die Wegweisung des Mentors ist eine aktive Entscheidung zur Mitarbeit seitens des Mentoranden.

Die Dynamik der freiwilligen Unterordnung seitens des Mentoranden wirft Fragen auf wie etwa folgende: Wie werde ich ein aufgeschlossener Mentorand? Wie kann ich als Mentor das Maß der Aufgeschlossenheit eines Mentoranden beeinflussen? Hier können einige Fragen hilfreich sein, die eigene Rolle klarer zu erkennen:

- Welches Maß an Vertrauen bringe ich dem Mentor entgegen?
- Bin ich bereit, meinem Mentor mit ungeschützter Offenheit zu begegnen?
- Habe ich Durst nach »mehr« auf meiner geistlichen Reise?
- Bin ich bereit, den Einsichten und Wegweisungen eines anderen zu folgen?
- Kann ich meinen Mentor respektieren und lieben?
- Bin ich ehrlich zu mir selbst, wenn ich aufgefordert werde, tief in mein Inneres zu blicken?
- Kann ich dieser Art von Mentoring-Beziehung treu bleiben?
- Was hält mich davon ab, mich der Autorität eines anderen unterzuordnen?

Das »Einstimmen« des Mentoranden

Das Einstimmen vor dem großen Konzert des geistlichen Wachstums beginnt, wenn der Mentorand Fragen zu seiner Aufgeschlossenheit wie die oben aufgelisteten beantwortet. So wie ein Orchester sich einspielt, während es darauf wartet, dass der Dirigent die Leitung übernimmt, so bereitet sich der Mentorand auf die Treffen mit seinem Mentor vor, indem er eine belehrbare, bereitwillige Haltung einnimmt. Was der Mentorand an Bereitschaft und Belehrbarkeit einbringt, wird sich unmittelbar auf die Effektivität der Mentoring-Beziehung auswirken. Dass dies trotzdem nicht einfach ist, kann uns ein kurzer Blick auf folgende Fragen deutlich machen:

- Wer ist bereit, sich belehren zu lassen, wenn zum Lernen eine Auseinandersetzung mit lebenslangen Gewohnheiten, Verhaltens- und Denkmustern erforderlich ist?
- Wer ist bereit, sich belehren zu lassen, wenn ihm das Lernen mit Sicherheit die Abkehr von einer Sentimentalität abverlangen wird, mit der er sich viele Jahre selbst betrogen hat?

≫ Wer ist bereit, sich belehren zu lassen, wenn das Lernen eine Bedrohung für alles Oberflächliche, Leichte oder Inkonsequente in seinem Leben sein wird?

Die Art des Lernens, die zum geistlichen Mentoring nötig ist, kann durchaus eine solche Konfrontation mit den Wertvorstellungen, Gewohnheiten und Lebensstilen beinhalten. Bereitschaft kann weder als selbstverständlich vorausgesetzt werden noch ist sie für den Mentoranden leicht zu erbringen. Bereitschaft zum Lernen erfordert die Vorbereitung im Gebet und hörbereite Ohren ohne Abwehr und ein Herz, das für mögliche Veränderungen offen ist. In gewissem Maß stimmen wir, wenn wir beim Einstimmen auf das Konzert unseres geistlichen Wachstums Fragen zu unserer Bereitschaft beantworten, Herz und Willen aufeinander ab. Vielleicht denken wir ab und an, die Disziplin des Einspielens sei nicht so entscheidend für die Qualität des Konzerts. Doch es leuchtet ein: Ohne diese Phase des Einstimmens kann es nicht zu einer großartigen Konzertaufführung kommen! Ohne ein belehrbares Herz, das aufgeschlossen und lernbereit ist, wird es kaum zu Wachstum kommen. Aufgeschlossenheit ist ein aktiver Beitrag des Mentoranden, den er sowohl im Vorfeld als auch während der Treffen mit seinem Mentor leistet. Aktive Mitarbeit des Mentoranden beginnt mit einem geistlichen »Aufwärmen« im Gebet um die Bereitschaft zum Lernen und den Mut zur Aufgeschlossenheit. Paradoxerweise werden wir um so freier und ungebundener sein, wenn der Dirigent ans Pult tritt, je disziplinierter wir beim Einspielen waren. Wir sehnen uns danach, unsere Daseinsmöglichkeiten auszuschöpfen und im vollen Sinne wir selbst zu werden. Nichts davon wird geschehen, solange wir uns nicht der geistlichen Disziplin der Aufgeschlossenheit unterwerfen, denn es gibt viele äußere und innere Faktoren, die unsere Bereitschaft zur geistlichen Weiterentwicklung behindern können.

Der Mentorand muss auch bedenken, dass das Unterordnen unter den Prozess des geistlichen Mentorings in erster Linie eine Unterordnung unter den Heiligen Geist ist, nicht ein hölzerner, gedankenloser Gehorsam gegenüber einem Mentor. Der Mentor ist eine Stimme, die den Weg weist, nicht eine Stimme, die diktiert. Dabei bleibt der Mentorand stets als einfühlsamer Zuhörer aktiv beteiligt. Ohne eine Haltung der Unterordnung wird die Sehnsucht nach Veränderung unerfüllt bleiben. Die Rolle des Mentors ist es, uns zu helfen, uns mit den gegenwärtigen Umständen unseres Alltags zu beschäftigen. Mit all den Dingen des wirklichen Lebens: Familie, Beziehungen, Konflikte, Sünde und körperliche Gesundheit.

Zum Nachdenken

➤ Bin ich bereit, zu lernen und mich der Wegweisung und den neuen Anregungen meines Mentors unterzuordnen?
➤ Habe ich genug Hunger und Durst nach Gerechtigkeit, um mit meinem ganzen Herzen und Willen danach zu streben?
➤ Bin ich willens zu lernen, bereit zuzuhören, offen für Veränderung?
➤ Habe ich eine bereitwillige Haltung der Aufmerksamkeit, mein eigenes geistliches Wachstum ernst zu nehmen?

Theresia von Avila und Johannes vom Kreuz

Unsere geistliche Weiterentwicklung wird uns immer tiefer in einen Respekt vor unseren unvollkommenen menschlichen Persönlichkeiten und in eine dauerhafte Beziehung zu dem Gott, der uns geschaffen hat, führen. Zwei Stimmen aus dem sechzehnten Jahrhundert werden uns helfen, diesen Entdeckungsprozess zu verstehen.

Zwei der einflussreichsten Stimmen zum Verständnis und zur Praxis des geistlichen Mentorings sind, wie wir schon gehört haben, Theresia von Avila (1515-1582) und Johannes vom Kreuz (1542-1591). Man kann von beiden sagen, dass sie seit Jahrhunderten unzählige Menschen zu einem Leben des Gebets eingeladen haben; ein Gebet, das unsere Seele vorbereitet, Gott gegenüber immer offener und hingegebener zu werden. Ihre Sichtweisen stammen nicht nur aus ihren eigenen Erfahrungen als geistliche Wegweiser, sondern auch aus der Mentoring-Beziehung, die sie selbst zueinander hatten.

Theresia von Avila und Johannes vom Kreuz haben die christliche Spiritualität beeinflusst, indem sie uns halfen, die Geheimnisse der Glaubensreise zu verstehen und zu erkennen, wie wichtig Aufgeschlossenheit ist, um diese Geheimnisse zu ergründen. Wir gehen hier auf beide gemeinsam ein, weil jeder von ihnen zu verschiedenen Zeiten ein geistlicher Wegweiser für den anderen war.

Nach unserer Einschätzung gibt es keinen christlichen Autor, der mit seinen Schriften über Spiritualität einen so großen Einfluss auf hingegebene Christen hatte wie Theresia von Avila. Teresa de Cepeda y Ahumada wurde 1515 in einer wohlhabenden Familie im spanischen Kastilien geboren. 1536 trat sie in einen Karmeliterinnen-Konvent ein und 1562 gründete sie den ersten Orden der »Unbeschuhten Karmeliter«, die eine strengere Form des klösterlichen Lebens praktizierten. Theresia betrat die Bühne der Kirchengeschichte in einer Zeit turbulenter Veränderungen und Umwälzungen, was sich in ihren Schriften deutlich niederschlug. In jenem Strudel der Veränderungen in der Kirche, den wir Reformation nennen, wurde Theresia zur Führerin eines religiösen Ordens und zur Schriftstellerin. Sehr zu ihrer eigenen Überraschung entdeckte sie, dass ihre Schriften anderen halfen, sich durch eine Haltung der Offenheit auf geistliche Erfahrungen vorzubereiten.

Theresias »Wege der Vollkommenheit« wurde als eine Art Handbuch geschrieben, um die Nonnen im Kloster des heiligen Joseph zu einem Leben des Gebets anzuhalten. Dieses Werk hob und stützte die Wertschätzung der Frau in der Kirche zu einer Zeit, als ihnen nicht dieselben Führungsprivilegien zugestanden wurden wie den Männern. Kavanaugh berichtet: »Dies war die skeptische Umgebung, in der Theresia einen Konvent von Frauen gründete, die sich einem Leben des Gebetes, der innigen Freundschaft mit Gott, des lebendigen Glaubens und der Liebe widmeten.«[3] Wie Aelred verstand auch Theresia das Gebet als »einen innigen Austausch zwischen Freunden«, für den man sich häufig Zeit nehmen muss, um »allein zu sein mit ihm, von dem wir wissen, dass er uns liebt.«[4] Auf Drängen ihres eigenen geistlichen Wegweisers Pater Gratian schrieb sie ein weiteres Werk: »Wohnstätten«. Einige Jahre später, 1580, schrieb sie »Die Seelenburg«, das als beste Zusammenfassung ihrer Gedanken über Spiritualität gilt. Theresia scheint ein besonderes Interesse daran gehabt zu haben, geistlichen Pilgern durch ihre lebhaften Bilder und Metaphern nahe zu bringen, wie sie eine Bereitschaft zum Lernen, zum Zuhören und zum Gebet entwickeln können.

Theresia von Avila war bei vielen Menschen, die sich ein tieferes Bewusstsein für die Wirklichkeit Gottes in ihrem Leben wünschten, als geistliche Mentorin gefragt. Ironischerweise suchten selbst solche männlichen Würdenträger sie auf, die ganz sicher zu wissen glaubten, dass einer Frau in der Kirche kein Einfluss zukomme. Wie wir schon sahen, bekam Theresia bereits früh die Gelegenheit, Mentorin eines jungen Ordensbruders zu werden, der später dann zu ihrem eigenen Mentor wurde: Johannes.

Im Jahr 1568 wurde Johannes vom Kreuz unter Theresias geistlicher Wegweisung Leiter des ersten Männerklosters der »Unbeschuhten Karmeliter«. Alan Jones macht über die Standhaftigkeit dieser beiden Menschen die folgende Bemerkung:

 *Gerade angesichts bitterer Härten und ständigen Kampfes gegen schier unvorstellbare Belastungen durch kirchliche und politische Intrigen gelangten sie zu einem Maß an Heiligung, für das es in der Geschichte der Christenheit nur wenige Beispiele gibt. Ihre Hingabe,*

> *ihre Ausdauer und ihre unerschöpfliche Liebe sind ihre Beglaubigung als Wegweiser für Christen in allen Lebensbereichen.«*[5]

Diese beiden Stimmen rangen um die Rückbesinnung auf die Werte des geistlichen Wachstums zu einer Zeit, als die Kirche sich in klerikalen und politischen Machtkämpfen zerrieb. Ihr Weg war übersät von politischen Trümmern, sozialem Abfall und klerikaler Zerstörung. Aus diesem Tumult heraus erstand eine überaus wichtige Einsicht: Geistliche Aufgeschlossenheit erfordert einen Schritt der inneren Reinigung. Johannes erkannte, dass Verstand, Gedächtnis und Wille allesamt Gaben der Seele sind und dass ihre Unterweisung jeweils einen Schritt der Reinigung erforderte. In seiner Schrift »Aufstieg zum Berge Karmel« schreibt er:

> *Dasselbe muss auch für die anderen beiden Gaben, das Gedächtnis und den Willen, geschehen. Sie müssen sich einer Reinigung unterziehen, die ihren jeweiligen Belastungen entspricht, um die Vereinigung mit Gott in vollkommener Hoffnung und Liebe zu erreichen.«*[6]

Johannes sieht ein Bedürfnis nach einer Reinigung, die viel tiefer geht als das altbekannte Psycho-Gerede, man solle seine Gefühle oder Erinnerungen »in Besitz nehmen«. Die von ihm angezielte Reinigung können wir uns am leichtesten als ein Ausräumen von Hindernissen auf dem Weg vorstellen.

Hindernisse aus dem Weg räumen wird immer eine lebhafte und notwendige geistliche Übung bleiben. Die prophetische Stimme Johannes' des Täufers sagte: »Ich bin eine Stimme eines Predigers in der Wüste: Ebnet den Weg des Herrn!« In der Antike eilte bei der Ankunft eines Königs ein Diener voraus, um Schutt oder Hindernisse aus dem Weg zu räumen, so dass der Weg für die Nachfolgenden passierbar war. Die Metaphern »Schutt« und »Weg« sind bedeutsam. Um auf der Straße voranzukommen, muss man erst den Schutt aus dem Weg räumen. Johannes rief zur Aufgeschlossenheit auf: »Macht euch bereit für das Kommen des Herrn.«

Was für Schutt müssen Sie aus Ihrem Leben ausräumen, um sich auf das Kommen des Herrn vorzubereiten? Schutt kann sich auf die Dinge in Ihrer Vergangenheit beziehen, die Ihnen im Weg stehen. Schutt ist etwas, das Sie letztes Mal hier haben liegen lassen, etwas, das Ihnen letztes Mal den Weg verwehrte, etwas, das Sie immer noch mit sich herumschleppen und das Sie ins Straucheln bringt. Das können Schuld, Erinnerungen, alte Gewohnheiten, ein altes Selbstbild, alte Träume oder alte Denkweisen sein. Jedes dieser Dinge könnte Ihr Vorankommen auf der Straße zur geistlichen Reife behindern. Dazu kommen gegenwärtige Ablenkungen, Barrieren, die Sie bremsen oder davon abhalten, den Weg weiterzugehen, oder Belastungen in Ihrem Leben, die zu schwer oder zu bedrückend sind, als dass Sie damit auf Kurs bleiben könnten. Es könnten Umwege sein, falsche Zielrichtungen, die Sie von der Straße und von Ihrem eigentlichen Ziel abbringen. Johannes der Täufer sagt uns, dass er gekommen ist, um den Schutt aus dem Weg zu räumen, die Ablenkungen zu beseitigen und uns zu helfen, die Umwege zu vermeiden. Wie geschieht das? Aufgeschlossenheit erfordert eine Reinigung des Herzens. Theresia bezeichnet diesen Schritt als das Werk der »mutigen Seelen«.

Mutige Seelen
Theresia kam aus eigener Erfahrung zu der Überzeugung, dass Gott sich zu denen hält, die nach Gerechtigkeit hungern und dürsten; mit anderen Worten, die sich nicht mit wenig zufrieden geben. Was wir eine »Sehnsucht nach mehr« genannt haben, verstand Theresia als den Mut der Seele, mehr und mehr nach Gott zu verlangen und beharrlich danach zu streben, Gott kennen zu lernen. In ihren diversen Schriften sagte sie mit Nachdruck, »Gott sei ›ein Freund der mutigen Seelen‹, ein Gott, dem diese Entschlossenheit sehr wichtig ist.«[7] Immer wieder betonte sie, dass Gott »sich nicht dem verweigert, der beharrlich bleibt.«[8]

Mutige Seelen sind diejenigen, die eine gewisse Intensität des Verlangens, der Entschlossenheit, der Disziplin und der Beharrlichkeit besitzen. Theresia schien einen ursächlichen Zusammenhang zwischen Disziplin und tieferem Verlangen zu sehen, denn sie sagte zu den Frauen, die sie betreute:

> *Je mehr sie* (die Seele) *über die Größe Gottes lernt ... desto größer wird ihr Verlangen. Denn je mehr ihr offenbart wird, wie sehr dieser große Gott und Herr geliebt zu werden verdient, desto mehr wächst auch ihre Liebe zu ihm. ... Seine Majestät hat die Macht, alles zu tun, was er wünscht, und sein Wunsch ist es, sehr viel für uns zu tun.*«[9]

Jesus sagte es ganz schlicht: »Selig sind, die da hungert und dürstet nach der Gerechtigkeit« (Mt 5,6). Ein aufgeschlossenes Herz ist ein hungriges Herz. Heute versuchen wir, unseren Hunger durch geistliches *Fast Food* zu stillen, das auf Dauer der Seele keine wirkliche Nahrung gibt. Theresias Leidenschaft war die Zielstrebigkeit des Herzens, das sich danach sehnt, Gott kennen zu lernen und somit immer mehr seine Liebe zu erfahren.

Drei Schritte sind entscheidend für die beharrliche Entschlossenheit, die uns, wie Theresia glaubt, empfänglich und aufgeschlossen für geistliches Wachstum macht.

> *Der erste ist die Erkenntnis der Größe Gottes: Je mehr wir davon sehen, desto tiefer wird sie uns bewusst. Der zweite ist Selbsterkenntnis und Demut bei der Erkenntnis, dass etwas so Geringes wie die Seele im Vergleich mit ihrem Schöpfer es gewagt hat, ihn zurückzustoßen und es jetzt wagen darf, ihre Augen zu ihm zu erheben. Der dritte ist die äußerste Verachtung für irdische Dinge mit Ausnahme derjenigen, die für diesen großen Gott in Dienst genommen werden können.«*[10]

Gott erkennen, sich selbst erkennen, mit offenen Augen den Gefahren der Welt begegnen – diese drei Schritte machen uns empfänglich für geistliches Wachstum. Dieser dreiteilige Prozess spiegelt Jesu Gebet für seine Jünger wider. Zuerst beugen wir uns vor unserem Vater, dem Herrn des Himmels – wir verehren den Namen Gottes und beugen uns unter seine liebevolle Herrschaft. Zweitens bitten wir um Vergebung für unsere Sünden und drittens suchen wir uns vor den Dingen zu schützen, die uns in die Irre führen könnten.

Wenn wir unseren Blick auf Gott richten, erkennen wir, wie dringend wir ein gereinigtes Herz brauchen. Als Jesaja den Tempel betrat, wurde er sich in einer mystischen Vision der Herrlichkeit Gottes bewusst (vgl. Jesaja, Kap. 6): »In dem Jahr, als der König Usija starb, sah ich den Herrn sitzen auf einem hohen und erhabenen Thron« (Vers 1). Die Folge war beinahe sofort, dass ihm zutiefst bewusst wurde, wie dringend er ein gereinigtes Herz brauchte: »Da sprach ich: Weh mir, ich vergehe! Denn ich bin unreiner Lippen und wohne unter einem Volk von unreinen Lippen; denn ich habe den König, den Herrn Zebaoth, gesehen mit meinen Augen« (Vers 5).

Als Jesajas Vision sich mit der Heiligkeit, Reinheit und Majestät Gottes füllte, reagierte er, wie jeder Mensch reagieren würde: Er suchte sein Inneres zu reinigen. Das ist der Prozess, den wir in diesem Kapitel »Aufgeschlossenheit« nennen, denn durch eine solche Reinigung der Seele schaffen wir ein empfängliches Herz; wir räumen den Schutt von Sünde, Rebellion, Selbstsucht, Ungehorsam und Versagen aus dem Weg.

Die klassischen geistlichen Autoren sind nahezu einhellig der Auffassung, dass wir uns der tief greifenden Realität unserer Sündhaftigkeit stellen müssen. Das ist heutzutage in der Gemeinde Jesu kein beliebtes Thema, doch wenn wir es ignorieren, gefährden wir unser geistliches Wachstum. Unsere Sündhaftigkeit zu leugnen wäre zweifellos ein lächerliches Theater angesichts der Sünde, wie sie sich in der Welt zeigt. Unser Bedürfnis nach Reinigung zu ignorieren ist die schlimmste Art persönlicher Selbsttäuschung. Dem würde der Apostel Paulus nachdrücklich zustimmen, denn im Kolosserbrief, jenem großartigen Essay über geistliches Wachstum hat er die beiden Schritte beschrieben, die für die geistliche Weiterentwicklung notwendig sind. Dort spricht er ausführlich von diesem Schritt der Reinigung (vgl. Kol 3,5-11):

»So tötet nun die Glieder, die auf Erden sind, Unzucht, Unreinheit, schändliche Leidenschaft, böse Begierde und die Habsucht, die Götzendienst ist. Um solcher Dinge willen kommt der Zorn Gottes über die Kinder des Ungehorsams. In dem allen seid auch ihr einst gewandelt, als ihr noch darin lebtet. Nun aber legt alles ab von euch: Zorn, Grimm, Bosheit, Lästerung, schandbare Worte aus eurem Munde; belügt einander nicht; denn ihr habt den alten Menschen mit seinen Werken ausgezogen und den neuen angezogen, der erneuert wird zur Erkenntnis nach dem Ebenbild dessen, der ihn geschaffen hat. Da ist nicht mehr Grieche oder Jude, Beschnittener oder Unbeschnittener, Nichtgrieche, Skythe, Sklave, Freier, sondern alles und in allen Christus.«

Auf den Schritt der Verneinung oder Reinigung folgen sogleich folgende Worte der Bejahung und positiven Zustimmung (Kol 3,12-15):

»So zieht nun an als die Auserwählten Gottes, als die Heiligen und Geliebten, herzliches Erbarmen, Freundlichkeit, Demut, Sanftmut, Geduld; und ertrage einer den andern und vergebt euch untereinander, wenn jemand Klage hat gegen den andern; wie der Herr euch vergeben hat, so vergebt auch ihr! Über alles aber zieht an die Liebe, die da ist das Band der Vollkommenheit. Und der Friede Christi, zu dem ihr auch berufen seid in einem Leibe, regiere in euren Herzen; und seid dankbar.«

Über Jahrhunderte hinweg war die tägliche Übung der Psalmlesung Teil der kirchlichen Praxis. Wenn wir von den Psalmen durchdrungen sind, sind wir durchdrungen von der Größe Gottes, sind wir uns bewusst, wie anders, mächtig, majestätisch, herrlich, schöpferisch, schön, einzigartig, vollmächtig, beständig, gnädig, gerecht und barmherzig Gott ist. Vor diesem Gott können wir uns nur die Reaktion

Theresias zu Eigen machen, indem wir demütig werden und unsere Wertvorstellungen neu auf die Sache des Herrn ausrichten.

Vieles, was heute an geistlicher Selbsthilfe praktiziert wird, scheitert, weil die Aufmerksamkeit vor allem auf das eigene Ich gerichtet bleibt: Wie kann ich wachsen? Wie kann ich mehr von der Fülle Gottes erleben? Wie kann ich Zugang zur Kraft des Heiligen Geistes erlangen? Wie kann ich meinen Glauben weiterentwickeln? All dies sind sehr eingeengte Fragen, die zur Enttäuschung führen, weil sie den Blick nicht auf Gott richten. Die klassischen geistlichen Lehrer sagen uns in beeindruckender Übereinstimmung, dass geistliches Wachstum immer damit beginnt, den Charakter und das Wesen Gottes wahrzunehmen. Gott setzt den Prozess in Gang; wir reagieren. Gott initiiert; wir handeln. Gott spricht; wir antworten. Theresia wollte ihren Schülern eine Vision von Gottes Größe vermitteln. Wenn wir unseren Blick auf Gott richten, können wir auch leichter mit allem umgehen, was uns in uns und in der Welt irritiert oder bedrängt.

Heute neigen wir dazu, allem zu misstrauen, was den Wert, die Rechte und die Unantastbarkeit des menschlichen Egos in Frage stellt. Das menschliche Selbst ist in der westlichen Kultur in einem Maße vergöttlicht worden, dass viele die Weisheit Theresias weit von sich weisen werden. »Sie spricht so negativ über das, was der Mensch im tiefsten seiner Seele ist; und wenn sie für die Kultur, in der wir leben, nur solche Verachtung übrig hat, warum sollten wir dann ihre Worte respektieren?« Theresia verstand, dass geistliches Wachstum den irdischen Kontext, in dem Menschen leben, berücksichtigen muss. Die Zeit, in der sie selbst lebte, konfrontierte sie mit Unterdrückung und Härte der politischen, sozialen und klerikalen Systeme, die die Größe Gottes aus dem Blick verloren hatten. Sie schrieb nicht aus der sicheren, behaglichen Position der Mittelklasse, sondern aus einem umkämpften politischen System, das Frauen in Führungsrollen nicht selten mit Verachtung gegenüber stand. Ihre Worte wurzeln in der harten Wirklichkeit ihrer Zeit, doch sie betrachtet diese Wirklichkeit durch die Brille eines zutiefst biblischen Verständnisses der authentischen christlichen Lehren über Gott, die Sünde und die Welt. Erinnern Sie sich an unseren Brief an Mentoren und Mentoranden im ersten Kapitel, in dem wir von den drei Bewegungen hin zum geistlichen Wachstum sprachen? Darin stellten wir drei wesentliche Fragen:

Wer ist Gott?
Wer bin ich?
Wozu bin ich berufen?

Zum Nachdenken

➤ Was hat Ihnen in der Vergangenheit geholfen, empfänglich, belehrbar und aufgeschlossen für die Unterweisung eines anderen zu sein?

➤ Welche praktischen Schritte haben sich bei Ihnen als wirksam bewährt, um eine Haltung der Bereitwilligkeit zum Zuhören und Lernen einzunehmen?

➤ Was hält Sie davon ab, ein offenes Herz zu haben?

➤ Was für Schutt in Ihrem Leben versperrt Ihnen den Weg, verhindert Ihre Aufgeschlossenheit und bremst Ihren Fortschritt?

Die Reise in die »Seelenburg«

Im Jahr 1970 erhob Papst Paul VI. Theresia zur Kirchenlehrerin (*Doctor Ecclesiae*), zum Teil wegen ihrer anschaulichen Beschreibungen ihrer eigenen visionären Gotteserfahrungen. Sie hatte ein Erlebnis, das sie als »zweite Bekehrung« bezeichnete und durch Visionen, in denen sie Christus sah, angestoßen wurde. Diese Visionen und ihre daran anschließende geistliche Reise führten sie dazu, Klöster des Karmeliterordens zu gründen, die vor allem der Kontemplation dienen sollten. In der »Seelenburg« beschreibt sie sieben Wohnstätten (*moradas*) für Gläubige. Je näher man der siebten Wohnstätte kommt, desto näher ist man bei Gott. Diesen Weg stellt sie nicht als Rezept dar, sondern als eine Schilderung ihrer eigenen mystischen Erfahrung mit Gott. Dennoch lädt sie all ihre geistlichen Töchter ein, in ihre eigene »Seelenburg« einzutreten, denn sie glaubte, dass eine solche Gotteserfahrung allen Menschen möglich sei.

Manche sehen »Die Seelenburg« als eine mystische Darstellung von Verzückungen und ekstatischen Visionen an, wie sie nur für die fortgeschrittensten geistlichen Menschen erreichbar seien. Wir möchten einen Übersetzer ihres Werkes zitieren, der dem widerspricht:

> *Sie bestimmte es für die Unterweisung ihrer eigenen Töchter und aller anderen Seelen, die, sei es zu ihren Lebzeiten oder später, den Wunsch verspüren könnten, in die äußeren oder inneren Wohnstätten vorzudringen. Zu allen Zeiten in der Geschichte der christlichen Vervollkommnung gab es einen Mangel an Personen, die qualifiziert waren, Seelen zu den höchsten Stufen des Gebets zu führen: Die Seelenburg wird sowohl den wenigen, die es gibt, als Hilfestellung dienen als auch in großem Umfang den Bedarf an solchen Menschen steigern.«*[11]

Die »Seelenburg« zu lesen ist so, als würde man ein Werk Mozarts hören, nachdem man auf dem Weg zum Konzertsaal im Autoradio einen seichten Schlager gehört hat. Nachdem man die Tiefe, Vielschichtigkeit und Schönheit der Musik Mozarts erlebt hat, begreift man erst, wie oberflächlich die Musik ist, an die wir uns tagein, tagaus gewöhnt haben. Die Musik der Popkultur wird durch das begrenzte musikalische Vokabular simpler Klangformen bestimmt und ihre ganze Armut wird erst durch den Reichtum jener Musik, die Jahrhunderte überdauert hat und noch überdauern wird, erkennbar.

Theresias musikalisches Vokabular ist nicht das begrenzte Repertoire der christlichen »Popkultur«. Theresia verstand die Entwicklung der Seele als vielschichtig und reich gegliedert. Die »Seelenburg« ist ein leidenschaftliches Werk, geschrieben zur Unterweisung ihrer geliebten Schwestern, ein Werk, das aus ihrer eigenen Vision des Verlangens Gottes nach der Seele entsprang. In seinen Worten klingt die Musik der Seele.

> *Ich begann mir die Seele vorzustellen, als wäre sie eine Burg, gebaut aus einem einzigen Diamanten oder aus ganz klarem Kristall, in der es viele Zimmer gibt, so wie es im Himmel viele Wohnungen gibt. ... Ich kann nichts finden, womit ich die große Schönheit der Seele und ihre gewaltige Kraft vergleichen könnte.«*[12]

Die erste Wohnstätte, die Theresia beschreibt, ist die, in der die meisten Menschen leben. Obwohl sie spüren, dass das Leben mehr zu bieten hat, sind sie viel zu beschäftigt, um sich um tiefer gehende Fragen zu kümmern. Sie konzentrieren ihre ganze Energie auf die nüchternen Notwendigkeiten von Leben und Tod. In diesem Kapitel bekennt sich Theresia zur Würde der menschlichen Seele, geschaffen nach dem Bild Gottes, bemerkt jedoch, dass die meisten Leute damit zufrieden sind, mit nur einem Hauch geistlicher Tiefe zu leben.

Die Bewohner der zweiten Wohnstätte sind so weit fortgeschritten, dass sie ein Gebetsleben und durch Predigten, Bücher und Freundschaften ein gesteigertes Bewusstsein für Gott entwickelt haben. Wer in die zweite Wohnstatt umgezogen ist, hat angefangen, sich auf etwas Größeres zuzubewegen.

In der dritten Wohnstätte lernen die Menschen, mit jedem Tag empfindsamer für Gottes Gegenwart zu werden und anderen mit Nächstenliebe zu begegnen, doch ihre guten Taten sind noch begrenzt. Hier zeigen die Bewohner ein hohes Maß an Tugendhaftigkeit, doch diese Tugend geht noch nicht bis zur Selbstaufopferung oder selbstlosen Liebe.

Theresia sagte: »Das Wichtige ist nicht, viel zu denken, sondern viel zu lieben.«[13] Diejenigen in der vierten Wohnstätte haben gelernt, nicht nur über den Glauben nachzudenken und sich religiös zu betätigen, sondern zu einem tieferen, durch Liebe motivierten Verständnis des Glaubens vorzudringen. Sie erkennen, dass sie das Übernatürliche in ihrem Leben brauchen. Da sie nicht länger zufrieden sind und es oft auch nicht schaffen, aus eigener Kraft zu dienen, streben sie immer mehr danach, die Gegenwart der Lebenskraft Gottes in ihrem Leben zu entdecken.

In der fünften Wohnstätte nähert sich die Seele Gott. Wie die Seidenraupe im Kokon sich auflöst und aus ihr ein wunderschöner weißer Schmetterling hervorgeht, so wird auch die Seele verwandelt. Auf diese Weise bereitet sich in Theresias Sicht die Seele darauf vor, das Geschenk der Gegenwart Gottes zu empfangen.

Die sechste Wohnstätte ist ein Ort vieler Heimsuchungen, wo der Mensch sich wie eine Braut, die nun mit Jesus verlobt ist, auf die vollständige Vereinigung mit ihm vorbereitet. Ein solcher Mensch erlebt zunehmende Nähe, aber auch zunehmende Anfechtungen.

Die letzte Wohnstätte ist der Ort der »Hochzeit der Seele« mit Christus, den Paulus so beschrieb: »Denn Christus ist mein Leben, und Sterben ist mein Gewinn« (Phil 1,21). In dieser Wohnstätte des Königs erlebt der Gläubige die vollständige Verwandlung.

Theresias Ziel war offensichtlich die Hochzeit mit Christus, die Vereinigung mit ihm, das Einssein mit dem Herrn. Doch eine solche Vereinigung mit Christus ist nicht nur eine geistliche Wirklichkeit; sie wird im Dienst und in der Arbeit für das Reich Gottes ausgelebt. Als Beleg seien zwei Zitate angeführt:

> *Dies, meine Schwestern, möchte ich, dass wir zu erlangen streben: Wir sollten nach dem Gebet verlangen und uns darin vertiefen, nicht zu unserem Genuss, sondern damit wir diese Kraft erlangen, die uns zum Dienst befähigt.*[4]
> *Richtet eure Augen auf den Gekreuzigten, und nichts anderes wird für euch mehr wichtig sein. Wenn seine Majestät uns seine Liebe offenbarte, indem er so erstaunliche Dinge tat und erlitt, wie könnt ihr dann erwarten, ihm mit Worten allein gefallen zu können? Wisst ihr, wann Menschen wahrhaft geistlich werden? Es geschieht, wenn sie Sklaven Gottes werden und sein Zeichen des Kreuzes eingebrannt bekommen, das zeigt, dass sie ihm ihre Freiheit gegeben haben.«*[15]

Theresias sieben Wohnstätten geben uns einen tiefen Einblick, wie wir unsere Aufgeschlossenheit als Mentorand vertiefen können. Die Allegorie beschreibt sieben Stufen des Gebets und lässt sich als ganz praktischer Maßstab verwenden, um unseren geistlichen Fortschritt hin zu einer tieferen Verbindung mit Gott einzuschätzen. Es gibt einige ganz praktische Anwendungsmöglichkeiten für dieses Werk: Der Mentor könnte zum Beispiel Theresias sieben Wohnstätten als Anleitung benutzen, um dem Mentoranden zu helfen, vom oberflächlichen Gebet zum tiefsten, innigsten Gebet der mystischen Vereinigung mit Christus fortzuschreiten.

Der Mentorand könnte Theresias Arten des Gebets studieren, um neue Wege kennen zu lernen, seine Aufgeschlossenheit zu vertiefen – Wege, um im geistlichen Wachstum weiterzukommen. Allerdings wird der Mentorand kein lineares, geordnetes Wachstum durch jede dieser sieben Wohnstätten erleben, als wären sie Sprossen auf einer Leiter zur geistlichen Reife, sondern die Wohnstätten bilden einen stabilen Aussichtspunkt, von dem aus wir die verschlungenen Wege unserer Pilgerfahrt überblicken können. Schließlich könnte der Mentor die sieben Wohnstätten als Möglichkeit nutzen, um den Mentorand einzuladen, das Maß seiner geistlichen Reife einzuschätzen.

Die Reise durch die dunkle Nacht

Juan de Yepes y Alvarez wurde 1542 in Fontiveros in Spanien geboren, nur knapp vierzig Kilometer vom Geburtsort der Theresia von Avila entfernt. Er wurde von seiner armen, verwitweten Mutter erzogen und ging auf eine Schule für arme Waisenkinder. Seine höhere Bildung erhielt Juan in den Fächern Grammatik, Rhetorik, Griechisch, Latein und Religion von 1559 bis 1563 auf dem Kollegium der Jesuiten. Er wusste, dass Gott ihn zum Leben in einem religiösen Orden berufen hatte und so trat er 1563, mit zwanzig Jahren, in den Orden der Karmeliter ein. Da er ein begabter Denker war, setzte Juan bald darauf seine Ausbildung an der Universität von Salamanca fort, einer Hochschule, die mit den Universitäten von Paris oder Oxford vergleichbar war.

Im Jahr 1567 begegnete Juan in seiner Heimatstadt Medina del Campo zum ersten Mal Theresia von Avila. Juan war Theresia als ein Mann empfohlen worden, der ihr helfen konnte, eine kontemplative Gemeinschaft für Brüder des Karmeliter-Ordens zu gründen. Das war genau das Leben und der Dienst, den Juan sich gewünscht hatte, und er erklärte sich bereit, Beichtvater und Abt dieser neuen Gemeinschaft zu werden. Theresia wurde seine geistliche Mentorin für das neue Leben und den Dienst, den Juan nun beginnen sollte. Den Namen Johannes vom Kreuz wählte er wegen der großen Leiden, die er in seinem Leben erduldete.

Theresia erkannte das große Führungspotenzial in dem jungen Johannes und übertrug ihm die Leitung des Ordens. Im Laufe seines Lebens gründete Johannes noch mehrere ähnliche Karmelitergemeinschaften in ganz Spanien. Er war bekannt als Kontemplativer, Theologe, Dichter, Reformator und Verwalter, doch einer seiner herausragenden Dienste war seine Rolle als geistlicher Wegweiser für viele seiner Schüler und für Personen von hohem Rang, die ihn wegen seiner geistlichen Weisheit aufsuchten. Johannes vom Kreuz war der festen Überzeugung, dass jeder Mensch, um sein volles Potenzial zu verwirklichen, nach einer innigen Beziehung zu Gott streben müsse, und auf diesem Streben lag das Hauptaugenmerk in seinen Mentoring-Beziehungen. Besonders lag ihm daran, andere über »die Dynamik des Wachstums in der Verbindung mit Gott« zu unterrichten.[16]

Johannes führte ein in jeder Hinsicht mustergültiges Leben in hingegebener Liebe zu Gott und im Dienst für ihn. Er wurde später sogar von denen, die seinen Reformbemühungen in den Kirchen und Klöstern seiner Zeit entgegenstanden, gefangen genommen. Unter den Händen der Kirchenführer, die seine Ideale als Gefahr für ihre Macht und Autorität sahen, hatte er im Gefängnis viel zu erleiden. Lange Zeitspannen verbrachte er in Einzelhaft, und er wurde während seiner Gefangenschaft grausam misshandelt. Am 13. Dezember 1591 starb Johannes vom Kreuz im Alter von neunundvierzig Jahren.

Wie Theresia von Avila lebte Johannes als Mystiker und prophetischer Reformator.

> *Er zog sich von der Welt zurück, um Gott nahe zu sein, doch der Durchgang zu Gott führte durch das Wunder der Natur und der menschlichen Liebe. Die Helligkeit der Sonne blendete ihn zu einer liebevollen Dunkelheit. Was er sah, ließ ihn benommen und stammelnd zurück. Seine Reaktion auf das Wunder jener blendenden Dunkelheit bestand darin, Liebesgedichte zu schreiben. Seine größten Werke schrieb er inmitten schrecklicher Leiden. Er wurde von seinen Anklägern (Mitgliedern seiner eigenen Gemeinschaft!) gefoltert und zum Krüppel gemacht; dennoch schrieb er voller Freude und ohne jeden Groll. Er war streng gegen sich selbst. Er trug nichts nach.«*[17]

Als Theresias Freund und Fürsprecher wurde Johannes in einer unbeleuchteten Zelle gefangen gesetzt, in der er durch die bittere Kälte und erstickende Hitze seines Gefängnisses große Schmerzen litt. Doch selbst in den schlimmsten Momenten seines Leidens fand Johannes vom Kreuz wie der Apostel Paulus die geistliche Kraft, leidenschaftliche Gedichte für Gott zu schreiben und seinem Staunen über die hinreißende Schönheit Gottes Ausdruck zu geben.

Während seiner Gefangenschaft schrieb er »Die dunkle Nacht der Seele«. Darin beschreibt er Gottes Wirken im Leben eines Gläubigen durch Trauer, Leid und Dunkelheit. Heute wird der Begriff von vielen etwas wahllos benutzt, oft ohne Verständnis für die tiefe Bedeutung, die er in der Lehre des Johannes hatte. Die »dunkle Nacht« ist jene Zeit, in der Menschen die Freude verlieren, die sie einst an ihren geistlichen Disziplinen und Glaubenspraktiken hatten. Johannes lehrte, dass dies deshalb geschieht, weil Gott unsere Seelen reinigen und uns zu einem tieferen Glauben führen möchte. Zu Beginn des Glaubenslebens geht Gott sanft mit einem Menschen um, wie eine Mutter mit ihrem Kind, das sie nähren und versorgen möchte. Doch nach einer Weile wird es für das Kind Zeit, erwachsen zu werden und Gott lädt uns ein, durch die Erfahrung der dunklen Nacht der Seele zu wachsen.

Die vermeintliche Dunkelheit ist jene Zeit, in der Gott sich von dem Menschen zurückzuziehen scheint. Oft ist es eine Zeit großer Schwierigkeiten, in der dem Gläubigen jedes Empfinden der aktiven Gegenwart Gottes abhanden kommt. Der Lohn ist eine Reinigung der Seele, die in eine immer tiefere Beziehung zu Gott eintritt.

Johannes' Schriften sind anspruchsvoll und komplex. Sie führen uns durch Zeiten geistlicher Dürre, geistlicher Dunkelheit und geistlicher Kämpfe. Zum Dienst des geistlichen Mentorings gehört oft der Umgang mit einem Mentorand, der inmitten einer solchen dunklen Nacht der Seele steckt. Johannes wollte seinen Mentoranden Mut machen, wenn er mit ihnen durch die dunkle Nacht der Seele wanderte. Für ihn stand fest, dass ein Mentor fähig sein müsste, einen anderen Menschen durch die Erfahrung der dunklen Nacht zu leiten.

Für Johannes vom Kreuz war die christliche Glaubensreise eine Reise, die mit der Entscheidung beginnt, von sich selbst weg auf Gott zu schauen. Nur so würde man das Wesen des eigenen Daseins entdecken, nämlich ein geliebtes Kind Gottes zu sein. Eine solche Reise war und ist kein leichtes Unterfangen. Sie erfordert, sich aller Dinge zu entledigen, die die Seele davon abhalten könnten, mit Gott vereinigt zu sein und nur nach ihm zu verlangen. Diese Reise durch die dunkle Nacht in eine immer größere Nähe zu Gott ist eine Reise des Gebets, die zwei verschiedene Phasen kennt: Erstens die aktive Nacht, zu der die aktive Gebetsdisziplin des Mentoranden gehört, und zweitens die passive Nacht, die durch Gott im Leben des aufgeschlossenen Mentoranden herbeigeführt wird und dem Mentoranden eine Haltung aufgeschlossenen Wartens abverlangt.

Wenn ein Mentorand die passive Nacht erreicht hat, ist er oft erschüttert über die Flachheit eines Gebetes aus Worten und entwickelt ein stärkeres Bewusstsein der Beziehung zu Gott durch passive Kontemplation. Während der Mentorand Gott näher kommt, kann es zu Frustrationen kommen, weil Worte, die einst ausreichten, um seine Erfahrung zu beschreiben, plötzlich keine Gültigkeit mehr haben. Johannes vom Kreuz zitiert den Philosophen Aristoteles, um das geistliche Phänomen der Erfahrung der »dunklen Nacht« zu beschreiben:

Je klarer und offensichtlicher göttliche Dinge in sich selbst sind, desto dunkler und verborgener sind sie von Natur aus für die Seele. Je heller das Licht, desto geblendeter ist die Eule; und je mehr man in die gleißende Sonne schaut, desto mehr verdunkelt die Sonne das Sehvermögen, raubt es und überwältigt es in seiner Schwachheit.«[18]

Wenn ein aufgeschlossener Mentorand die Reise durch die dunkle Nacht mit ihren besonderen Phasen antritt, ist es die Aufgabe des Mentors, ihm Mut zu machen und ihn zu motivieren, seine Reise fortzusetzen. Gemeinsam lernen Mentor und Mentorand, auf das blendende Licht des Geistes im Leben des Mentoranden zu achten. Johannes vom Kreuz erklärt den Grund für die aus Licht erschaffene »Dunkelheit« so:

Wenn also das göttliche Licht der Kontemplation auf Seelen trifft, die noch nicht völlig erleuchtet sind, verursacht es geistliche Dunkelheit, denn es ist nicht nur zu stark für sie, sondern es raubt und verdunkelt ihnen auch das Verständnis. Darum nennen der hl. Dionysius und andere mystische Theologen diese geisterfüllte Kontemplation einen Strahl der Dunkelheit; das gilt für die Seele, die noch nicht erleuchtet und gereinigt ist. Denn dieses mächtige übernatürliche Licht überwältigt den Verstand und beraubt ihn seiner natürlichen Kraft.«[19]

So entdeckt der Mentorand, dass die Dunkelheit nur vermeintlich Gottes Abwesenheit und Rückzug bedeutet. Was als Dunkelheit erscheint, ist in Wirklichkeit die Blindheit, die eintritt, wenn man dem Licht näher kommt. Wie ein Kind, das genau in die gleißende Sonne schaut, erzeugt dieses Licht eine Blindheit gegenüber ihren Strahlen. Der Sonnenschein, der uns dazu bringt, den Blick abzuwenden, ähnelt unserer Erfahrung, wenn wir Christus näher kommen. Wir werden in die »Dunkelheit« neuer Fragen, unbekannten Geländes und einer neuen, tieferen Erfahrung der Gegenwart Gottes geführt, die am Ende unser Leben neu erleuchten werden. Ein Mentor bietet die beste Hoffnung, durch die Erfahrungen der dunklen Nacht hindurch in die Erfahrung des neu gewonnenen Lichtes zu sehen.

Johannes beschreibt einen Mentor als jemanden, der urteilen und zuhören kann und Motivation und Inspiration bietet. Theresia war eine Mentorin für Johannes, der wiederum später Mentor für Theresia wurde. Die historischen Einzelheiten ihrer Geschichte machen uns das feine Wechselspiel zwischen Mentor und Mentorand deutlich. Es gibt einen Widerhall des Verständnisses bei Johannes, der unmittelbar auf das Lied antwortet, das Theresia sang. Wie Theresia glaubte auch er, dass der Mentorand in den Prozess der geistlichen Wegweisung eine bereitwillige Haltung mit einbringen muss. Zwei wichtige Zitate verdeutlichen sein Denken:

Oh, wenn die Leute doch wüssten, wie viel geistliche Gabe und Fülle ihnen entgeht, weil sie gar nicht versuchen, sich von ihrer Freude an kindischen Dingen zu lösen, und wenn sie doch wüssten, in welchem Maße sie, wenn sie nicht nach dem Geschmack dieser Banalitäten verlangen würden, allen Genuss, den sie suchen, in dieser schlichten geistlichen Kost finden würden![20]

Jeder, der zum Gipfel des Berges aufsteigen möchte, um ein Altar zur Darbringung eines Opfers der reinen Liebe und des Lobpreises und der Verehrung Gottes zu werden, muss zuerst diese drei Aufgaben vollkommen bewältigen.

Erstens muss er die fremden Götter, alle fremden Neigungen und Bindungen zurücklassen.

Zweitens muss er sich durch beständige Verneinung und Buße für diese falschen Bindungen – durch die dunkle Nacht der Sinne – von ihnen befreien lassen.

Die dritte Voraussetzung, um den Gipfel dieses hohen Berges zu erreichen, ist der Wechsel der Kleidung.«[21]

Johannes vom Kreuz praktizierte ein geistliches Mentoring, das den wichtigsten Handelnden in der Beziehung im anwesenden, aktiv handelnden Heiligen Geist sah, der schließlich Gottes Liebe und seinen Willen im Leben des Mentoranden offenbar werden lässt. Diese einzigartige Beziehung begünstigt eine tiefe Nähe zu Gott, die für die Glaubensreise des Mentoranden und das Wachstum seines Selbstbewusstseins und seiner Reife notwendig sind.

Wie können wir uns dieses Material zunutze machen? Auf den ersten Blick sind wir vielleicht überwältigt von seiner Komplexität und Tiefe. Gibt es praktische Möglichkeiten, dieses Material zu nutzen, das aus einem Leben der Kontemplation und der mystischen Erfahrung stammt? Wie kann ich dem Vorbild des Johannes folgen?

Von Anfang an haben wir in diesem Kapitel versucht, folgenden Grundsatz herauszustellen: Wenn ich durch den Prozess des geistlichen Mentorings in eine größere Nähe zu Gott hineinwachsen will, werde ich lernen müssen, mich stärker unterzuordnen. Wenn Wachstum mein Verlangen ist, werde ich fragen: »Wie wird der Mentor mich leiten?« Meine Rolle in dem dynamischen Wechselspiel des geistlichen Mentorings ist es, so offen und ehrlich wie möglich über die Geschichten und Erfahrungen meiner Reise zu sprechen. Johannes vom Kreuz wusste, dass es Anfänger im Glauben gibt und solche, deren Reife durch Erfahrung tiefer geworden ist.

Eintritt in die dunkle Nacht der Seele

Lesen Sie die folgende typische Klage eines Mentoranden:

> *Ich treffe mich mit meinem Mentor und gehe die verschiedenen Gebetsübungen und geistlichen Disziplinen durch. Ich stelle fest, dass mir die Schrift nicht mehr so viel bedeutet wie früher, meine Gebete reichen nicht weit, ich bete mehr, lese mehr, tue mehr und finde doch immer weniger von Gott. Schließlich komme ich an einen Punkt, wo ich nicht mehr beten kann, weil mir keine Worte einfallen. Mir sind die Worte ausgegangen, die ich zu Gott sagen könnte.«*

Johannes vom Kreuz würde uns sagen, dass wir genau da sind, wo wir sein sollen – dass wir nun bereit sind, in die passive Nacht einzutreten, in der wir wirklich Nähe zu Gott finden, weil wir sehen können, was Gott für uns, durch uns, in uns tut. Im wahren Gebet geht es darum, was Gott für uns tut, nicht um all das, was wir zu tun versuchen. Je mehr wir auf Gott schauen, desto dunkler wird unser Blick, weil wir von der Reinheit des Gottes, den wir anbeten, geblendet sind. Jetzt sind wir in der dunklen Nacht der Seele. Doch diese Dunkelheit ist nicht ein Ort des Scheiterns und der Gottesferne; sie ist ein Ort der wachsenden Nähe zu Gott. Wenn Sie als Kind jemandem beim Schweißen zusahen, warnte man Sie, wenn Sie in das grelle Licht der Schweißflamme schauten, könnte es Sie blenden. Johannes gebraucht die Metapher des natürlichen Lichtes. Wenn wir in das Licht der Reinheit Gottes blicken, wird es uns vorkommen, als würden wir weniger sehen, nicht mehr. Die Helligkeit verdunkelt unseren Blick.

In diesem schutzlosen Moment muss der Mentor dem Mentorand helfen zu erkennen, dass das Wachstum in vollem Gang ist. Je dunkler es wird, desto größer ist das Potenzial für Wachstum, denn diese »dunkle Nacht der Seele« hat uns für die Dunkelheit unserer eigenen geistlichen Fähigkeiten empfänglich gemacht. Als Mose sich dem Licht des brennenden Busches näherte, wandte er sich ab und »verbarg sein Gesicht«, weil er Angst hatte. Je vertrauter er mit Gott wurde, desto mehr Dunkelheit erlebte Mose; eine Dunkelheit der Furcht, der Verwirrung, des ängstlichen Fragens. Das ist das Paradox der dunklen Nacht: Größere Reife wird im Reinigungsprozess der dunklen Nacht geboren.

Die Phase der Dunkelheit ist keine Zeit der Bestrafung oder Gottesferne, sondern eine Bewegung hin zu größerer Tiefe im Gebet, durch die der Mentorand Gott näher kommt. Aufgeschlossenheit hängt ganz und gar von dem Verlangen des Mentoranden ab, auf Gott zuzuwachsen. Die Lehren des Johannes vom Kreuz führen uns vor Augen, was geschehen wird, wenn wir tiefer in diese Beziehung eindringen. Ein weiser Mentor wird seinem Mentorand helfen zu verstehen, dass Gott daran arbeitet, seine Liebe zu vertiefen. Wenn die Reise einen Menschen näher zu Gott führt, tritt er in diese Phase der Dunkelheit ein, die nichts anderes ist als die Reinigung der Seele, das Sterben aller Egozentrik, das in Wirklichkeit Leben bedeutet. Wir finden diesen Prozess in den Worten Jesu wieder: »Wer sein Leben findet, der wird es verlieren; und wer sein Leben verliert um meinetwillen, der wird es finden« (Mt 10,39).

Gebet ist eine Pilgerfahrt. Es ist nicht ausgeschlossen, dass ich mich umso weiter von meinem Ziel entfernt fühle, je näher ich ihm komme. Je »heiliger« mein Leben wird, desto unwürdiger empfinde ich es. Je erfahrener ich in meinem Dienst werde, desto weniger kompetent fühle ich mich, andere zum geistlichen Wachstum zu führen. Ist das nur ein Verlust des Selbstvertrauens oder ist es Teil der Pilgerfahrt zur geistlichen Reife?

Die Schriften des Johannes vom Kreuz können uns gerade an diesem Punkt helfen, unseren Fortschritt im geistlichen Reifungsprozess zu erkennen. Hier ein besonders bezeichnendes Beispiel. Der Vorgang der Geburt ist für das Kind, das geboren wird, eigentlich eine Todeserfahrung in Bezug auf das Leben, das es bisher kannte. Das Kind schwamm in einer warmen, vertrauten, geborgenen Umgebung voller Sanftheit und Fürsorge. Aus diesem Ort der Geborgenheit wird das Kind plötzlich in eine brutale, bedrohliche Umgebung gezwungen, die sich erstickend eng, begrenzend und hart anfühlt. Das Bedrängende des Geburtsvorgangs beginnt in dem Moment, in dem das Kind aus dem Mutterleib in den Geburtskanal gepresst wird. Auf der anderen Seite wird es Licht, Wärme, Nahrung und Fürsorge geben, doch der schmerzhafte Übergang führt durch eine Zeit in der Dunkelheit des Geburtskanals. Die Erfahrung der dunklen Nacht beim geistlichen Übergang ähnelt der unangenehmen und schwierigen Erfahrung im Geburtskanal. Johannes schreibt:

> *Ich möchte geistliche Menschen davon überzeugen, dass der Weg, der zu Gott führt, keine Vielzahl von Überlegungen, Methoden, Vorgehensweisen und Erfahrungen beinhaltet – auch wenn diese auf ihre eigene Art für Anfänger notwendig sein mögen –, sondern nur eines erfordert, das notwendig ist: wahre Selbstverleugnung, äußerlich und innerlich, durch die Hingabe seiner selbst sowohl an das Leiden für Christus als auch in der Befreiung von der Anhänglichkeit an alle Dinge. ... Fortschritte macht ein Mensch nur, indem er Christus nachahmt, der der Weg, die Wahrheit und das Leben ist. ... Darum kann ich kein geistliches Leben ernst nehmen, das behaglich und leicht verläuft und vor der Nachahmung Christi zurückscheut.«*[22]

Das Werk des Johannes vom Kreuz hat besondere Bedeutung in der heutigen Atmosphäre des kommerzialisierten geistlichen Marktes, auf dem bestimmte Formen des Gebets als geistlicher als andere »verkauft« werden. Für Johannes war das Gebet das grundlegende Kommunikationsmittel für diejenigen, die in ihrer Erfahrung Gottes wachsen möchten. Er lehrte zum Beispiel, dass das kontemplative Gebet in das Repertoire jedes gewöhnlichen Christen gehört: »Es gibt keinen Gebetsstatus, der so erhaben wäre, dass es unnötig wäre, ihn nicht von Anfang an auch ins Auge zu fassen.«[23]

Durch die Jahrhunderte haben wahre Gläubige die dunkle Nacht der Seele erlebt; heute wird uns stillschweigend beigebracht,

Schmerzen seien um jeden Preis zu vermeiden. Johannes versuchte, die Erfahrung der Dunkelheit als einen normalen, notwendigen Schritt zur geistlichen Reife ins Bewusstsein zu rücken; heute versuchen wir, allen Erfahrungen, die unangenehm, verwirrend, schmerzhaft oder dunkel sind, aus dem Weg zu gehen.

Eine Anleitung zum Seelentraining

In »Die dunkle Nacht der Seele« führt Johannes vom Kreuz eine faszinierende Liste von »Unvollkommenheiten, die häufig bei Anfängern zu finden sind«, auf, eine Art Kompendium von Ermahnungen an uns alle auf dem Weg zu mehr geistlichem Wachstum. In der Art von Helmut Thielickes Büchlein »Übungen für junge Theologen« ermahnt und warnt Johannes' Liste junge Mentoren, junge Lehrer, junge Pastoren, Jünger und uns alle, die wir gerade die ersten Schritte unseres geistlichen Lebens gehen. Wir führen sie hier auf, weil sie so erstaunlich zeitgemäß ist. Es kann einem Mentoranden nur gut tun, diese weisen Ermahnungen in Ruhe zu studieren.

1. *Sie entwickeln geistlichen Hochmut.* Diese Anfänger kommen sich in ihren geistlichen Übungen und Unternehmungen so leidenschaftlich und gewissenhaft vor, dass in ihnen eine Art heimlicher Stolz wächst, der zu einer Zufriedenheit mit sich selbst und ihren Leistungen führt, obwohl doch heilige Werke von Natur aus in die Demut führen.[24]
2. *Sie wissen mehr, als sie tun.* Viele bekommen nie genug davon, Ratschläge zu hören oder geistliche Maximen kennen zu lernen oder sie sich einzuprägen und Bücher darüber zu lesen. Damit verbringen sie mehr Zeit als damit, nach Selbstverleugnung und der Vervollkommnung ihrer inneren Armut zu streben, zu der sie verpflichtet sind.
3. *Obwohl sie geistlich motiviert sind, bleibt ihr Charakter unverändert.*[25] Sie werden griesgrämig in den Werken, die sie tun, und lassen sich von der kleinsten Kleinigkeit in Zorn bringen und bisweilen sind sie so unerträglich, dass niemand es mehr mit ihnen aushält. Das geschieht häufig, nachdem sie im Gebet eine Empfindung überkam, die ihren Sinnen angenehm war.[26]
4. *Sie schätzen sich geistlich höher ein als andere und verurteilen andere.* Durch einen gewissen unbarmherzigen Eifer werden sie zornig über die Sünden anderer, sie tadeln diese und fühlen sich manchmal sogar gedrängt, dies im Zorn zu tun, was sie auch gelegentlich tun, wobei sie sich selbst zu Mustern der Tugend aufwerfen.[27]

5. *Sie sind gierig auf geistliche Erfahrungen statt auf die Erkenntnis Gottes.* Viele Menschen, verlockt von der Freude und Befriedigung, die sie in ihren religiösen Praktiken finden, streben mehr nach geistlichem Genuss als nach geistlicher Reinheit und Reife, doch es ist die Reinheit und Reife, nach der Gott in ihrem Leben sucht und die ihm während der gesamten geistlichen Reise einer Seele gefällt.[28]
6. *Sie vergöttlichen die Gotteserfahrung.* Wenn sie die Kommunion empfangen, sind sie die ganze Zeit über nur darauf aus, irgendein Gefühl oder eine Befriedigung zu bekommen, statt den in ihnen wohnenden Gott demütig zu loben und zu verehren. Und das tun sie auf solche Weise, dass sie, wenn sie keinerlei spürbares Gefühl oder Befriedigung empfinden, glauben, sie hätten nichts erreicht. ... Sobald sie keine Freude mehr im Gebet oder irgendeiner anderen geistlichen Übung finden, verspüren sie äußersten Widerwillen dagegen, dazu zurückzukehren; und manchmal geben sie sie völlig auf. Denn schließlich ... sind sie wie Kinder, die nicht von der Vernunft, sondern vom Vergnügen zum Handeln getrieben werden.[29]
7. *Sie messen ihren geistlichen Fortschritt an ihrer Erfahrung.* Sie meinen, beim Gebet ginge es nur darum, nach sinnlicher Befriedigung und Hingabe zu suchen. Dies versuchen sie durch eigene Anstrengung herbeizuführen, womit sie ihre Köpfe und ihre Fähigkeiten erschöpfen. Wenn sie diesen spürbaren Trost nicht bekommen, werden sie untröstlich und meinen, sie hätten gar nichts zustande gebracht.[30]
8. *Sie wetteifern mit anderen um geistlichen Fortschritt.* Was den Neid betrifft, so sind viele von ihnen traurig über das geistliche Gut, das andere besitzen, und verspüren Kummer, wenn sie bemerken, dass ihr Nächster ihnen auf dem Weg zur Vollkommenheit voraus ist. Wenn andere gelobt werden, wollen sie es nicht hören. ... Ihre Verärgerung nimmt zu, weil sie selbst dieses Lob nicht empfangen und weil sie sich danach sehnen, in allem den Vorrang zu haben.[31]
9. *Sie haben keine Ausdauer und erlahmen in der geistlichen Disziplin.* [Sie] ermüden in den geistlicheren Übungen und fliehen vor ihnen, denn diese Übungen widersprechen der sinnlichen Befriedigung. Da sie so gewöhnt daran sind, in geistlichen Praktiken Freude zu empfinden, werden sie schnell gelangweilt, wenn sie sie nicht finden. ... Infolgedessen streben sie danach, ihren eigenen Willen zu befriedigen statt den Willen Gottes.[32]

10. *Sie sind nicht bereit, die »Kosten zu überschlagen«.* Wie diejenigen, die im Luxus aufgewachsen sind, drücken sie sich jämmerlich vor allem, was hart ist, und sie nehmen Anstoß am Kreuz, in dem allein dauerhafte geistliche Freude zu finden ist.[33]

Zum Nachdenken
➤ Wann haben Sie Zeiten geistlicher Dunkelheit, der Verwirrung oder der Abwesenheit Gottes erlebt?
➤ Wie haben Sie diese Erfahrungen verstanden?
➤ Was hat Ihnen geholfen, durch die Zeiten der Dunkelheit hindurchzugehen und daran zu wachsen?

Johannes war ein geistlicher Mentor, der einen großen Teil seiner Zeit in Einsamkeit zubrachte und gerade so seine Karmeliter-Brüder dazu aufrief, in Gemeinschaft mit Gott zu leben. Auf unserer ständigen Suche nach mehr Erfahrung mit Gott drängt uns Johannes vom Kreuz, uns nie mit dem zufrieden zu geben, was wir wissen können, sondern lieber nach dem zu suchen, was wir nicht begreifen können. Statt uns mit den Oberflächlichkeiten der heutigen Pop-Spiritualität zufrieden zu geben, drängt uns Johannes vom Kreuz, weiterzugehen in die Tiefen des Glaubens.

Da Gott unnahbar und verborgen ist ... musst du ihn, wie sehr es dir auch so scheinen mag, als ob du ihn finden und spüren und verstehen könntest, stets als verborgen betrachten und ihm als dem Verborgenen auf verborgene Weise dienen.«[34]

Empfänglichkeit im Herzen des Mentoranden
Johannes vom Kreuz teilte Theresias Sicht des empfänglichen, mutigen Herzens, wenn auch seine Sprache poetischer und seine Stimmung nachdenklicher ist.

»Um Zufriedenheit in allem zu erlangen,
verlange nach ihrem Besitz in nichts.
Um alles zu besitzen,
verlange danach, nichts zu besitzen.
Um alles zu sein,
verlange danach, nichts zu sein.
Um alles zu erkennen,
verlange danach, nichts zu erkennen.
Um die Freude zu finden, die du nicht hast,

musst du einen Weg gehen, an dem du keine Freude hast.
Um das Wissen zu erlangen, das du nicht hast,
musst du einen Weg gehen, auf dem du nichts weißt.
Um den Besitz zu erlangen, den du nicht hast,
musst du einen Weg gehen, auf dem du nichts besitzt.
Um das zu werden, was du nicht bist,
musst du einen Weg gehen, auf dem du nicht bist.
Wenn du dich einer Sache zuwendest,
hörst du auf, dich auf alles zu werfen.
Denn um von allem zu allem zu gehen,
musst du dir alles in allem versagen.
Und wenn du den Besitz an allem erlangst,
musst du es besitzen, ohne irgendetwas zu wollen.
Denn wenn es dich verlangt, etwas in allem zu haben,
ist dein Schatz in Gott nicht in Reinheit dein Alles.«[35]

Es ist dieser Geist der Bereitschaft, der Wachheit und des Hungers, der den Raum für geistliches Wachstum schaffen wird. Und wie immer drängt Johannes darauf, dass jeder die Hilfe eines geistlichen Wegweisers in Anspruch nimmt: »Wenn niemand da ist, der diese Menschen versteht, machen sie entweder kehrt und verlassen den Weg, oder sie werden mutlos oder behindern zumindest ihren Fortschritt.«[36]

Was bringt der Mentorand in dieses Gespräch ein? Empfänglichkeit des Herzens ist ein häufig wiederholtes Thema bei den großen Autoren über geistliche Wegweisung. Sie wussten, dass geistliches Mentoring nicht aus einem Programm oder einer Abfolge von Aktivitäten besteht, die ein Mentor einem anderen auferlegt wie der Trainer dem Sportler, den er betreut; nein, geistliches Mentoring ist ein Prozess, der beide Seiten herausfordert und prägt. Eine Zusammenfassung der wesentlichen Eigenschaften eines Mentoranden klingt wie Musiknoten, die zusammen die Melodie der Seele ergeben:

- ungeschützte Offenheit im Gespräch über persönlichste Lebensfragen;
- Verlangen nach geistlichem Wachstum und geistlicher Reife;
- Aufgeschlossenheit gegenüber den Anweisungen des Mentors;
- eine respektvolle und liebevolle Haltung gegenüber dem Mentor;
- die Sehnsucht, Gott zu dienen;
- eine belehrbare Haltung;
- Treue in der Mentoring-Beziehung wie auch in anderen Verantwortlichkeiten des Lebens.

Ungeschützte Offenheit bedeutet, dass der Mentorand sich dazu entschließt, seine Masken abzulegen. »Das Gesicht wahren« ist zweifellos das größte Hindernis für das geistliche Wachstum im Prozess des geistlichen Mentorings.

Verlangen ist Hunger. Verlangen ist Durst. *Verlangen nach geistlichem Wachstum* und geistlicher Reife ist kein Hobby, das man sich für eine bestimmte Zeit zulegt, sondern ein spürbarer Hunger und Durst. Jesus ermahnte uns, uns einer geistlichen Operation zu unterziehen, wenn unser Auge oder unsere Hand uns dazu bringen sollten, uns von ihm zu entfernen. Bei einer solchen Operation holt man nicht erst eine zweite Meinung ein, sondern man schaut ins Innere des eigenen Selbst und entschließt sich, auf den großen Arzt zu hören.

Aufgeschlossenheit für die Anweisungen des Mentors ist schlicht die Bereitschaft, das, was einem vorgeschlagen wird, mit offenem und bereitwilligem Herzen auszuprobieren. Aufgeschlossenheit erfordert Unterordnung. Das ist vielleicht das, was uns individualistischen und selbstbestimmten Christen von heute am schwersten fällt! Die geistliche Wegweisung der Vergangenheit war ein Prozess, in dem man geleitet und geführt wurde. Es gab eine Autorität in der Beziehung, auch wenn die beste geistliche Wegweisung typischerweise nicht dirigistisch war, sondern sich aus der Weisheit des gemeinsamen Gesprächs ergab.

Vielleicht liegt uns heute der Ausdruck *Respekt gegenüber dem Mentor* näher, doch die meisten Leute, die sich auf ein Mentoring-Gespräch einlassen, werden bald beobachten, wie sich eine Liebe zu dem Mentor entwickelt, eine Dankbarkeit und Wertschätzung dem anderen gegenüber. Solche Liebe kann nicht erzwungen werden und darf nicht als Voraussetzung für die Entwicklung einer Beziehung gesehen werden; stattdessen ist sie ein Produkt einer Beziehung, die von gegenseitigem Vertrauen und ungeschützter Offenheit geprägt ist.

Die *Sehnsucht zu dienen* ist eine Antwort auf die große Güte und Liebe Gottes. Wir dienen nicht, um mit Gott zu handeln, um uns Gottes Gunst zu verdienen, sondern als freudige Antwort auf Gottes Liebe. Wenn der Mentorand sich Macht und Einfluss für sich selbst wünscht, sei es in geistlicher oder anderer Hinsicht, so wird er höchstwahrscheinlich eine Enttäuschung erleben. Reife bedeutet Selbstverleugnung, nicht Selbsterhöhung. Reife erfordert nicht die Askese geistlicher Rigoristen, die glauben, wir müssten unser Selbst durch Selbstmisshandlung verleugnen oder gar zerstören; nein, die Reife, nach der wir verlangen, beinhaltet, dass wir die Kleider des gefallenen Selbst ablegen, wie Paulus es im Kolosserbrief beschreibt.

Eine *belehrbare Haltung* ist eine bereitwillige Haltung. Jeder Lehrer mit etwas Erfahrung spürt sofort, ob jemand belehrbar ist oder nicht. Manche, die eine belehrbare Fassade präsentieren, haben einfach gelernt, wie jemand aussehen muss, der ein braver Schüler ist. Sie setzen sich nach vorne, sind ordentlich frisiert, haben das Heft bereits aufschlagen, die Augen erwartungsvoll auf den Lehrer gerichtet und melden sich, um Fragen zu stellen, noch bevor der Unterricht begonnen hat. Doch ein erfahrener Lehrer findet rasch genug heraus, ob hinter dieser Fassade ein belehrbarer Geist steckt.

Ein belehrbarer Geist bringt eine beherrschende Eigenschaft in den Klassenraum oder in das Mentoring-Gespräch: Aufmerksamkeit. Wie das Kind, das hundert Fragen hat, so kommt auch der belehrbare Mentorand an, nachdem er die ganze Woche mit offenen Augen sein Leben beobachtet und Anregungen aus dem letzten Mentoring-Gespräch umgesetzt hat, und ist nun gespannt darauf, wie es weitergeht. Kinder sind gerade darum belehrbar, weil sie so begierig sind, mehr zu wissen. Sie haben keine Hemmungen, immer wieder nachzusetzen, wenn es darum geht herauszufinden, was sie wissen wollen. Manchmal sind sie begierig auf Informationen, aber oft sind sie einfach begierig, mit Leib, Herz und Seele zu »wissen«.

Hindernisse für das Mentoring

1. Manche Leute sehen einfach nicht, dass sie Hilfe brauchen. Sie sind starke Individualisten oder zumindest entschieden zurückhaltend in Glaubensdingen und haben noch nie daran gedacht, dass ein anderer Mensch ihnen bei ihrer geistlichen Weiterentwicklung helfen könnte.
2. Manche haben nicht das Selbstwertgefühl, um annehmen zu können, dass sich ein anderer Mensch Zeit für sie nimmt, besonders, wenn sie den Mentor für eine wichtige oder viel beschäftigte Persönlichkeit halten. Ihre eigenen Unzulänglichkeitsgefühle hindern sie daran, sich um den möglicherweise wichtigsten Schritt zu bemühen, den sie für ihr geistliches Wachstum tun könnten.
3. Viele Leute leben unserer Meinung nach hinter einer Fassade geistlicher Zufriedenheit und Kompetenz. Sie zeigen nach außen hin gerne ein Bild der Stärke, das ganz und gar nicht mit ihrem inneren Schmerz, ihrer Furcht, ihrer Schwäche, ihrer Unzufriedenheit oder ihrer Geschichte übereinstimmt. Da sie bereits leitende Positionen einnehmen, die Reife voraussetzen, glauben sie, dass bei ihnen alles in Ordnung sein müsse, und wagen es nicht, Schwäche zu zeigen, indem sie sich an einen Mentor wenden.

4. Manche haben gute Gründe, um sich dem Dienst des Mentorings zu verweigern: Sie haben in der Vergangenheit schlechte Erfahrungen mit Lehrern, Trainern oder Mentoren gemacht. Ihre Vorgeschichte von schlechtem Mentoring, schädlichen Beziehungen oder gar Missbrauch von Seiten führender Leute lässt sie davor zurückschrecken, sich auf eine solche Beziehung einzulassen.
5. Eine Barriere, die verhindert, dass jemand sich durch geistliches Mentoring befähigen lässt, kann auch die mangelnde Bereitschaft sein, sich der Autorität eines anderen unterzuordnen. Das behindert nicht nur die Arbeit des Mentors, sondern es behindert auch das Wirken des Heiligen Geistes. Ich kann erst verstehen, was es bedeutet, eine Autoritätsstellung inne zu haben, wenn ich gelernt habe, was es bedeutet, in einer Position der Unterordnung zu sein. Gleichermaßen kann ich nur lernen, was es bedeutet, geistliche Autorität auszuüben, nachdem ich gelernt habe, was es bedeutet, mich in meinem Leben dem Wirken des Heiligen Geistes unterzuordnen. Ein Mentorand, der nicht bereit ist, sich unterzuordnen, wird auch nicht bereit sein, für die Anregungen des Mentors aufgeschlossen zu sein.

Weitere Denkanstöße für den Mentor
1. Haben Sie mit Ihrem Mentorand nach sorgfältiger Absprache einen Bund geschlossen?
2. Wie wächst Ihre Beziehung zu Ihrem Mentorand; reicht der Tiefgang Ihrer Gespräche bis zu den Fundamenten seines Lebensstils oder anders ausgedrückt: Haben Sie sich bemüht, im Gespräch an die realen, vielleicht sogar chaotischen Bereiche in seinem Leben heranzukommen?
3. Beten Sie beständig und empfinden Sie wachsende Zuneigung für Ihren Mentorand?
4. Denken Sie an Ihre eigenen Bedenken oder Fragen zum Mentoring: Gibt es etwas, das Sie davon abhalten könnte, sich einen Mentor zu suchen oder eine Mentoring-Beziehung zu einer anderen Person anzunehmen?

Weitere Denkanstöße für den Mentorand
1. Sind Sie sich irgendwelcher Hindernisse bewusst, Ihrem Mentor aufgeschlossen und mit einer belehrbaren Grundhaltung zu begegnen? Kennen Sie Barrieren für Ihre Offenheit, die Sie daran hindern, gerade in dieser Mentoring-Beziehung mit diesem Mentor zusammenzuarbeiten?

2. Was können Sie tun, um bereiter zu sein, die gewohnten und lieb gewonnenen Masken abzulegen und auf praktische Rollenspiele zu verzichten, um so gegenüber dem Heiligen Geist offener zu werden?
3. Wie beurteilen Sie Ihre Belehrbarkeit, Aufgeschlossenheit und Bereitschaft, geistliche Wegweisung anzunehmen?

Die Gnade der Rechenschaft

> *Zuletzt: Seid stark in dem Herrn und in der Macht seiner Stärke. Zieht an die Waffenrüstung Gottes, damit ihr bestehen könnt gegen die listigen Anschläge des Teufels. Denn wir haben nicht mit Fleisch und Blut zu kämpfen, sondern mit Mächtigen und Gewaltigen, nämlich mit den Herren der Welt, die in dieser Finsternis herrschen, mit den bösen Geistern unter dem Himmel. Deshalb ergreift die Waffenrüstung Gottes, damit ihr an dem bösen Tag Widerstand leisten und alles überwinden und das Feld behalten könnt.«*
>
> Paulus (Eph 6,11-13)

Wenn der Zweck des Mentorings darin liegt, uns zu befähigen, Christus ähnlicher zu werden, bleibt immer noch die Frage: Wie geschieht das? Was sind die Praktiken oder Disziplinen, die uns auf dem Weg zum Wachstum weiterhelfen? In seinem klassischen Werk »A Testament of Devotion« (»Ein Zeugnis der Hingabe«) schreibt Thomas R. Kelly:

> *Das Leben ist dazu bestimmt, von einer Mitte aus gelebt zu werden, einer göttlichen Mitte. Jeder von uns kann ein solches Leben voll erstaunlicher Kraft, Frieden und heiterer Gelassenheit führen, voll Integration und Zuversicht und schlichter Vielfalt, unter einer Bedingung – nämlich dann, wenn wir es wirklich wollen.«*[1]

Es lässt sich einiges über die Wirksamkeit persönlicher Disziplin und erlernter Hingabe sagen. Randy schreibt:

Scott glaubte an mich, lange bevor ich bereit war, völlig an mich selbst zu glauben. Er hatte Zutrauen zu meiner Entschlossenheit, Grandmas Marathon in Duluth, Minnesota, bis zum Ende mitzulaufen, lange bevor ich für das Rennen bereit war. Er wusste, dass ich viel Motivation, Beharrlichkeit und schlichtweg harte Arbeit brauchen würde, um zum ersten Mal an einem Marathon teilzunehmen. Und er musste es wissen, denn sein Job ist es, körperliche Fitness zu lehren und Sportler für Wettkämpfe auf Universitätsebene zu trainieren. Als er mich coachte, wurde er zum Mentor für mich. Er investierte sich persönlich in mein Leben, als er mich unterwies, mit mir lief und mich dann auf fünfundzwanzig bis dreißig Kilometer lange Ausdauertests schickte. Seine Maßnahmen, sich ein genaues Bild über meine Leistungsfähigkeit machen zu können, kamen genau zur rechten Zeit und bestanden in einer einzigartigen Kombination aus der sanften Hand der Ermutigung und der mitreißenden Kraft der Motivation. Seine Übungen waren genau die richtige Menge zu genau der richtigen Zeit in meiner Trainingsphase.
Was mich an seinem Coaching am meisten überraschte, geschah, als ich einen Monat vor dem Rennen die Spitze meiner Kondition erreichte. Scott wusste, wie gefährlich es ist, für einen Marathon zu viel zu trainieren, besonders, wenn der Tag des Rennens näher rückt. Während meines Trainings war ich nie weiter gelaufen als dreißig Kilometer, und ich nahm an, dass ich noch weit entfernt davon war, die mörderische Strecke von 42,2 Kilometer bewältigen zu können, doch Scott wusste genau, was er tat, als er mir zu einer Zeit des verminderten Trainings riet, damit ich für das Rennen Energiereserven anlegen konnte. Seine Warnung zur rechten Zeit vor meinem Eifer, schon im Training die volle Strecke zurückzulegen, rücken mir auch heute noch den Blickwinkel gerade, wenn ich meine, ich müsste im Rennen des Lebens noch mehr trainieren. Er sagte: ›Du hast gut trainiert. Du hast während unserer Übungen eine Ausdauer aufgebaut, die dich beim Rennen weit über die Dreißig-Kilometer-Marke hinaustragen wird. Vertrau mir, diese Phase deines Trainings

ist ebenso entscheidend wie die vorige, wenn du im Rennen das Ziel erreichen willst.‹«

Um in einem Marathonlauf das Ziel zu erreichen, braucht ein Läufer Hingabe, Beharrlichkeit, Kraft und Ausdauer und dabei kann es ihm eine große Hilfe sein, jemanden zu haben, der ihn über sein Training zur Rechenschaft zieht. Gesundheit erfordert Bewegung. Bei der körperlichen Gesundheit ist uns das klar, aber es gilt genauso für das geistliche Weiterkommen.

In diesem Kapitel geben wir Anregungen für praktische Fragen, Vorschläge für einen Weg, Rechenschaft innerhalb des Mentorings zu geben. Auch führen wir Beispiele und Methoden an, wie man eine Mentoring-Beziehung strukturieren kann. Wir kommen erst im letzten Teil dieses Buches auf solche Werkzeuge zu sprechen, weil wir überzeugt sind, dass geistliches Mentoring nicht in erster Linie eine Methode ist, sondern eine Beziehung. Es ist keine Liste von Schritten, Programmen oder Anleitungen, die ein Mentor anwenden könnte wie ein Rezept oder eine Formel. Darum gehen wir an die Frage der Methoden behutsam heran, um zuerst dem Bedürfnis gerecht zu werden, Gastfreundschaft, Vertrauen, Nähe und Freundschaft zu kultivieren.

Ignatius von Loyola und Jeanne Guyon fordern uns auf, unsere geistliche Gesundheit durch Übung unserer Seelen zu entwickeln. Beiden liegt sehr daran, dass wir eine gute Art finden, wie wir als Mentorand Rechenschaft ablegen, damit wir im Wettlauf des Glaubens unser Ziel auch erreichen.

Geistliche Wegweiser wissen, dass ohne eine gewisse Form von Rechenschaft eine Mentoring-Beziehung nicht wirklich effektiv sein kann. Ähnlich wie das intensive Training vom Trainierenden verlangt, seinem Trainer gegenüber offen zu sein und über sich, sein Training und seine seelische Verfassung Rechenschaft abzulegen, so ist es auch im geistlichen Bereich. Kein Marathonläufer würde ins Ziel kommen ohne die innere Motivation, die er durch die Trainingsmaßnahmen erhielt, die ihm sein Trainer auferlegt hat. Es tut sich etwas auf unserer Motivationsskala, wenn jemand uns eine in Ermutigung verpackte Herausforderung vorgibt. So ist es auch beim geistlichen Mentoring.

Der Mentor muss dafür sorgen, dass der Mentorand bei der Stange bleibt und möglichst viel aus der Beziehung herausholt, ob die Aufgabenstellungen nun implizit oder explizit sind. Das Wissen, dass er Rechenschaft ablegen muss, wird einen Mentorand dazu anhalten, die Beziehungssituation so gut wie möglich zu nutzen.[2]

Die Dynamik der Rechenschaft beschreibt die greifbaren Dinge, die dazu beitragen, die Beziehung bis zum Ziel der Befähigung zu erhalten und zu leiten. Was beim Laufen Krafttraining, Herz-Kreislauf-Training und Ausdauertraining sind, das sind beim geistlichen Wachstum die geistlichen Übungen. Sie sind nicht mit dem eigentlichen Rennen zu verwechseln, sondern sie sind Methoden, um sich vorzubereiten. Sie sind nicht mit der Fülle des Glaubens gleichzusetzen, obwohl sie eine innere Haltung der Aufmerksamkeit schaffen und viel vom Glauben in ihnen steckt. Die Aufgabe des Mentors ist es, den Mentorand zur Rechenschaft anzuleiten, indem er ihm in wohldurchdachter zeitlicher Folge Wachstumsvorgaben gibt.

Da jede Mentoring-Beziehung ihre eigene Vorgeschichte und Dynamik hat, gibt es keine Passepartout-Lösung für alle Fälle. Jede Situation braucht ihre eigenen Fragen, über die der Mentorand Rechenschaft ablegen kann. Mentoring kann nicht in einem simplen Lückentext-Verfahren ablaufen, das die richtigen Schritte, denen alle im Gleichschritt folgen müssen, im Voraus vorgibt. Weisheit, Urteilsvermögen, Anpassungsfähigkeit, kreatives Planen und wohl überlegte Vorbereitung sind vom Mentor gefordert.

Langsames Wachstum

Geistliches Wachstum ist ein langsamer Prozess. Ohne die Disziplin geistlicher Übungen ist sein Verlauf willkürlich und chaotisch. Geistliche Disziplinen bringen uns langsam, fast unmerklich weiter. Keith erinnert sich, wie er kürzlich an einem seltenen freien Nachmittag auf einem Felsen saß und den Blick auf den Ozean im Süden Floridas genoss.

Weit im Süden glitt ein Segelboot nach Norden und kam dabei kaum von der Stelle; zumindest schien es so. Näher am Ufer zogen Schnellboote, ein großer Tanker und Jachten über den Horizont. Lärm und Bewegung zogen meine Aufmerksamkeit auf sich, unterhielten und beschäftigten mich – die ständige Bewegung der Wellen, Wasservögel, andere Vögel, Leute, die ins Gespräch vertieft vorbeigingen. Plötzlich blickte ich auf und bemerkte die winzige Form des Segelbootes, das inzwischen fast hinter dem Horizont verschwunden und kaum noch sichtbar war. Zu meiner Überraschung hatte die mühsame, stetige Bewegung durch Wind und Segel das Boot tatsächlich vorwärts gebracht. Immer geradeaus nach vorne? Nein, eher ein

> *Zickzackkurs, der den Windböen und der Bewegung der Wellen folgte. Mehr ein Rucken und Ziehen und Schlängeln. Wenn der Wind kräftig bläst und die Segel richtig stehen, kann es mit atemberaubender Geschwindigkeit vorwärts gehen, und wenn der Wind nachlässt und die Segel erschlaffen, ist geduldiges Warten gefragt. An Bord herrscht immer Aktivität – Segel hissen, beidrehen, Kurs ändern, den Kiel trimmen oder warten – doch der Segler weiß genau, welche Aktion im Moment angebracht ist.«*

Geistliche Disziplinen sind Übungen, um zu lernen, wie man den Wind und den Moment richtig einschätzt. Ziel ist es, den Wind ins Segel zu lassen. Geistliche Übungen sind zielgerichtete, regelmäßige Praktiken, die Wachstum möglich machen. Auf einem Segelboot empfindet man die Disziplinen, die nötig sind, um den Wind einzufangen, nie als lästige Pflichten oder sinnlose Arbeitsrituale, es sei denn, man segelt überhaupt nicht gern oder vergisst, wozu man eigentlich an Bord ist. Die Rituale, um ein Boot segeltüchtig zu machen, entsprechen den geistlichen Disziplinen, die wir in diesem Kapitel beschreiben werden – sie sind die Praktiken, die nötig sind, damit wir »den Wind des Heiligen Geistes einfangen« können. Wir üben solche Disziplinen aus, um es dem Wind zu ermöglichen, die Segel unseres Lebens zu füllen.

Geistliche Rechenschaft kann ganz einfach sein: Oft genügt es, wenn der geistliche Wegweiser zu Beginn der gemeinsamen Arbeit ein paar grundlegende Fragen stellt:

- Was waren diese Woche für dich die Höhepunkte und die Tiefpunkte?
- Hast du die Disziplinen, zu denen du dich verpflichtet hast, gewissenhaft ausgeführt?
- Was hast du in den Übungen dieser Woche Gott zu dir sagen hören?

Solche Fragen laden den Mentorand ein, über sein eigenes Leben nachzudenken. Damit nehmen wir ernst, was wir von nahezu allen geistlichen Autoren der Vergangenheit gelernt haben, nämlich, dass Gott sich in und an unseren Geschichten, Erfahrungen und Sinnen offenbart. Um unsere Segel mit Wind zu füllen, müssen wir geistliche Übungen entwickeln, die zu unserem Leben passen. Einer der größten Lehrer der Vergangenheit, der uns einen klaren Weg zeigt, wie man in einer Mentoring-Beziehung auf gute Weise Rechenschaft ablegen kann, ist Ignatius von Loyola.

Ignatius von Loyola (1491-1556)

Ignatius wurde 1491 in der Burg seiner wohlhabenden Familie im spanischen Baskenland geboren. Er lebte während einer der bedeutendsten Umwälzungen in der Kirchengeschichte. Im fünfzehnten und sechzehnten Jahrhundert vollzogen sich dramatische Verschiebungen in den politischen Machtverhältnissen, in der Verteilung der Territorien, im Bildungswesen und in der kirchlichen Autorität. Während dieser Zeit nahm die Kirche infolge der Reformation eine neue Identität an.

> *Ignatius lebte in einer Ära, in der feudalistische Mächte den aufkommenden einflussreichen Zentralregierungen Platz machten. Monarchen erstarkten, indem sie voneinander getrennte Provinzen zu Nationen zusammenfügten, wie es Ferdinand (1452-1516) und Isabella (1474-1504) in Spanien getan hatten. ... In Übersee erweiterte Spanien sein neu gefundenes Imperium und versuchte, dessen Ureinwohner zum Christentum zu bekehren. ... In Nordeuropa löste sich die religiöse Einheit auf. Luther wurde 1521 exkommuniziert, in demselben Jahr, in dem Ignatius sich in Loyola bekehrte; und 1531 wurde Heinrich VIII. Oberhaupt der anglikanischen Kirche. Südeuropa war immer noch eines Glaubens; doch wie im Norden war auch hier die Unwissenheit der Menschen über ihren Glauben und die daraus folgende Verwilderung des christlichen Lebens oft erschreckend. Die Kirche war voller Missbrauch und hatte eine Reform ›an Haupt und Gliedern‹ dringend nötig.«*[3]

Ignatius ging 1517 zur Armee und wurde vier Jahre später in einer Schlacht an der französischen Grenze am Bein schwer verwundet. Seine Verwundung hatte nicht nur für seine Gesundheit große Folgen. Er kehrte nach Loyola zurück, um sein zerschossenes Bein durch immer neues Brechen wieder auf die ursprüngliche Länge wachsen zu lassen. In dieser Zeit konnte er nur liegen oder sitzen. Er las alles, was sich an Lesbarem in seinem Elternhaus fand, unter anderem auch ein Buch mit dem Titel »Das Leben Christi«. Durch seine Lektüre wurde ein geistlicher Hunger in ihm geweckt und er entschloss sich, auch andere christliche Schriften eingehend zu studieren, darunter das weit verbreitete Buch »De imitatione Christi« (»Über die Nachahmung Christi«) von Thomas von Kempen und zahlreiche Geschichten über den heiligen Franziskus.

Sein Leben war an einem Scheideweg angelangt und er musste eine Entscheidung treffen. Auf der einen Seite lockten ihn Reichtum, Ruhm und Macht, doch auf der anderen Seite faszinierte ihn die schlichte Spiritualität des heiligen Franziskus. Als er sich 1523 von seiner Kriegsverletzung erholt hatte, von der er nur eine leichte Behinderung zurückbehielt, machte sich Ignatius auf, um in das Heilige Land zu pilgern. Man erzählt sich, dass er beschloss, all seine weltlichen Besitztümer zu verkaufen und nur in Sackleinen gekleidet nach Jerusalem aufzubrechen. Sein Schiff lag lange in einer Hafenstadt namens Manresa fest, wo er fast ein Jahr lang lebte.

Während dieser Zeit hatte er eine tiefe, mystische Erfahrung, die ihn veranlasste, ein ernsthafteres Studium des Glaubens zu beginnen. Mittlerweile war bereits längst die Entscheidung in seinem Herzen gefallen, Jesus mit ganzer Hingabe nachzufolgen. Die mit diesem Erlebnis verbundene neue Sicht aller Dinge brachte ihn dazu, die entscheidende Wichtigkeit einer gründlichen Bildung zu erkennen, um in Kirche und Gesellschaft einen nennenswerten Einfluss ausüben zu können. Während seiner eigenen intellektuellen Entwicklung wurde ihm immer deutlicher, wie sehr das ganze Bildungswesen einer Reform bedurfte.

Im Laufe der Jahre blieb für Ignatius »im Vordergrund dieselbe grundlegende Sichtweise und Zielvorstellung, die er in Loyola und Manresa gefasst hatte: alles zu tun zum ›Dienst und Lobpreis seiner göttlichen Majestät‹ und sich um ›das Lob, die Ehre und den Dienst Gottes, unseres Herrn‹ zu bemühen; die Notwendigkeit, unser Leben ›zur Ehre und zum Lob Gottes zu ordnen und auszurichten‹.«[4]

In der historischen Ära der Reformation versuchte auch Ignatius, eine Reform herbeizuführen – eine Reform im Innern jedes Einzelnen. Für Ignatius war das Leben des Christen dazu bestimmt, eine dynamische Kraft in der Gesellschaft zu sein. Jeder Christ sollte für sein »geistliches Wachstum und apostolisches Bemühen« bekannt sein.[5] Die oberste Motivation im christlichen Leben war durch die beständige Pflege der innigen Beziehung zu Gott zu finden. Der Kern dessen, was Ignatius durch seine Reform von innen forderte, ist aus seinem klassischen Werk, den »Geistlichen Übungen« abzulesen, das geschrieben wurde, um den Gläubigen zu geistlichem Wachstum, Reife und Dienst anzuleiten. Nur dreißig Jahre später war die Überzeugung, die Ignatius motivierte, in überwältigendem Ausmaß verwirklicht worden. Als er 1556 starb, hatte er dreiunddreißig Hochschulen gegründet und mit seinen »Geistlichen Übungen« das klassische Werk schlechthin über geistliche Reform geschrieben, und durch die Jahrhunderte ist sein Einfluss auf das spirituelle Denken und Handeln der Kirche ungebrochen geblieben.

Die Geistlichen Übungen (Große Exerzitien)

Die »Geistlichen Übungen« wurden als Handbuch für geistliche Wegweiser geschrieben, doch ihre Anweisungen stellen eine zeitlose Quelle auch für heutige geistliche Mentoren dar. Ihr Kern besteht darin, dem Mentor zu helfen, einen Mentorand durch Gebet zu geistlicher Reife zu führen. Ignatius' Absicht war, dass seine Anweisungen im Rahmen einer geistlichen Rüstzeit von dreißig Tagen verwendet werden sollten, doch die Prinzipien lassen sich in verschiedenen zeitlichen Rahmen anwenden.[6] Im Rahmen einer Rüstzeit wurde der Mentorand durch einen Prozess der »Befreiung der Seele von allen ›ungeordneten Neigungen‹, der notwendigen Voraussetzung, um den Willen Gottes zu suchen und zu finden«, geleitet. Solche Bindungen des Herzens und der Seele halten einen Menschen in Versklavung und hindern ihn daran, der Stimme Gottes seine Aufmerksamkeit zuzuwenden. Ignatius' eigene Definition geistlicher Übungen bietet einen Ausgangspunkt für die praktische Arbeit des geistlichen Mentorings.

> *Mit dem Ausdruck ›Geistliche Übungen‹ ist jede Methode der Gewissensprüfung, der Meditation, der Kontemplation, des gesprochenen und inneren Gebets und anderer geistlicher Aktivitäten gemeint, die später noch erwähnt werden. Denn genau wie ein Spaziergang, eine Fußwanderung oder ein Dauerlauf körperliche Übungen sind, so bezeichnen wir als geistliche Übung jede Art und Weise, die Seele vorzubereiten und geneigt zu machen, sich von allen ungeordneten Neigungen zu befreien und nach dieser Befreiung den Willen Gottes für unser Leben zur Errettung unserer Seele zu suchen und zu finden.«[8]*

Wir werden geistlich geformt durch den in uns wirkenden Heiligen Geistes, durch den Gott das gute Werk, das er im Leben eines Gläubigen begonnen hat, vollendet. Paradoxerweise gibt es nichts, was wir tun könnten, um Wachstum zu verursachen. Wachstum ist ein Geschenk, das uns zuteil wird, indem wir lernen, auf die Gegenwart Gottes in unserem Leben zu achten. Der Bauer auf dem Feld bringt die Samen nicht zum Wachsen, sondern wartet auf das, was einfach geschieht. Andererseits kann uns das Wissen um die verschiedenen Faktoren Ernährung, Umgebung, Sonne, Regen und Schäden durch

Unkraut und räuberische Insekten zugute kommen und wir können den Boden vorbereiten. Die ignatianischen Disziplinen rufen uns zum Ausgangspunkt, dem Gebet, und sie wecken in uns eine ignatianische Form der Kontemplation, die eine gewisse Art des Lesens, der Meditation und des Gebets beinhaltet.

Für Ignatius war ein Mentor jemand, der verstand, dass die wichtigste aktive »Stimme« in der Mentoring-Beziehung Gott gehört. Darum musste ein Mentor, um zu erkennen, was Gott im Leben des Mentorands bewirken wollte, mit Kontemplation und Meditation vertraut sein, Erfahrung als Ratgeber haben, sich in biblischen und theologischen Sichtweisen auskennen und vor allem echte Liebe zu dem Mentorand besitzen. Im Rahmen der Beziehung übte sich der Mentor in Geduld, spendete Ermutigung, erläuterte den Prozess, steuerte in Entscheidungssituationen seine Weisheit bei, machte den Mentorand auf die Dynamik der geistlichen Kampfführung aufmerksam und beurteilte die Empfänglichkeit des Mentoranden.

Geistliches Mentoring hatte zwei Hauptzwecke. Erstens wollte Ignatius die Erkenntnis fördern, dass man von Gott erwählt war – eine Erwählung, die man an der Innigkeit der Beziehung zu Gott erkannte. Zweitens sind die »Geistlichen Übungen« darauf ausgelegt, den Willen Gottes für den eigenen, individuellen Dienst zu erkennen.

Für manche Leute ist »geistliche Disziplin« ein Widerspruch in sich, denn »Geist« steht für Freiheit, jedenfalls für alles andere als reglementierte Übungen, für die man Rechenschaft ablegen muss. Doch wenn wir die Metapher »frei werden zum Singen« verwenden, kommen wir dem wahren Verständnis näher. Die Freiheit bekommt ihre Flügel von dem Komponisten, der unzählige Disziplinen anwendet, aus denen die Harmonie der Komposition hervorgeht. Akkorde sind im Rahmen der »Gesetze« der musikalischen Komposition zu »hören«. Ein Lied ist definitionsgemäß eine Anordnung von Noten und Akkorden zu einer zielgerichteten, zusammenhängenden Komposition. Freiheit ist ihrem Wesen nach keine Anarchie chaotischer Beliebigkeit, sondern sie hängt von Strukturen innerhalb der Disziplin der Kreativität ab.

Geistliche Disziplin erfordert Ordnung, Augenmerk auf den Fluss der Dinge, Bewusstsein harmonischer Regeln und Rechenschaft im Blick auf die Gesetze des Wachstums, der Weiterentwicklung und der Reife. Ohne solche Disziplin bleibt das Wachstum begrenzt, die Entwicklung halbherzig und die Ausbildung nur Stückwerk. Das Ziel ist niemals, starre Übungen als Selbstzweck aufzuerlegen. Das Ziel ist immer die Reife, »damit die Heiligen zugerüstet werden zum Werk des Dienstes. Dadurch soll der Leib Christi erbaut werden, bis wir alle hingelangen zur Einheit des Glaubens und der Erkenntnis des Sohnes Gottes, zum vollendeten Mann, zum vollen Maß der Fülle Christi ... Laßt uns aber wahrhaftig sein in der Liebe und wachsen in allen Stücken zu dem hin, der das Haupt ist, Christus.« (Eph 4,12-13.15)

Nachdenken unter Anleitung

Eine der wichtigsten Anregungen aus den ignatianischen Disziplinen ist seine Anweisung zu Zeiten des Nachdenkens unter Anleitung. Sorgfältiges Nachdenken ist ein regelmäßiger Bestandteil effektiven geistlichen Mentorings. Diese Arbeit des Nachdenkens hat vier »Blickrichtungen«:

- der Blick zurück
- der Blick hindurch
- der Blick nach vorn
- der Blick ringsum.

Der Blick zurück nutzt die Erinnerung, um an den Tag, die Woche, den Monat oder das Jahr zurückzudenken, die gerade vergangen sind, um auf Dinge aufmerksam zu werden, die uns bisher vielleicht entgangen sind. Wir blicken zurück und denken dabei an Gott und versuchen, seine Absichten in unserem Leben zu entdecken. Wie? Indem wir uns an Ereignisse, Menschen, Gedanken oder Gefühle erinnern und sie neu durchleben.

Suchen Sie sich einen ungestörten Ort, an dem Sie sorgfältig an bedeutende Ereignisse, Gespräche mit Leuten, Gedanken und wichtige Empfindungen zurückdenken können. Manchen hilft es, wenn sie ein Tagebuch benutzen, um ihre Gedanken und Erinnerungen an vergangene Erfahrungen aufzuschreiben. Andere verwenden das Tagebuch, um ihre gegenwärtigen Gedanken und Empfindungen festzuhalten. Nutzen Sie Ihre Erinnerung als eine Art »Wiederholung in Zeitlupe«, um Momente, die Ihnen besonders bedeutsam erschienen, noch einmal zu durchleben.

Sind Ihnen bestimmte Gedanken durch den Kopf gegangen? Haben Sie Zusammenhänge zwischen diesem und anderen Ereignissen oder Gesprächen des Tages gesehen? Haben Sie das Gefühl, dass Gott durch die Ereignisse des Tages zu Ihnen gesprochen hat? Geht Ihnen beim Nachdenken irgendein bestimmter Sinn auf? Haben Sie es nicht zu eilig damit, Ereignisse zu deuten. An dieser Stelle reicht es völlig, sich an sie zu erinnern und sie neu zu durchleben.

Der Blick hindurch setzt das Denken ein, um den tieferen Sinn zu erkennen. Durchblicken heißt, genauer auf die Zusammenhänge und den Sinn in den Erlebnissen der letzten Zeit zu achten. Was kam in Ihrer Erinnerung »von Gott«? Gibt es sinnfällige Muster, die für Sie zu Tage treten? Wo liegen die Verbindungen zwischen den Ereignissen, Menschen und Gedanken oder Gefühlen, die Ihnen eingefallen sind? Gab es Punkte, an denen Schmerz oder Leid Ihre Barmherzigkeit geweckt haben? Hatten Sie einen Eindruck von Ungerechtigkeit, der Sie zum Handeln angeregt hat? Tritt für Sie ein Handlungszusammenhang zu Tage, also ein Gefühl, dass sich ein Zusammenwirken, eine Richtung oder eine Herausforderung für Ihr Leben ergab? Gibt es ein durchgängiges Thema, das sich in diesem Moment Ihrem Nachdenken erschließt? Können Sie dieses Thema mit irgendeiner bestimmten Idee, einem Bild oder einem Gedanken identifizieren? (Siehe auch Anhang 4: »Eine persönliche Zeittafel aufstellen«.)

Der Blick nach vorn nutzt die Vorstellungskraft, um eine Richtung für die Zukunft zu sehen. Welche Ideen, Themen oder Entscheidungen scheinen infolge Ihres Nachdenkens angezeigt zu sein? Wie könnte Ihr Leben sich verändern, wenn Sie auf die »sanfte, säuselnde Stimme« der beharrlichen Ideen, Bilder oder Gedanken hörten? Sieht es so aus, als ob Gott Sie in eine bestimmte Richtung führt? Kommt es Ihnen so vor, als ob Gott Sie vorwärts zu etwas Größerem, Neuem oder Tieferem führt? Wenn Sie auf die Impulse aus Ihrem Nachdenken hin handeln würden, wie würde das praktisch aussehen?

Der Blick ringsum nutzt die Gemeinschaft, um Ressourcen für den gemeinsamen Dienst zu sehen. Ergeben sich aus den Eindrücken, die Sie bisher festgehalten haben, Konsequenzen für Ihre Familie, Ihre Freunde, Ihre Gemeinde oder Gruppe? Welche Unterstützung werden Sie haben, um diese neuen Maßnahmen zu ergreifen? Gibt es alte Dinge, die mit anderen Leuten zu klären sind, bevor Sie vorwärts gehen können? Wie könnte Ihre Gemeinschaft (oder Ihre Freunde oder Ihre Gemeinde) sich mit Ihnen zu einer etwaigen neuen Arbeit für das Reich Gottes zusammentun? Wie könnte sich die Gemeinschaft im Gebet, in der Ermutigung und im emotionalen Rückhalt hinter Sie stellen? Haben Sie das Verlangen, andere in ähnliche Disziplinen, Dienste oder Lebensweisen zu integrieren? Wie werden Sie Ihrem Mentor gegenüber Rechenschaft geben über Ihre neu gewonnenen Überzeugungen, Handlungsweisen oder Ideen, die sich aus Ihrem Nachdenken ergeben haben?

Ignatianische Übungen

Besser als fast jeder andere in seiner Zeit wusste Ignatius, wie man »Systeme« geistlicher Übungen aufbaut, um Menschen zu wachsender Reife zu verhelfen. Er teilte die »Geistlichen Übungen« in vier Wochen oder Gruppierungen auf, so dass der Mentorand unter Anleitung seines geistlichen Wegweisers bestimmte Abschnitte des Gebets und der konzentrierten Kontemplation durchlief. Obwohl er die Zeit für diesen Prozess auf dreißig Tage veranschlagte, können die verwendeten Konzepte auch genutzt werden, um eine informelle Rechenschaftsstruktur für den Mentorand zu erstellen. Einfach ausgedrückt, ist das Ergebnis der »Geistlichen Übungen« eine Klärung und Anleitung für das geistgeführte Leben.

Unsere Anregung an Mentoren ist, die »Wochen« als hilfreiche Abschnitte anzusehen, auf die sie ihr geistliches Augenmerk richten können. Achten Sie genau auf die Abfolge der Schritte, mit der Ignatius seine Schützlinge auf dem Weg zur geistlichen Reife führte. Offenbar sah er jede Woche als eine Stufe in der Ausbildung, eine bestimmte Reihe von Trainingsmaßnahmen für die geistliche Ausdauer und Beharrlichkeit. Wir werden zunächst seine Begriffe beschreiben, dann diese erläutern und ihre praktischen Anwendungsmöglichkeiten nennen.

Vorbereitung des Herzens (erste Woche). Der Mentorand konzentriert sich auf die Reinigung der Seele von der Sünde. Dazu muss er Verstand, Willen, Vorstellungskraft und Gefühle hingeben. In dieser Phase stellt sich der Mentorand den Fassaden in seinem Leben. An anderer Stelle sprachen wir in diesem Zusammenhang davon, den Schutt aus unserem Leben auszuräumen. Indem wir unsere Seele reinigen, bereiten wir unser Herz aufs Hören vor. Dazu kann eine furchtlose Lebensbilanz notwendig sein, um zu erkennen, wo Glaubensbarrieren bestehen oder Gewohnheiten uns am Wachstum hindern. Es geht um eine ehrliche und nüchterne Bestandsaufnahme der eigenen Neigung zur Sündhaftigkeit.

In dieser ersten Phase versucht der Mentorand unter der Anleitung des Mentors, den Weg frei zu machen, indem er Herz, Seele, Gewohnheiten und Absichten reinigt. Ignatius schien es sehr darauf anzukommen, »Bahn zu machen«, damit der Messias mit all seiner Vollmacht einziehen könne. Ihm war bewusst, dass wir in der Lage sind, durch »ungeordnete Neigungen«, also Ablenkungen, Umwege, Gewohnheiten oder Sünden, »den Geist auszulöschen«. Ihm kam es darauf an, bewusst zu machen, was unseren Fortschritt hemmt oder uns davon abhalten kann, den Willen Gottes zu erkennen.

Ignatius wusste, dass viele Christen geistlich dahintreiben. Darum beinhaltet dieser Schritt der Reinigung eine tägliche Gewissensprüfung, um die Hindernisse durch Sünden und Versagen auszuräumen. Eine derartige Selbstprüfung ist zwar heute keine sehr beliebte Disziplin, doch eine nüchterne moralische und geistliche Inventur des Herzens ist unverzichtbar für die geistliche Reise. Wir halten inne und denken über unseren beharrlichen Ungehorsam nach. Wir halten inne und denken über ablenkende Gewohnheiten und lähmende Selbsttäuschungen nach. Ignatius sah, dass geistliche Disziplinen hilfreich und notwendig sind, um die Seele von Bindungen und Unfreiheiten zu befreien, die uns davon abhalten, auf die Stimme Gottes zu achten.

Tugenden des Herzens (zweite Woche). Der Mentorand sucht Erleuchtung durch die Betrachtung der Menschwerdung Jesu, seiner gewinnenden Menschlichkeit und seiner Einladung, aktiv an der Ausbreitung des Reiches Gottes mitzuwirken. In dieser zweiten Phase wird dem Mentorand geholfen, in seinem Denken und Fühlen Christus ähnlicher zu werden. Eine Folge ist, dass der Mentorand auf die Einladung Christi antwortet, in der Welt zu handeln, um das Reich Gottes voranzutreiben. Die Entscheidungen, die der Mentorand über sein Leben trifft, sind beeinflusst von der Kontemplation über das Wirken Christi auf Erden.

In dieser zweiten Phase wendet sich das Augenmerk Christus zu. Der auf Christus zentrierte Brennpunkt der ignatianischen Spiritualität leitet uns an, die Person und das Leben Jesu zu betrachten. Auf Christus als Vorbild, König und wahren Herrn zu schauen erzeugt eine demütige Haltung und regt zu den von Christus geprägten Entscheidungen an, wie Ignatius es beschreibt:

> *Er soll nichts anderes wünschen oder suchen, als das Lob und die Ehre Gottes, unseres Herrn, als Ziel all seines Tuns zu vermehren. Denn jeder muss stets bedenken, dass in allem, was das geistliche Leben betrifft, sein Fortschritt sich daran bemisst, wie weit er seine Selbstliebe, seinen Eigenwillen und seine Interessen hingibt.«*[9]

Ignatius war bestrebt, den »Übenden« immer tiefer und weiter dahin zu führen, »Christus, unseren Herrn, nachzuahmen und ihm tatsächlich ähnlicher zu werden.«[10] Um Christus ähnlich zu werden, müssen wir Gott immer besser kennen lernen, was dazu führt, dass wir auf Christus gemäße Weise leben und dem Ruf Gottes in unserem Leben gehorsam sind. Ein Pastor sagte kürzlich: »Ich habe Dutzende von Leuten in meiner Gemeinde, die Christus gerne erfahren möchten, aber nur wenige, die ihm dienen wollen; viele, die sich eine spürbare Offenbarung von Gott wünschen, aber nur wenige, die bereit sind, sich einem rigorosen Studium zu widmen, um ihn besser kennen zu lernen.«

Gewohnheiten des Herzens (dritte Woche). Der Mentorand sucht die Nähe zu Gott durch Kontemplation der Leiden Christi. Zu dieser dritten Phase gehört die Einladung an den Mentorand, seine persönlichen Leiden mit den Leiden Christi in Verbindung zu bringen und so das Wesen Christi anzuziehen.

In dieser dritten Phase richten wir unsere Aufmerksamkeit auf das Leiden Jesu, um noch mehr zu lernen, unseren Herrn nachzuahmen. Das Leiden und der Tod Jesu eröffnen uns den Weg zum Heil und inspirieren uns zu einem Leben im Einklang mit dem Willen Gottes.

> *Dies geschieht, um zu bedenken, dass Christus all dies für meine Sünden leidet und was ich für ihn tun und leiden sollte.*[11]
>
> *Während einer isst, soll er sich vorstellen, er sähe unseren Herrn Christus und seine Jünger am Tisch, wie er isst und trinkt, wie er aussieht, wie er spricht, und sich dann bemühen, ihn nachzuahmen. Auf diese Weise ist sein Denken hauptsächlich mit unserem Herrn beschäftigt und weniger mit der Versorgung des Leibes. Auf diese Weise gewinnt er mehr Harmonie und Ordnung in der Art, wie er sich verhalten sollte.«*[12]

Diese Nachahmung (*imitatio*) Christi erinnert an die Schriften von Thomas von Kempen und Bruder Lorenz. Beide empfahlen die Disziplin, sich die Gedanken Christi immer stärker bewusst zu machen. Dies kann der Mentorand durch Studium und Meditation über das Leiden Jesu erreichen. Dabei kann es durchaus hilfreich sein, über den Preis der Jüngerschaft ernsthaft nachzudenken.

Lohn des Herzens (vierte Woche). In der letzten Phase sucht der Mentorand die Nähe zu Gott durch die Freuden Christi. Zu dieser Phase gehört das Feiern des neuen Lebens in Christus. Im Feiern der Erlösung der Sünder durch Gott lernt der Mentorand, auf seine Bestimmung und sein Ziel in der Heilsgeschichte Gottes zu achten.

In der vierten Phase richten wir unsere Aufmerksamkeit auf die Liebe Gottes, um unsere eigene Liebe zu Gott zu entwickeln. Die Meditation über die Auferstehung befähigt uns zum freudigen Gehorsam aus Liebe. Ignatius kommentiert:

> *Dies geschieht, um all die Segnungen und Gaben zu bedenken, die von oben herab kommen. So kommt meine begrenzte Kraft von der höchsten und unendlichen Kraft in der Höhe, und ebenso kommen Gerechtigkeit, Güte, Gnade etc. von oben, so wie die Lichtstrahlen von der Sonne herabkommen und das Wasser von der Quelle herabfließt.«*[13]

Er schlägt ein Gebet vor, das sein Ziel bei all diesen geistlichen Übungen gut zusammenfasst:

> »Nimm, Herr, und empfange all meine Freiheit, meine Erinnerung, meinen Verstand und meinen ganzen Willen, alles, was ich habe und besitze. Du hast mir alles gegeben.
> Dir, o Herr, gebe ich es zurück. Alles ist dein; verfüge darüber ganz und gar nach deinem Willen. Gib mir deine Liebe und deine Gnade, denn sie sind genug für mich.«[14]

Dieses Curriculum geistlicher Übungen bietet dem Mentor ein praktisches Beispiel für seine Arbeit mit dem Mentorand. Andere Bezeichnungen für die Schritte im Prozess der Exerzitien des Ignatius sind Reinigung, Erleuchtung, Einladung und Feier. Seine Schritte bilden eine Folge von Disziplinen, die mit einem scharf prüfenden Blick auf uns selbst beginnen und mit einem einzigen, intensiven Blick auf Jesus weitergeführt und beendet werden. Die erste Phase konzentriert sich auf die Vorbereitung des Herzens. Darauf folgt das Augenmerk auf die Tugenden und Gewohnheiten des Lebens Christi. Der Lohn besteht darin, sich selbst als geliebtes Kind Gottes wahrzunehmen und das Leben eines Kindes Gottes in der Welt zu leben.

Praktische Prinzipien

Vier weitere wesentliche Prinzipien sind ausschlaggebend für die Bemühungen eines geistlichen Mentors, die Rechenschaft seines Mentoranden zu entwickeln: (1) anpassungsfähige Gastfreundschaft, (2) Zielstrebigkeit und Disziplin, (3) Vorstellungskraft und (4) Erkenntnis.

1. Anpassungsfähige Gastfreundschaft. Ignatius lehrte, dass ein geistlicher Wegweiser seine Methoden und Aktivitäten an das Alter, die Fähigkeit, die Herkunft und die Neigungen des Mentoranden anpassen sollte. Vierzig Kapitel voller Anweisungen bieten eine Vielzahl von Methoden, Fragen, Aktivitäten und Ideen für diesen

Prozess. Während des ganzen Prozesses sollte sich der geistliche Wegweiser von einem Geist der Einfühlsamkeit und Anpassungsfähigkeit leiten lassen.

> *Wenn der, welcher die Übungen anleitet, feststellt, dass der Übende keine geistlichen Bewegungen in seiner Seele spürt, etwa Trost oder Betrübnis, noch von anderen Geisteshaltungen bewegt wird, sollte er ihn gründlich über die Übungen befragen. ... Stellt sich heraus, dass er verzweifelt oder in Versuchung ist, so soll der Wegweiser freundlich und sanft sein, ihn für die Zukunft ermutigen und stärken. Es ist ratsam, dass der Übende den Wegweiser gewissenhaft über die verschiedenen Bewegungen und Gedanken unterrichtet, welche die verschiedenen Geister in ihm hervorrufen; denn nur so ist sein Wegweiser vielleicht in der Lage, ihm geeignetere geistliche Übungen aufzugeben, die den Bedürfnissen der so bewegten Seele angepasst sind und ihm einen größeren geistlichen Nutzen bringen.«*[15]

Dem würde Johannes vom Kreuz von Herzen zustimmen. Er schrieb: »Gott führt jeden auf einem anderen Pfad, so dass wohl kaum eine Geisteshaltung auch nur zur Hälfte in der Methode oder im Vorgehen einer anderen gleicht.«[16]

Eine Geschichte mag hier als Illustration dienen. Randy freute sich auf die Winterfreizeit seiner Fakultät ebenso wie seine Kollegen vom Seminar.

> *Eine solche Zeit der Stille in der benediktinischen* Blue Cloud Abbey *in der endlosen Prärie von South Dakota hat ihre ganz besondere Art, eine gelassene Zielstrebigkeit, Perspektive und inneren Frieden in einem zu wecken. Schwester Del Rey war unsere Gastgeberin für die Freizeit, eine sanftmütige, doch geistlich starke Frau, die für ihre Fähigkeit bekannt ist, Leuten zu helfen, ›auf ihr Leben zu hören‹. Geschult in den ignatianischen ›Geistlichen Übungen‹ verstand Schwester Del Rey, was es bedeutete, im Gebet und im Leben in der Gemeinschaft ›auf den Moment zu hören‹.*
>
> *Nach Gebeten in Kleingruppen kehrten wir zum stillen Nachdenken über mehrere vorgegebene Bibelabschnitte in unsere Zimmer zurück. Daneben waren wir eingeladen, Schwester Del Rey einzeln aufzusuchen, wenn*

wir es wünschten. Dies bot die Möglichkeit, einfach jemanden zu haben, der einem zuhörte oder mit dem man gemeinsam beten konnte. Ich wartete eine Weile in meinem Zimmer ab, wusste jedoch, dass ich früher oder später den Flur entlangschlendern würde, um mich mit dieser Frau zu treffen, deren innere Haltung mich so neugierig machte. Ich betrat ihr Arbeitszimmer voller Erwartung und Bereitschaft, geistliches Neuland zu betreten. Ihr Vorgehen war einfach: Sie fragte mich, warum ich zu ihr kam, und lud mich ein, ihr die Geschichte meiner Glaubensreise zu erzählen. Während ich dieser erfahrenen, kenntnisreichen Frau voller Stärke und Barmherzigkeit meine Geschichte schilderte, spürte ich, dass ich jemandem gegenübersaß, der Gott kannte. Ihre Aufmerksamkeit für meine Geschichte, die sich in ihrem wachen Blick ausdrückte, löste bei mir gemischte Gefühle aus. Obwohl ich mich nach dieser intensiven Aufmerksamkeit sehnte, erzeugten ihre Blicke bei mir auch ein gewisses Unbehagen. Da nahm mich jemand tatsächlich gastfreundlich auf, hieß mich willkommen und hörte mir mit mitfühlender Aufmerksamkeit zu. Ich hatte das Gefühl, dass sie eine Menge über mich wusste, obwohl wir uns erst ein paar Stunden zuvor begegnet waren.
Ich erinnere mich noch, wie ich als kleiner Junge in der katholischen Kirche in Yorkton, Saskatchewan, immer von Pater Mike gesegnet wurde. Obwohl ich nicht mehr genau weiß, was er zu mir sagte, erinnere ich mich, dass es bedeutsame Worte waren. Wenn Pater Mike meinen Kopf zwischen seinen beiden großen Händen hielt, sah er mir in die Augen und segnete mich mit einem Gebet, das mir stets das Gefühl gab, angenommen zu sein und ein Ziel zu haben.
Als meine Zeit mit Schwester Del Rey sich ihrem Ende zuneigte, ging mir plötzlich in aller Klarheit die Frage auf, die ich ihr als Letztes stellen wollte. Ich erzählte ihr von Pater Mike und davon, wie er mich als kleines Kind gesegnet hatte. Da es mir zu peinlich war, sie nun einfach zu bitten, mich zu segnen, kleidete ich meine Frage geschickt in Theologen-Jargon, eine Frage von einem hauptamtlichen Mitarbeiter an eine, sagen

> wir, Kollegin: ›Also, Schwester Del Rey, wie denken Sie über die Vorstellung, andere Menschen im Rahmen Ihres Dienstes zu segnen?‹
> Sofort breitete sich über ihr Gesicht ein herzliches Lächeln aus. Sie sah mich nachsichtig an, als wäre ich ein Kind, und sagte zu mir: ›Randy, würde es Ihnen etwas ausmachen, wenn ich Ihnen meine Hand auf die Stirn lege?‹ Ohne weitere Worte oder großes Zeremoniell legte sie mir ihre arthritischen Hände auf den Kopf und segnete mich. Da spürte ich ganz neu, dass ich angenommen war und ein Ziel hatte.«

Zum Nachdenken

➤ Was hält Sie davon ab, zu glauben, dass Ihr Leben ein Segen sein kann?
➤ Wo sehnen Sie sich nach Segen in Ihrem Leben?
➤ Wer braucht einen Segen durch Ihre Hand?
➤ Wer hat Ihnen einen Segen für Ihr Leben gespendet? In letzter Zeit? In der Vergangenheit?

Unterscheiden lernen

Die Sammlung geistlicher Übungen für die geistliche Wegweisung ist kein Kochbuch mit einfachen Rezepten, die man nur wortwörtlich zu befolgen braucht. Wenn wir von der »anpassungsfähigen Gastfreundschaft« gesprochen haben, ist das weniger eine Methode als vielmehr eine Grundhaltung des geistlichen Wegweisers. Kenneth Leech sagt:

> Die ›Geistlichen Übungen‹ sind eine Schatzkammer der Spiritualität, und ihr Zweck ist es, den Einzelnen zu befähigen, unter guter Anleitung die Form des Gebets zu entdecken, die für ihn richtig ist. ›Unser Vater wollte, dass wir in all unserem Tun frei sind, soweit es möglich ist, dass wir in uns ruhen und dem Licht gehorsam sind, das jedem von uns persönlich gegeben wird.‹ Und noch eine Erkenntnis des Ignatius ›Der Vater sagte zu mir, dass es in seiner Sichtweise keinen größeren Fehler geben kann, als zu versuchen, andere nach dem eigenen Bild zu formen.‹«[17]

Ignatius beschreibt anhand der »Unterscheidung der Geister«, die uns bewegen, zwei Kategorien, die er *Trost* und *Misstrost* nannte.

> *Ich nenne es Trost, wenn in der Seele eine innere Bewegung geweckt wird, durch die sie in Liebe zu ihrem Schöpfer und Herrn entflammt. ... Ebenso ist es eine Tröstung, wenn einer Tränen vergießt, die in die Liebe zu Gott einfließen, sei es wegen Kummer oder Sünden oder wegen der Leiden unseres Herrn Christus. ... Schließlich nenne ich Trost jede Steigerung des Glaubens, der Hoffnung und der Liebe und jede innere Freude, die uns zu dem hinzieht, was im Himmel ist, und zum Heil unserer Seele, indem sie sie mit Frieden und Ruhe in ihrem Schöpfer und Herrn erfüllt.*[18]
> *Misstrost nenne ich das, was all dem, was in der dritten Regel beschrieben ist, genau entgegengesetzt ist, wie Verdunkelung der Seele, Aufruhr des Geistes, Neigung zu dem, was niedrig und irdisch ist, Rastlosigkeit aufgrund vieler Störungen und Versuchungen, was zu Mangel an Glauben, Hoffnung und Liebe führt.«*[19]

Wie erstaunlich praxisbezogen seine Regeln für die Unterscheidung sind, zeigt sich an drei Warnungen an jene, die mitten in einer Zeit des Misstrostes stecken:

> *In Zeiten des Misstrostes sollten wir nie eine Veränderung vornehmen, sondern fest und beständig in der Entschlossenheit und Entscheidung bleiben, die uns am Tag vor dem Misstrost leitete.*
> *Wenn einer in Betrübnis ist, sollte er daran denken, dass Gott ihn seinen natürlichen Kräften überlassen hat, um den verschiedenen Irritationen und Versuchungen des Feindes zu widerstehen, um ihm Gelegenheit zu geben, zu prüfen, aus welcher Kraft er leben will.*
> *Wenn einer im Misstrost sich befindet, soll er danach streben, in Geduld auszuharren.«*[20]

2. Zielstrebigkeit und Disziplin. Manche Leute sehen in den ignatianischen Übungen nur ein strenges, starres Korsett. Wir dagegen halten sie für intensiv und zielstrebig. Ignatius stellte, so wie wir es in diesem Kapitel auch tun, eine Auswahl von Praktiken, Übungen und Anregungen als Modell für den Mentoring-Prozess zusammen. Das Prinzip der Anpassungsfähigkeit deutet darauf hin, dass Methoden nach dem Augenmaß des Mentors auf das Leben und die persönlichen Bedürfnisse des Mentorands zugeschnitten werden müssen. Ignatius erkannte auch, dass der geistliche Wegweiser zweitrangig und im Hintergrund bleiben sollte, so dass Gott ungehindert wirken kann. Der Mentor muss dem bereits vorhandenen Handeln Gottes im Leben des Mentoranden vertrauen.

> *Der Leiter der Übungen sollte Balance halten, ohne sich zur einen oder anderen Seite zu neigen, und dem Schöpfer erlauben, direkt mit dem Geschöpf umzugehen, und das Geschöpf direkt mit seinem Schöpfer und Herrn.*«[21]

Wenn man diese Grundhaltung sich vor Augen hält, dann kann man auch mit allen anderen Ratschlägen, die Ignatius gab, besser umgehen. Leech schreibt: »Er gibt Anweisungen über den Ort des Gebets, die Umgebung, die Beherrschung des Körpers und des Geistes, die innere Sammlung, Zusammenstellung und Gebrauch der Vorstellungskraft, vorbereitende Gebete und so weiter.«[22]

Gegen Ende der »Geistlichen Übungen« findet sich ein sechsteiliges Modell, ein Muster, dem der geistliche Wegweiser beim Mentoring folgen kann. Der geistliche Wegweiser wurde angehalten

- auf regelmäßige, tägliche Gebetszeiten zu drängen;
- täglich eine Gewissensprüfung durchzuführen, in der die Mentoranden sich gründlich mit den Ereignissen des Tages auseinander setzen, um zu sehen, wo sie von Gottes Absichten für ihr Leben abgeirrt sind;
- die Mentoranden zur wöchentlichen Beichte und Kommunion anzuleiten;
- dem Mentoranden nahe zu legen, dass »er sich einen guten Seelsorger suchen und zum Lotsen auf seiner geistlichen Reise nehmen soll, indem er mit ihm über alles spricht, was seine Seele betrifft«;
- den Mentorand zur Praxis der gemeinsamen Schriftlesung mit anderen Christen anzuhalten;
- auf tägliches Wachstum in den Tugenden zu dringen.[23]

3. Vorstellungskraft. Durch gründliches Bibellesen, meditatives Nachdenken und Gebet ist man in der Lage, die Person und das Wesen Gottes in der Kontemplation tiefer zu ergründen. Ziel solcher Kontemplation ist es, in der Qualität des »Trostes« zu leben.

> *Ich rufe mir die Gaben in Erinnerung, die ich empfangen habe – meine Erschaffung, meine Erlösung und andere Gaben, die mir persönlich zuteil geworden sind. Ich denke mit tiefer Liebe darüber nach, wie viel Gott,*

unser Herr, für mich getan hat und wie viel er mir von dem gegeben hat, was er besitzt, und noch viel mehr: wie er, derselbe Herr, danach verlangt, mir sogar sich selbst zu geben nach seinem göttlichen Plan.
Dann denke ich über mich selbst nach und bedenke, was ich meinerseits recht und billig seiner göttlichen Majestät darbieten und geben sollte, nämlich all meine Besitztümer und mich selbst mit ihnen. Ich spreche wie einer, der aus tiefer Zuneigung ein Geschenk anbietet, und sage ...« (hier folgt das auf der Seite 163 bereits zitierte Gebet) [24]

Ignatius hatte einen wunderbaren Blick für den Wert der Vorstellungskraft im geistlichen Leben. Obwohl die Vorstellungskraft oder das bildliche Sich-Ausmalen in manchen christlichen Kreisen verpönt ist, sollte man doch nicht übersehen, dass es für ein gläubiges Herz eine große Hilfe sein kann, mit geistlichen Augen zu sehen, was Gott tut. Jesu oft wiederholte Worte sind ein Aufruf, sich vorzustellen, was noch nicht vollkommen gegenwärtig ist, nämlich das Reich Gottes: »Wer Ohren hat, der höre!« (Mt 11,15). Mit Ohren, die wirklich hören, und Augen, die tatsächlich offen sind, nehmen wir im Glauben die Welt wahr, wie Gott sie sieht. Die klarste Beschreibung unseres Ziels ist vielleicht, zu sehen, wie Gott sieht, und zu lieben, wie Gott liebt.

Praktische Anleitung ist das Markenzeichen der ignatianischen geistlichen Wegweisung, doch dasselbe gilt für seine wunderbar inspirierte Anwendung der Vorstellungskraft. Er weist seine Schüler an, sich Menschen, Situationen, Erinnerungen und Gedanken vor Augen zu führen. Eine seiner Anweisungen lautet zum Beispiel: »Die fünfte Kontemplation: Sie besteht darin, die fünf Sinne auf den Gegenstand der ersten und der zweiten Kontemplation anzuwenden.«[25] Lange bevor die angeleitete Bildmeditation zu einer beliebten und verbreiteten Methode der Kontemplation wurde, leitete Ignatius Menschen an, ihre Gedanken, Vorstellungen und Sinne einzusetzen, um ihr geistliches Wachstum zu fördern. Er schrieb:

»Wenn sich die Kontemplation oder Meditation auf etwas Sichtbares richtet, z. B. wenn wir unseren Herrn Christus betrachten, wird die Darstellung darin bestehen, in der Vorstellung den Ort zu sehen, an dem sich das Objekt, das wir betrachten wollen, befindet. Ich sagte den Ort, zum Beispiel den Tempel oder den Berg, wo Jesus oder seine Mutter sich befinden.[26]

> *Ich führe mir alle Sünden meines Lebens vor Augen, Jahr für Jahr und Zeitspanne für Zeitspanne.*[27]
> *Ich bedenke, wer ich bin, und demütige mich mit Hilfe von Beispielen:*
> *1. Wer bin ich, verglichen mit allen Menschen?*
> *2. Was sind alle Menschen, verglichen mit den Engeln und Heiligen im Paradies?*
> *3. Bedenke, was die ganze Schöpfung ist, verglichen mit Gott. Was kann dann ich allein sein?«*[28]

4. Erkenntnis. Ignatius entwickelte eine praktische Methode und für den Alltag taugliche »Regeln zur Unterscheidung der Geister«. Vor Ignatius lag das Hauptaugenmerk der Erkenntnis auf Einstellungen, Tugenden und dem Lebensstand; Ignatius verlagerte die Aufmerksamkeit auf Handlungen in konkreten Lebenssituationen. Er bot praktische und nützliche Disziplinen für einen Prozess der Entscheidungsfindung an, der durch Fragen wie die folgenden angestoßen werden sollen: Wenn du vor dem Augenblick des Todes stündest, wie wünschst du dann gelebt zu haben? Wenn du dir eine unbekannte Person vorstellst, die du auf vollkommene Weise handeln sehen möchtest, was würde diese Person in dieser oder jener Situation tun?

Für Ignatius lag ein Zweck der geistlichen Disziplinen darin, *Gott in allen Dingen zu finden*. Eine ganz praktische Übung für seine »Übenden« (Exerzitanten) war es, auf den Tag zurückzublicken und zu versuchen, ihn so zu sehen, wie Gott ihn anschauen würde. In unserem Streben nach Führungsqualitäten und Strategien haben wir vielleicht das Entscheidendere vernachlässigt, nämlich die Bildung des Charakters durch die Erkenntnis, dass Gott unsere Geschichte souverän formt, noch bevor wir überhaupt merken, dass wir geformt werden (Psalm 139,13-16). In seinem Buch »The Healing Power of Stories« (»Die heilende Kraft von Geschichten«) spricht Daniel Taylor von der »Geschichtenähnlichkeit unseres Lebens«:

> *Wenn wir unser Leben als Geschichte sehen anstatt als zusammenhanglose Reihe willkürlicher Ereignisse, so steigt die Chance, dass wir in unserem Leben das haben, was wir in den besten Geschichten finden: bedeutsame, zielgerichtete Handlung. Wir alle wünschen uns sehr, dass es eine Rolle spielt, ob wir hier auf Erden waren oder nicht. Wenn sich dadurch, dass ich existiere, nichts im Universum verändert, geschweige*

> denn verbessert, dann wird es mir schwer fallen, meinen nächsten Atemzug zu rechtfertigen. Doch es fällt mir schwer, zu sehen, warum das, was ich bin oder tue, einen Sinn hat, solange ich nicht anfange zu verstehen, dass ich mit anderen, mit der Vergangenheit, mit der Zukunft verbunden bin. Diese Verbindung ist vor allem die Verbindung einer Geschichte – von Menschenleben, die durch die Zeit hindurch zu einer sinnvollen Handlung miteinander verbunden sind. Wenn ich mein Leben auf diese Weise verstehe, finde ich bessere Gründe, als ich sonst hätte, um mein Leben mit Optimismus und Mut zu leben.«[29]

In der gemeinsamen Arbeit des Mentorings lernen wir, Verbindungen wahrzunehmen, Handlungen zu erkennen und die sich entfaltenden Handlungslinien unseres eigenen Lebens und des Lebens anderer zu schätzen, doch wir brauchen die Disziplin des Bemerkens, die Praxis der Aufmerksamkeit, um diese Verbindungen herzustellen. Wir brauchen die Kunst, gute Fragen zu stellen, eine Kunst, die wir lernen können. Wir brauchen den Mut, einander zur Rechenschaft über die impliziten und expliziten Aufgaben der eigenen geistlichen Weiterentwicklung herauszufordern.

Ignatius beharrte, und wir können uns ihm in diesem Punkt nur anschließen, besonders darauf, dass wir lernen, Gott in allen Dingen zu finden, die Gegenwart Gottes an jedem Ort zu bemerken, mit einem neuen Bewusstsein, einer neuen Sorgfalt und einer tieferen Wachheit zu hören, zu sehen, zu riechen, zu tasten und zu schmecken. In den ersten Jahren der Gemeinde war die Theologie (die Rede von Gott) noch nicht von der Spiritualität (die das Reden mit Gott beinhaltete) getrennt. Der frühe Kirchenvater Anselm sprach von der »den Glauben suchenden Theologie«, womit er meinte, dass Lehre und Gebet zusammengehören, genau wie das Nachdenken über die Ereignisse des Lebens wesentlich ist, damit Sinn in unserem Leben entstehen kann. Die Methoden des Ignatius mögen vielen in unserer hektisch betriebsamen Welt sehr schwer fallen, doch ein Leben, das reflektiert gelebt wird, ist sicherlich keinem von uns unmöglich. Können wir nicht, während wir an der Ampel warten, ein Gebet zum Himmel schicken? Während wir in der Bank Schlange stehen, können wir nicht über die Momente unseres Tages nachdenken? Wenn wir im Auto unterwegs sind, können wir dann nicht Radio, Kassette oder CD ausschalten und reflektierend über die Ereignisse unseres Tages nachdenken? Die Disziplin, sich Zeit zum

Reflektieren zu schaffen, ist zweifellos eine Rettungsleine für die geistliche Gesundheit. Wenn wir keine Zeit in stiller, nachdenklicher Reflexion verbringen, bleibt unser geistliches Leben flach, blutleer und wird leider oft fehlgeleitet.

Zu den ignatianischen Übungen gehörte eine »Gewissensprüfung« am Ende des Tages, eine Zeit, um über alles nachzudenken, was einem während des Tages begegnet ist und wo sich die alten Fehlhaltungen wieder gezeigt haben.

> *Er soll sich selbst zur Rechenschaft ziehen in Bezug auf den speziellen Punkt, den er im Auge behalten wollte, um sich zu korrigieren und zu bessern. Dazu soll er die einzelnen Stunden oder Zeitspannen durchgehen, vom Moment des Aufstehens bis zu der Stunde der gegenwärtigen Selbstprüfung, und ... sich jedes Mal merken, wann sich seine Fehlhaltung wieder deutlich gezeigt hat. Dann soll er seinen Entschluss erneuern und sich bemühen, es besser zu machen, bis die nächste Prüfung ansteht.«*[30]

Manche regen heute auch eine »Bewusstseinsprüfung« an, in der man Gott für das Geschenk des Tages dankt und versucht, sich bewusst zu machen, wie Gottes Geist während des Tages gewirkt hat, sowohl im Gewissen als auch im Bewusstsein. Es ist ein Rückblick auf den Tag im Gespräch mit Gott; eine geistliche Disziplin, bei der man seine eigene Geschichte erzählt und darin die wichtigen Handlungen, Nebenhandlungen, Themen und Charakterentwicklungen entdeckt.

Geistliches Wachstum erfordert eine klare Entscheidung, ein Leben der Selbstprüfung zu führen; ein reflektiertes Leben, ein Leben, das bewusst die Gegenwart Gottes in allen Dingen sucht. In der Beziehung des geistlichen Mentorings müssen sowohl Mentor als auch Mentorand »das neu objektivierte Rohmaterial nehmen und seine Bedeutung im Hinblick auf Gottes Ruf, seine Herausforderung, seine Führung etc. interpretieren. Dieses Material stellt eine Art ›Lebens-Hermeneutik‹ dar.«[31]

Die »Rechenschaft« sollte folgende Fragen miteinschließen:

- Was waren die Ereignisse meines Tages? Was ist passiert, während ich den vergangenen Tag meines Lebens durchlebte?
- Gab es irgendein Flüstern von Gott oder einen Hinweis auf Gottes Gegenwart in den Ereignissen dieses Tages?
- Welche Fragen habe ich, die ich Gott am Ende dieses Tages stellen möchte?

- Welche Enttäuschungen habe ich während dieses Tages erlebt? Sind sie irreparabel oder lassen sie sich beheben?
- Was fällt mir ein, das mich sagen lassen könnte, diesen Tag innerhalb des Willens Gottes gelebt zu haben?
- Was fällt mir ein, das mich eingestehen lässt, dass ich diesen Tag außerhalb des Willens Gottes gelebt habe?
- Gibt es Worte der Zurechtweisung, die Gott mir vielleicht sagen will?
- Gibt es Worte des Trostes, die Gott mir durch sein Wort oder einen Menschen heute vielleicht sagen will?
- Gibt es Worte der Ermutigung und Herausforderung, die Gott mir vielleicht sagen will?
- Wem bin ich heute begegnet?
- Wo war ich heute besorgt oder ängstlich?

Die Disziplin des Fragenstellens

So wie jede effektive Lehrmethode den Lernenden in vielfältige Lernaktivitäten einbindet, wird auch geistliches Mentoring drei verschiedene Kategorien oder Typen von Fragen kreativ zu nutzen wissen. Thomas Groome bezeichnet sie als Fragen des kritischen Vernunftgebrauchs, der analytischen Erinnerung und der kreativen Vorstellungskraft.

Fragen des kritischen Verstandes sind z. B. die folgenden:
- Was bedeutet dies unserer Meinung nach? Warum?
- Was ist hieran Leben spendend? Warum?
- Was ist hieran nicht Leben spendend? Warum nicht?
- Wessen Interesse dient dies?
- Wer leidet?
- Was sind die Gründe für diese gegenwärtige Situation?
- Können Sie Ihre Einstellung dazu erläutern?

Fragen der analytischen Erinnerung sind z. B. die folgenden:
- Wie ist es zu der gegenwärtigen Situation gekommen?
- Wie war die – persönliche oder soziale – Vorgeschichte?
- Wessen Interessen haben zu dieser Lage der Dinge geführt?
- Welche Erinnerungen enthält dies für Sie?
- Was sind die Wurzeln Ihrer eigenen Einstellung?
- Können Sie die Geschichte erzählen, die hinter dem steckt, was Sie sagen (oder fühlen oder tun)?

Fragen, welche die kreative Vorstellungskraft erfordert, sind z. B. die folgenden:
- Welche Folgen wird dies wahrscheinlich haben?
- Wie sollte diese Sache ausgehen?
- Was können wir im Interesse dessen tun, was für alle am besten ist?
- Welche Veränderungen können wir vornehmen, die angemessen wären?
- Welche Konsequenzen würden wir vorziehen und wie tragen wir dazu bei, sie zu beeinflussen?
- Wie, glauben Sie, hätten Sie reagieren sollen?
- Was würde es bedeuten, so zu handeln, dass es Leben für alle bedeutet?[32]

Der Zweck hinter allen drei Fragentypen ist derselbe: den Mentorand dazu zu bewegen, auf die Gegenwart (und Stimme) Gottes in allen Dingen zu achten. Das ist der letzte Sinn aller Aufmerksamkeit, mit der ich sehen oder hören soll. Der Mentor bringt keine vorgefertigten Antworten mit, keinen geistlichen Bauplan oder auch nur die Meinung, welches Ergebnis er persönlich bevorzugen würde. Beim geistlichen Mentoring geht es nicht darum, was der Mentor will; auch nicht, was der Mentorand will. Es geht immer und ausschließlich darum, auf die leise, sanfte Stimme Gottes zu achten. Das macht es zu einem der schwierigsten Dienste für uns heutige Menschen, weil wir uns so leicht einbilden, wir wüssten, was für das Leben eines anderen am besten ist.

Die Fragen sind für mehrere Zwecke wichtig:
- um Sie zu nachdenklicher Reflexion über Ihre eigenen geistlichen Erfahrungen anzuhalten;
- um Sie einzuladen, tiefer und spiritueller über Dinge nachzudenken, die sonst wie alltägliche Ereignisse erscheinen könnten;
- um Sie zur Liebe und tätigem Einsatz für andere und somit zur Veränderung unserer Welt anzuregen.

In ihrem kleinen Buch »Learning to Listen: A Guide for Spiritual Friends« (»Lernen zu hören: Eine Anleitung für geistliche Freundschaften«) führt Wendy Miller eine provokative Liste von Fragen an, die für Mentor und Mentorand hilfreich sein könnten.

- Wie ist meine Erfahrung mit dem Gebet?
- Was passiert, wenn ich bete oder über die Heilige Schrift meditiere?

- In welchen Bereichen meines Lebens ist Gott am Wirken?
- Wie erlebe ich Gottes Gnade?
- Wie ist Gott für mich – in der Bibel, beim Gebet, zu anderen Zeiten?
- Wie habe ich diese Woche (diesen Monat) mit Gott zusammengearbeitet?
- Was bringe ich nicht offen vor Gott (z. B. Zorn oder Furcht)?
- Wo habe ich es versäumt, Gottes Gnade oder Liebe zu erfahren?
- Was muss ich bekennen?
- Was verändert sich in mir, wenn ich auf Gott höre?
- Welche Einstellungen zeigen sich bei mir, wenn ich mit anderen Menschen umgehe?

Lectio Divina

Eine weitere klassische Disziplin der geistlichen Bildung ist die *Lectio divina*, das »geistliche (wörtlich: von Gott geprägte) Lesen«. Vieles, was heute als geistliche Wegweisung bezeichnet wird, hat mehr mit Popcorn zu tun als mit einer nahrhaften Mahlzeit. Bibelstudium erschöpft sich oft in einer kurzen, halbseitigen Andacht, in von anderen vorgedachten frommen Ideen oder in der gesammelten Unwissenheit gefühlsbetonter Bibelarbeiten, in denen die Hauptfrage lautet: »Was bedeutet dieser Abschnitt für dich?« Biblisches Analphabetentum greift mit erschreckender Geschwindigkeit um sich. Selbst jenen, die den Inhalt der Bibel kennen, fehlt oft das Verständnis. Die *Lectio divina* ist ein Weg, das Wort Gottes zu betrachten, indem wir es langsam lesen und Zeit mit seiner Bedeutung verbringen, so wie wir vielleicht Zeit mit Freunden bei einem ausgedehnten Abendessen verbringen würden.

Geistliches Lesen erfordert Zeit, Regelmäßigkeit und Sorgfalt. Das ist ein unveränderliches Axiom im geistlichen Leben. Wir müssen beständig und oft in der Heiligen Schrift lesen. Wenn wir mit den Worten der Bibel nicht vertraut sind, beruht unser geistliches Leben auf den Stimmen anderer Menschen statt auf Gottes Stimme. Wir sind taub für Gottes Stimme, wenn wir uns weigern, ihm zuzuhören und das Buch aufzuschlagen, das Gottes Reden offenbart. Glauben wir überhaupt noch, dass das Wort Gottes stark und mächtig ist, schärfer als jedes zweischneidige Schwert? Glauben wir, dass es das Wort des Lebens ist, das verwandeln, erneuern und vollkommen Neues erschaffen kann? Spiegelt sich unsere ausgesprochene Überzeugung in unserem Handeln wider?

Das Nachdenken über die Texte der Bibel ist unverzichtbar für das geistliche Wachstum. Die *Lectio divina* führt uns immer wieder zu den drei Fragen zurück, die wir als unverzichtbar für unser geistliches Wachstum erkannt haben:
Wer ist Gott?
Wer bin ich?
Was soll ich mit meinem Leben tun?
Diese drei Fragen erinnern uns an unser Bedürfnis nach Nähe zu Gott, unsere Identität als geliebte Kinder Gottes und unsere Aufgaben im Reich Gottes. Zuerst wird geistliches Lesen uns helfen, das Wesen des Gottes Abrahams und Saras, Isaaks und Rebekkas, Jakobs und Rahels zu verstehen. Es wird uns einen Gott vor Augen führen, der von einem unendlichen Verlangen motiviert ist, mit uns zutiefst verbunden zu sein.

Zweitens wird geistliches Lesen uns helfen, uns selbst als geliebte Töchter und Söhne Gottes zu verstehen. Wir verzerren dieses Bild, wenn wir uns als Leute sehen, die von dem Gott der Liebe verachtet oder abgelehnt werden. Gottes Zorn ist ein notwendiger Bestandteil der Liebe Gottes, doch selbst in diesem Zorn hören wir die Wahrheit: »Gott aber erweist seine Liebe zu uns darin, daß Christus für uns gestorben ist, als wir noch Sünder waren« (Röm 5,8). Schließlich wird geistliches Lesen uns drängen, auf kreative Weise das in der Welt umzusetzen, was wir durch das Reden Gottes in der Heiligen Schrift erkannt haben.

Augustinus erzählt in seinen Bekenntnissen davon, wie wichtig Gottes Wort für sein Leben war. Während er einen Abschnitt im Brief des Paulus an die Römer las, war Augustinus überwältigt von dieser Begegnung mit der darin enthaltenen Wahrheit und mit dem Gott, der aus dem Text zu ihm sprach. Obwohl er einen Großteil seines Lebens der Philosophie widmete, blieb die Bibel der Dreh- und Angelpunkt seiner Studien. Durch die Heilige Schrift wurde Jesus zum Freund, dem seine tiefe Zuneigung und Liebe galt.

Heute herrscht in der Gemeinde Jesu ein großer Hunger nach dieser Art Kenntnis und Verständnis der Bibel. Unwissenheit über die Bibel führt zu Funktionsstörungen in jedem Bereich des kirchlichen Lebens – zu unbiblischem Denken, unbiblischem Verhalten, unbiblischem Gottesdienst und unbiblischen Führungsprinzipien. Das bei weitem Schlimmste aber ist der fortschreitende Verlust der Nähe zu dem Einen, der »Logos«, »das Wort« genannt wurde, Jesus Christus. Es ist offensichtlich, dass viele nicht gelernt haben, mit Liebe die Schriften des Alten und Neuen Bundes zu lesen.

Vier Disziplinen im »Lehrplan« zur Christus-Ähnlichkeit
Dallas Willard hat vier hilfreiche Praktiken gut zusammengefasst, von denen wir meinen, dass ein Mentor sie an geeigneter Stelle seinem Mentorand nahe legen sollte. Willard ist überzeugt, dass die folgenden vier Disziplinen grundlegend sind für das geistliche Wachstum eines jeden Menschen, der sich in die Nachfolge Jesu begibt:
»Zwei Disziplinen der Abstinenz:
Einsamkeit und Stille.
Zwei Disziplinen des positiven Engagements:
Studium und Anbetung.«[34]

Einsamkeit wird von Willard verstanden als eine längere Zeit ohne Kontakt zu anderen Menschen, während Stille bedeutet, »vor Geräuschen und Lärm zu fliehen, außer den sanften Lauten der Natur. ... Beide Dimensionen der Stille sind entscheidend für das Durchbrechen alter Gewohnheiten und die Ausbildung des Wesens Christi in uns. ... Sie durchbrechen die chaotische Raserei durchs Leben und schaffen einen inneren Raum, der Menschen erlaubt, sich bewusst zu werden, was sie tun und was sie zu tun im Begriff sind.«[35]

Durch die ganze Geschichte hindurch sind sich die geistlichen Lehrer nahezu durchweg einig, dass Menschen regelmäßig Zeiten brauchen, in denen sie bewusst die Stille suchen. Die Sabbatvorschriften des Alten Testamentes zeigen uns, dass Gott für uns eine wöchentliche Zeit vorsah, in der wir innehalten, aufhören und ablassen, denn das ist die buchstäbliche Bedeutung des Wortes Sabbat. Auch am siebten Tag der Schöpfung hat Gott gearbeitet. Dass Gott nichts getan habe, ist ein Missverständnis. Richtiger wäre, zu sagen, dass Gott am siebten Tag die Arbeit des Ausruhens verrichtete.

Im Studium, sagt Willard, »richten wir unseren Verstand voll auf Gott und sein Reich aus. Und Studium findet seine natürliche Vollendung in der Anbetung Gottes.«[36] Damit der Mentorand ein wahrer Nachfolger Jesu werden kann, muss er verstehen, was Jesus tat und wozu er seine Nachfolger aufruft. Studium erfordert ein konzentriertes Achten auf Jesus, auf das geschriebene Wort der Bibel und auf andere, die gelernt haben, Jesus nachzufolgen. Paulus beschrieb die Disziplin des Studiums in seinem Brief an die Philipper (Phil 4,8-9):

Weiter, liebe Brüder: Was wahrhaftig ist, was ehrbar, was gerecht, was rein, was liebenswert, was einen guten Ruf hat, sei es eine Tugend, sei es ein Lob – darauf seid bedacht! Was ihr gelernt und empfangen und gehört und gesehen habt an mir, das tut; so wird der Gott des Friedens mit euch sein.

Es ist kein Platz für Unwissenheit im Leben der Bürger des Reiches Gottes. Jesus kam zuerst zu uns als Lehrer. Als Jünger (ein anderes Wort für Schüler) sind wir Lernende.

> *Anbetung ... prägt unserem ganzen Dasein die Wirklichkeit ein, die wir studieren. Die Auswirkung ist eine radikale Zersetzung der Kräfte des Bösen in uns und um uns her. Oft kommt es zu einer dauerhaften, tief greifenden Veränderung. Und die Erneuerung der Anbetung lässt das Leuchten und die Kraft unserer wahren Heimat zu einem aktiven Faktor in allen Bereichen unseres Daseins werden. In der Atmosphäre der Anbetung zu ›hören und zu handeln‹ ist das Klarste, Naheliegendste und Natürlichste, was man sich vorstellen kann.«*[37]

In seinem gründlichen und tief gehenden Buch »The Divine Conspiracy« (»Die göttliche ›Verschwörung‹«) plädiert Willard für diese vier – Einsamkeit und Stille, Studium und Anbetung – als wesentliche Disziplinen im »Lehrplan«, der zu wachsender Christusähnlichkeit führen soll.

Christus erfahren durch Bibel und Gebet

Jeanne Guyon (1648-1717) und ihr Buch »Die Tiefen Jesu Christi erfahren« haben wir bereits früher kennen gelernt (S. 37ff.). Wenige Bücher über das geistliche Leben sprechen mit solcher Vollmacht und besitzen eine so erstaunliche Fähigkeit, zu geistlicher Disziplin zu motivieren wie »Die Tiefen Jesu Christi erfahren«. Bewegungen wie die Quäker, Zinzendorf und die Herrnhuter, selbst führende Christen wie John Wesley und Watchman Nee gehören zu denen, die von ihren Gedanken und Sichtweisen geprägt wurden. Ihr Werk hat »das Leben von mehr berühmten Christen beeinflusst als vielleicht jedes andere Stück Literatur, das in den letzten dreihundert Jahren niedergeschrieben wurde.«[38]

Jeanne Guyon verkündete ihre prophetische Botschaft über die Notwendigkeit der Rückkehr in die Nähe zu Gott in einer Zeit, als die Kirche stark von politischen und klerikalen Machtstrukturen beeinflusst war. Weil die Leute die richtige Lehre annahmen, meinten sie, auch schon den richtigen Status vor Gott erlangt zu haben. Wie Edwards kommentiert, ist zu Madame Guyons Zeiten wie in der heutigen Zeit die Führungsriege der christlichen Gemeinde oft »verliebt in die Gaben, obwohl sie den Geber kaum kennt«.[39] Madame Guyons prophetisches Wort war ein Aufruf an die Kirche, zur Gemeinschaft mit dem Geber zurückzukehren, zu einer Bekehrung, von der sie glaubte, dass sie bedeutende soziale und politische Veränderungen mit sich bringen würde. Gebet wird die Gesellschaft verändern! Gebet wird Heilung bringen! Gebet wird die Gemeinde Jesu gesunden lassen!

Madame Guyon lehrte, dass es zwei Wege gibt, um in die Nähe zum Herrn zu gelangen. Diese nannte sie »die Schrift beten« und »den Herrn schauen«. Es gibt wohl nur wenige Techniken oder geistliche Übungen, die heute dringender benötigt werden als die Disziplin des »Betens der Schrift«. Hier ist sie in ihren eigenen Worten beschrieben:

» *So solltest du beginnen:*
Nimm die Bibel; wähle einen Abschnitt aus, der einfach und einigermaßen praxisbezogen ist. Dann komm zum Herrn. Komm still und demütig. Dort, vor ihm, lies einen kleinen Teil des Bibelabschnitts, den du aufgeschlagen hast.
Sei sorgfältig, während du liest. Nimm vollständig, behutsam und sorgfältig auf, was du liest. Schmecke es und verdaue es, während du liest.
In der Vergangenheit war es vielleicht deine Gewohnheit, beim Lesen sehr schnell von einem Bibelvers zum nächsten überzugehen, bis du den ganzen Abschnitt gelesen hast. Vielleicht kam es dir darauf an, die Hauptaussage des Abschnitts zu finden.
Doch wenn du zum Herrn kommst, um ›die Schrift zu beten‹, liest du nicht schnell; du liest sehr langsam. Du gehst nicht von einem Abschnitt zum nächsten über, nicht, bevor du den innersten Kern dessen, was du gelesen hast, herausgespürt hast.
Dann kannst du das Schriftwort, das dich berührt hat, nehmen und es in ein Gebet verwandeln.«[40]

»Den Herrn schauen« bedeutete für Jeanne Guyon eine Zeit des »Wartens auf den Herrn«.

» *Das zu tun ist eigentlich ganz einfach.*
Zuerst lies einen Abschnitt aus der Bibel. Sobald du die Gegenwart des Herrn spürst, ist der Inhalt dessen, was du gelesen hast, nicht mehr wichtig. Das Schriftwort hat seinen Zweck erfüllt; es hat deinen Verstand zur Ruhe kommen lassen; es hat dich zu ihm geführt.

Du beginnst, indem du dir eine Zeit vorbehältst, um mit dem Herrn zusammen zu sein. Wenn du dann zu ihm kommst, komm still. Wende dein Herz der Gegenwart Gottes zu. Wie macht man das? Auch das ist ganz einfach. Du wendest dich ihm im Glauben zu. Im Glauben nimmst du an, dass du in die Gegenwart Gottes gekommen bist.
Als Nächstes beginnst du, während du vor dem Herrn bist, noch einmal denselben Bibelabschnitt zu lesen.
Während du liest, halte inne.
Dieses Innehalten sollte ganz sanft geschehen. Du hast innegehalten, um deinen Verstand auf den Geist auszurichten. Du hast deinen Verstand nach innen gerichtet – auf Christus.«[41]

Weitere Denkanstöße für den Mentor
1. Welche grundlegenden Einstiegsfragen, Methoden oder Disziplinen können Sie aus den Werken von Ignatius und Jeanne Guyon entnehmen?
2. Wie könnten Sie vorgehen, um einen Menschen tiefer in die Nachahmung Christi hineinzuführen?
3. Haben Sie selbst schon Erfahrungen mit irgendeiner dieser geistlichen Disziplinen gemacht? Welche davon haben Ihnen persönlich am meisten geholfen? Warum?

Weitere Denkanstöße für den Mentorand
James Fowler führt einige zusätzliche Fragen an, die uns helfen können, auf die Wirklichkeit zu achten:
- Wofür setzen Sie sich ein und werden Sie eingesetzt?
- Was fordert und bekommt Ihre beste Zeit und Energie?
- Für welche Ziele, Träume oder Institutionen geben Sie Ihr Leben hin?
- Welche Kraft oder welche Kräfte fürchten Sie in Ihrem Leben?
- Auf welche Kräfte verlassen Sie sich und vertrauen Sie?
- Mit wem oder mit welcher Gruppe sprechen Sie über Ihre heiligsten oder persönlichsten Hoffnungen für Ihr Leben und für das Leben derer, die Sie lieben?
- Was sind die heiligsten und zwingendsten Hoffnungen und Ziele in Ihrem Leben?[42]

Das Ziel – die Befähigung

 Man findet äußerst selten eine Person, die sich ihrer eigenen Einzigartigkeit freut, die das Stück Handarbeit Gottes, das sie selbst ist, genießt.«[1]

Gordon Cosby

Eine der faszinierendsten Geschichten über jemanden, der die eigene unverwechselbare Rolle entdeckte, ist die einer Frau, die im Alter von neunzehn Monaten taub und blind wurde; ihr Name ist Helen Keller. Ihre Lehrerin war Anne Mansfield Sullivan, eine Absolventin des *Perkins-Instituts* für Blinde in Boston; eine Frau, die sich weigerte, die allgemeine Einstellung jener Zeit zu übernehmen, dass jemand wie Helen keine Ausbildung bekommen könne. Anne nahm sich vor, Helen alles beizubringen, was möglich war. Sie unterrichtete sie in Braille-Schrift, so dass Helen lesen und schreiben lernen konnte. Sie brachte Helen das Sprechen bei, indem sie Helen mit den Fingern zuhören ließ. Dazu presste sie Helens Finger gegen ihren Kehlkopf, so dass Helen die Vibrationen spüren konnte und schließlich half sie Helen, ihre eigene Stimme wieder zu entdecken.

Der Prozess des geistlichen Mentorings könnte nicht besser beschrieben werden als mit dieser bewegenden Geschichte einer Beziehung, die einer Frau Befähigung und Stimme verlieh, die von den meisten wegen ihrer doppelten Schwerstbehinderung als in jeder Hinsicht hoffnungslos angesehen wurde. Als Mentorin half Anne Helen Keller, indem sie eine vertrauensvolle Beziehung zu ihr aufbaute und sich die nötige Zeit nahm, damit Helens eigene Stimme befreit werden und all dem Ausdruck verleihen konnte, was in ihrem Innern schlummerte. Als Mentorand brachte Helen eine belehrbare Haltung, einen hungrigen und fähigen Verstand, Neugier und die Bereitschaft mit, alles zu lernen, was sie lernen konnte. Gemeinsam schufen sie Disziplinen zum Lehren und Lernen und erfanden dabei ihren eigenen Lehrplan und ihre eigene Pädagogik. Das Resultat war verblüffend: Helen entdeckte ihre Stimme wieder!

In diesem Kapitel werden wir uns darauf konzentrieren, welche Auswirkungen es im geistlichen Mentoring hat, auf das bereits vorhandene Wirken Gottes zu achten. Wir bezeichnen dies als die Entdeckung der eigenen, einzigartigen Stimme oder Rolle. Wenn man im Zusammenhang mit geistlichem Mentoring von Zielen spricht, birgt dies die Gefahr, dass man dabei an messbare Resultate denkt. Von Zielen oder Befähigung zu reden, könnte sogar als Widerspruch zu allem bisher Gesagten gesehen werden. Dennoch ist es für einen verantwortungsbewussten Mentor unumgänglich, die Frage zu stellen: »Woran erkenne ich, ob mein Mentorand wirklich geistliches Mentoring empfangen hat?«

Die nahe liegende Antwort wäre vielleicht ein verändertes Leben – oder konkreter, ein verändertes Leben, das die Wechselbeziehung zwischen der tiefsten Identität und dem tiefsten Lebenssinn verstanden hat. Die Seele für Gott zu befreien ist ein Prozess, in dem die Nähe zu Gott und das Verstehen der eigenen tiefsten Identität als geliebtes Kind Gottes einem Menschen ermöglichen, seine einzigartige Rolle im Reich Gottes einzunehmen.

Wir sind davon überzeugt, dass Gott jedem Menschen eine einzigartige Begabung zum Dienen mitgegeben hat. Durch Mentoring wird uns geholfen, auf Gottes Rufen zu hören, so dass wir auf diesen »Anruf« auf ganz individuelle Weise reagieren können. Während wir auf die Musik hören, die im Herzen Gottes erklingt, bekommt die Musik in unserem Innern ihre Gestalt. Die Worte, der Tonfall, der Akzent, die Färbung und die Höhe unserer Stimmen werden ganz und gar unsere eigenen sein. Unser Lied wird von einer Geschichte, einer Haltung und einer Perspektive berichten, die nur uns gehören. Gott hat alles, das er erschaffen hat, ins Dasein gerufen, weil er seinen Plänen und Vorstellungen eine Stimme gab. Als Menschen, die nach dem Bild Gottes erschaffen sind, spiegeln wir dieses Bild wider oder geben den Klang dieser Stimme durch den persönlichen Ausdruck unserer eigenen Stimmen zurück. Unserer Ansicht nach ist das Bild der Stimme mehr als nur eine Metapher; es ist ein vollmächtiger Weg, das freizusetzen, was Gott in alle Menschen hineingelegt hat. Annie Dillard sagte: »Du bist dafür geschaffen und hierher gestellt, deinem eigenen Staunen Stimme zu geben.«[2]

Eine gesunde Mentoring-Beziehung sollte Ihnen helfen, dem Lied Stimme zu geben, das Gott in Ihr Leben hineingelegt hat. Sie sollten fähig sein, das Lied mit Ihrer eigenen Stimme zu singen, als freudige Antwort auf die erstaunliche Tatsache, dass Gott für Sie schon lange eine wunderbare Melodie entworfen hat. Durch geistliches Mentoring werden Sie frei und lebendig Ihre gottgegebenen Gaben in einem Dienst ausüben, der Ihnen von Gott anvertraut wurde. Sie werden die Stimme in Ihrem Innern entdecken und erklingen lassen!

Paulus spricht immer wieder von den geistlichen Gaben, die Gott in unserem Leben zum Klingen bringen möchte:

In einem jeden offenbart sich der Geist zum Nutzen aller. (1 Kor 12,7)

Einem jeden aber von uns ist die Gnade gegeben nach dem Maß der Gabe Christi. (Eph 4,7)

Ihr Lied mag ein Freudengesang sein, doch es könnte genauso gut ein Klagegesang sein. Es mag ein Friedenslied sein, doch es könnte genauso gut ein Lied der prophetischen Herausforderung an Systeme sein, die dem Bösen versklavt sind. Ihre Stimme wird die heilige Geschichte Ihres eigenen Lebens mit all seinen Erfahrungen widerspiegeln.

Die Gemeinde Jesu hat bisweilen vergessen, dass der Glaube in den geheiligten Erfahrungen individueller Menschenleben erzählt wird. Jesus verkörperte Gottes Lied in der heiligen Geschichte seines Lebens als ein politisch unterdrückter, wirtschaftlich schwacher, sozial ausgegrenzter Semit, der im ländlichen Palästina des ersten Jahrhunderts lebte. In seinem Lied klangen die Akzente seiner jüdischen Kultur. In seinem Lied klangen die Töne seiner Erlebnisse im ländlichen Galiläa und in den kleinen Städten im Norden Israels. Als er der Geschichte, die Gott in ihn hineinlegte, Stimme gab, nahmen nicht alle seine Botschaft freudig auf, glaubten nicht alle an die Wahrheit seiner Geschichte und manche legten es schließlich darauf an, sie durch Kreuzigung und Tod zum Schweigen zu bringen.

Unsere Stimmen mögen Geschichten erzählen, die im Gegensatz zu einer Kultur stehen, der die banalen Schlager lieber sind, die fabriziert werden, um uns unter Lärm und Geklirr in die Einkaufszentren des Landes zu manövrieren. Viel zu lange war die Gemeinde Jesu ein starkes Echo dieser Banalitäten statt ein starkes Echo der Stimme unseres Schöpfers. In Psalm 12,2-3 ruft der Dichter aus:

»Hilf, Herr! Die Heiligen haben abgenommen,
und gläubig sind wenige unter den Menschenkindern.
Einer redet mit dem andern Lug und Trug, sie heucheln und
reden aus zwiespältigem Herzen.«

Gesunden Kindern muss man nicht erst beibringen, dem, was in ihnen ist, Stimme zu geben; sie reagieren von Natur aus mit neugierigem Staunen auf die neue Welt, in der sie sich befinden. Es ist eine unselige Verschwörung der Erwachsenen mit schmerzlichen Erlebnissen, die ein Kind zum Schweigen bringt. Psalm 38,13-15 kommentiert:

»Die mir nach dem Leben trachten, stellen mir nach;
und die mein Unglück suchen, bereden, wie sie mir schaden;
sie sinnen auf Trug den ganzen Tag.
Ich bin wie taub und höre nicht,
und wie ein Stummer, der seinen Mund nicht auftut.
Ich muß sein wie einer, der nicht hört
und keine Widerrede in seinem Munde hat.«

Dem Psalmisten wäre es lieber, wenn wir unserem eigenen Staunen Stimme geben würden:

»Ich will singen von der Gnade des Herrn ewiglich
und seine Treue verkünden mit meinem Munde für und für;
denn ich sage: Für ewig steht die Gnade fest;
du gibst deiner Treue sicheren Grund im Himmel.« (Psalm 89,2-3)
»Das ist ein köstlich Ding, dem Herrn danken
und lobsingen deinem Namen, du Höchster,
des Morgens deine Gnade
und des Nachts deine Wahrheit verkündigen
auf dem Psalter mit zehn Saiten,
mit Spielen auf der Harfe.
Denn, Herr, du lässest mich fröhlich singen von deinen Werken,
und ich rühme die Taten deiner Hände.« (Psalm 92,2-5)
»Singet dem Herrn ein neues Lied;
singet dem Herrn, alle Welt!
Singet dem Herrn und lobet seinen Namen,
verkündet von Tag zu Tag sein Heil!
Erzählet unter den Heiden von seiner Herrlichkeit,
unter allen Völkern von seinen Wundern!« (Psalm 96,1-3)

Ein gewöhnliches Leben hat ein reiches Repertoire an musikalischen Noten, Rhythmen und Themen. Liebliche Harmonien entstehen, wenn die Klänge Sinn ergeben und Freude hervorrufen; schrille Kakophonien der Dissonanz und Disharmonie, wenn die Musik des Lebens mit unseren Seelen zusammenprallt. Es gibt auch Momente der Taubheit, wenn wir keinen Ton von unserer eigenen Musik hören können und uns fragen, ob wir sie je wieder hören werden. Jeder kann Musik machen, wie es alle Kinder tun, spontan, frei und phantasievoll, doch wir brauchen Disziplin, wenn wir als Erwachsene die große Sinfonie der Seele komponieren wollen.

Gott hat bereits ein Lied in Sie hineingelegt, das darauf wartet, freigesetzt zu werden. So wie Musikliebhaber sich auf die Veröffentlichung des neuen Liedes eines beliebten Künstlers freuen, so sehnt sich Ihr Leben nach der Freisetzung des Liedes Ihrer Seele. Ein geistlicher Mentor kann Ihnen helfen, die Musik zu hören, die in Ihrem Innern komponiert wird, und Sie befähigen, Ihre Themen zu hören und zu unterscheiden, bis schließlich das Lied mit Ihrer eigenen Stimme erklingt. Eugene Peterson geht ebenfalls auf den Gedanken unserer einzigartigen Stimme ein:

> *Etwas ganz anderes findet im Leben des Glaubens statt: Jeder Mensch entdeckt all die Elemente eines einmaligen und originellen Abenteuers. Wir sind daran gehindert, einfach einer in des anderen Fußstapfen zu treten, und aufgerufen zu einer unvergleichlichen Verbindung mit Christus. Die Bibel macht deutlich, dass jede Glaubensgeschichte vollkommen einmalig ist.*
> *Gottes geniale Kreativität ist endlos. Er, der nie ermüdet, so dass er die Last der Kreativität nicht mehr tragen könnte, lässt sich nie dazu herab, Kopien am Fließband zu produzieren. Jedes Leben ist eine frische Leinwand, auf der er Linien und Farben, Lichtschattierungen, Flächen und Proportionen niederlegt, die er nie zuvor verwendet hat.«*[3]

Ein Fenster zur Welt

Viele der klassischen Autoren sind hervorragend geeignet, um die Seele zum Singen zu bringen. Unsere erste Wahl ist eine geistliche Mentorin aus England, Juliana von Norwich.

Über Julianas frühes Leben ist nicht viel bekannt, außer dass sie als Einsiedlerin in ihrer Klosterzelle in der Kirche der Hl. Juliana und des Hl. Eduard in Carrow lebte. Als Einsiedlerin war sie an ihre

Zelle gebunden, wo sie die meisten Tage allein mit Gebet und Arbeit verbrachte. Einer ihrer bedeutenden Beiträge zum Christentum war ihr Verständnis der Unermesslichkeit der Liebe Gottes. Als junge Frau betete sie, Gott möge ihr ein tieferes Verständnis für die Passion Jesu eröffnen. Erst als sie dreißig Jahre alt war, wurde ihr Gebet erhört. Sie lag mit einer schweren Krankheit danieder, als sie eine Vision Jesu empfing, der über einen Zeitraum von anderthalb Tagen hinweg mit ihr sprach. Nach ihrer Datierung fanden die Offenbarungen am 13. Mai 1373 in Gegenwart ihrer Mutter und ihres Gemeindepriesters statt. Ihre Schriften schildern die Visionen, die sie empfing.

Julianas Leben, deren Zeit geprägt war von der Pest, den verheerenden Auswirkungen des Hundertjährigen Krieges und dem großen Schisma, war ein Vorbild, dem es sich nachzueifern lohnte. Während dieser dunklen Zeit der Geschichte hatte sie einen Glauben, den viele gerne nachahmen wollten. Margery Kempe, die englische Mystikerin, suchte Juliana häufig zum geistlichen Mentoring auf. Ihre Schriften enthalten die wenigen biographischen Informationen, die wir über Juliana haben.

Die Klausen waren Zellen, die mit dem Altarraum einer Kirche verbunden waren. Die Architektur der Zelle Julianas kann uns auch heute noch wie ein Sinnbild für das gelten, was das Leben dieser Frau bewegt hat. Die Zellen waren rund um den Altarraum angelegt, und jede hatte zwei Fenster. Ein Fenster wies nach innen zum Altarraum; das andere wies nach außen zu der Welt außerhalb der Kirche.

Die gleichnishaften Implikationen dieser Anordnung sind vielfältig. Juliana widmete sich zwar mit Hingabe der Entwicklung des inneren Lebens in ihrer Klause, doch um des Evangeliums willen war sie offen für die Außenwelt. Während sie sich konzentrierte und ihr Leben der Entfaltung ihrer Beziehung zu Gott widmete, hielt sie ihr Fenster zur Welt geöffnet. Dies ist ein wunderbares Bild für das innere Leben des Gebets, der Meditation und jeder Andacht, das immer Seite an Seite mit der äußeren Welt der Lehre, des Dienens und der Liebe zu anderen Menschen gehen muss. Innerhalb ihrer Zelle hielt sie ihr inneres Fenster für das innere Leben der Anbetung und des Gebets offen. Durch das äußere Fenster entwickelte sie einen Dienst der geistlichen Wegweisung und Erkenntnis für alle, die sie wegen ihrer seelsorgerlichen Weisheit aufsuchten. Und genau dafür ist Juliana im vierzehnten Jahrhundert bekannt geworden.

Wir müssen stets die innere Reise bedenken, da sie die äußere Reise unseres geistlichen Lebens beeinflusst und berücksichtigen, wie die äußere Reise sogar die Praktiken der inneren Reise prägt. Wir müssen immer nach unseren eigenen Fenstern des Dienstes zur Außenwelt hin fragen. Wie werden wir durch das innere Leben des Gebets, der Meditation und der Andacht genährt, ausgerüstet und befähigt, doch welche Fenster hat uns Gott für den Dienst an anderen geöffnet? Wenn wir in Zellen leben, die nur aus Wänden ohne Fenster zum Rest der Welt bestehen, wie gehorsam können wir dann einem Gott sein, der uns liebt, damit wir unserer Stimme in der Gesellschaft Ausdruck verleihen?

Im Jahr 1373 war Juliana dem Tode nah, als ein Priester gerufen wurde, um ihr die Sterbesakramente zu spenden. Der Priester hatte sie gebeten, sich auf das Kruzifix zu konzentrieren, das er vor sie hielt und besonders das Gesicht ihres Herrn zu betrachten. In diesem Moment empfing sie ihre sechzehn Offenbarungen der innigen Liebe Gottes.

Einige Jahre vor diesem Ereignis hatte sie Gott gebeten, ihr in ihrem dreißigsten Jahr eine Krankheit zu senden, »die für sie und für alle anderen erscheinen könnte, als wäre sie tödlich«.[4] Sie hoffte, durch eine schwere körperliche Krankheit, durch die ihr Glaube geprüft und gestärkt würde, zu einem Verständnis der Passion Christi zu gelangen. Außerdem hatte sie als Ausdruck der Gnade Gottes um drei Wunden gebeten, die sie Bußfertigkeit, Barmherzigkeit und Sehnsucht nach Gott nannte. Im Mai 1373 bekam sie all das, worum sie gebeten hatte.[5]

Juliana ist ein historisches Vorbild, die ihren Dienst aus einem Bewusstsein geistlicher Autorität und aus einem erstaunlichen Gefühl für das konkrete Leben heraus tat. In einer Zeit, als es für Frauen nur wenige Möglichkeiten gab, Führungsrollen zu übernehmen, wurde Juliana zu einem Vorbild, indem sie ihre einzigartige Stimme unabhängig von den Vorgaben eines besonderen Amtes erhob. Weber macht eine interessante Bemerkung über die vorauseilende Art, in der Juliana und andere Klosterfrauen zu einflussreichen Vorbildern wurden.

> *Klosterfrauen (wie Juliana) organisierten und führten ihre eigenen Gemeinschaften, in denen sie beteten, arbeiteten, studierten und lehrten; und Eremitinnen konnten Menschen außerhalb der Wände ihrer Klausen beeinflussen. Manche Frauen wurden so zu kompetenten Bibelgelehrten und Theologinnen, was nie hätte geschehen können, wenn sie einer gewöhnlicheren Lebensweise gefolgt wären. Andere wurden bekannt für*

> *ihre Spiritualität und wurden zu gefragten Ratgeberinnen für Bischöfe und Päpste und geistliche Wegweiserinnen für Männer wie Frauen. ... Solche Frauen machten durch Frömmigkeit und geistliche Kraft wett, was ihnen an offiziellem Status oder institutioneller Macht fehlte.«*[6]

Die Stimme einer Frau in einer Welt der Männer

Im Mittelalter hatten Klosterfrauen einen enorme Wirkung in der Kirche. In dieser manchmal als Welt der Männer missverstandenen Zeit wurden Klosterfrauen wie Juliana um ihrer geistlichen Einsicht und Wegweisung willen von vielen anderen, Männern und Frauen gleichermaßen, zu Rate gezogen. Vom zwölften Jahrhundert gab es immer wieder Frauen, die offensichtlich von Gott her einen prophetischen Auftrag für die Christenheit hatten. Sie berieten kirchliche Verantwortungsträger und lehrten durch ihre Schriften oft die ganze, zur damaligen Zeit sehr angefochtene Kirche. Unter ihnen seien hier nur erwähnt: Hildegard von Bingen, Mechthild von Magdeburg, Mechthild von Hackeborn, Katharina von Genua, Katharina von Siena, Birgitta von Schweden und Theresia von Avila.

Julianas bekanntes Werk »Sixteen Revelations of Divine Love« (»Sechzehn Offfenbarungen der Liebe Gottes«) hat einen starken Einfluss auf das kirchliche Verständnis der innigen Liebe Gottes ausgeübt. Obwohl sie eine Mystikerin und Einsiedlerin war, gehen ihre Schriften auch auf intellektuelle theologische Themen wie Schöpfung, Inkarnation, Gnade, Sünde, die Kirche und den Tod und die Auferstehung Jesu ein. Offensichtlich war sie sehr gebildet oder zumindest sehr belesen in den klassischen geistlichen Schriften der Westkirche, wie auch viele der anderen oben erwähnten Frauen.

Sowohl Katharina von Siena und Birgitta von Schweden waren politisch engagiert; Theresia von Avila schrieb über Verfassungsrecht und Juliana von Liège übte Einfluss auf die Entwicklung der Liturgie aus. Solchen Frauen wurde in einer Welt der Männer nicht immer eine Stimme zuerkannt, doch sie bekamen eine Stimme durch die Nähe zu Gott.

Juliana illustriert die Spiritualität der Aufmerksamkeit für die Gegenwart Gottes in allen Dingen in einprägsamer Weise:

> *Und darin zeigte er mir etwas Kleines, nicht größer als eine Haselnuss, die in meiner Handfläche lag, und ich sah, dass es rund wie eine Kugel war. Ich schaute es an und dachte: Was kann das sein? Und ich bekam*

diese allgemeine Antwort: Das ist alles, was geschaffen ist. Ich war erstaunt, dass es Bestand haben konnte, denn es kam mir so klein vor, dass es jeden Moment in nichts zerfallen konnte. Und ich hörte, wie mir geantwortet wurde: Es hat Bestand und wird immer Bestand haben, weil Gott es liebt; und so hat alles sein Dasein durch die Liebe Gottes.[7] (...)
In dieser Vision sah ich, dass er in allen Dingen gegenwärtig ist.[8] (...)
Der Platz, den Jesus in unserer Seele einnimmt, wird nie wieder leer sein, denn in uns ist sein liebstes Zuhause, und es ist für ihn die größte Freude, dort zu wohnen. Das war ein köstlicher und erquickender Anblick, denn so ist es in Wahrheit für alle Ewigkeit; und es gefällt Gott sehr und ist von großem Nutzen für uns, wenn wir darüber nachdenken, während wir hier sind. Und die Seele, die darüber nachdenkt, wird dem ähnlich gemacht, über den sie nachdenkt, und mit ihm in Ruhe und Frieden vereint. Für mich war es eine einzigartige Freude und Seligkeit, ihn sitzen zu sehen, denn die Betrachtung dieses Sitzens gab mir die Gewissheit, dass er für immer in uns wohnen wird; und ich wusste genau, dass er es war, der mir zuvor alles offenbart hatte.[9] (...)
Gott will, dass wir auf seine Worte achten und stets stark in unserer Gewissheit sind, in guten wie in schlechten Zeiten, denn er liebt uns und freut sich an uns, und darum wünscht er, dass wir ihn wiederlieben und uns an ihm freuen und unser ganzes Vertrauen auf ihn setzen; alles wird gut sein.«[10]

Juliana von Norwich ist ein herausragendes Beispiel für das hingebungsvolle Streben nach einer innigen Beziehung zu Gott und dafür, wie ein Mentor anderen helfen kann, eine ebenso tiefe Beziehung zu erlangen. Sie verstand, dass ihr die Visionen nicht als besonderes geistliches Privileg für sie selbst als Mitglied der klösterlichen Elite zuteil geworden waren, sondern als gesegnete Lehre für alle. Sie selbst glaubte nicht, eine Erfahrung zu haben, die anders war als die, die Gott jedem Menschen geben will. Ihre Gotteserfahrung, sagte sie, wurde ihr nicht wegen besonderer persönlicher Verdienste oder Einzigartigkeit zuteil. Gott bringt allen dieselbe Liebe entgegen.

> *Alles, was ich über mich sage, will ich auf all meine Mitchristen übertragen, denn mir ist gesagt, dass es das ist, was Gott mit dieser geistlichen Offenbarung beabsichtigt. ... Ich bin nicht wegen der Offenbarungen gut, sondern nur, wenn ich Gott mehr liebe; und insofern du Gott mehr liebst, bedeutet das mehr für dich als für mich. Das sage ich nicht zu denen, die weise sind, denn die wissen es schon. Sondern ich sage es zu euch, die ihr schlicht seid, um euch Trost und Kraft zu geben; denn wir sind alle eins in der Liebe, denn mir ist wahrhaftig nicht offenbart worden, dass Gott mich mehr liebte als die demütigste Seele, die im Stand der Gnade ist.*[11] *(...)*
> *Es ist Gottes Wille, dass wir von ihm drei Dinge als Geschenk empfangen, wenn wir ihn suchen. Das erste ist, dass wir willig und fleißig ohne Trägheit ihn suchen, wie es seiner Gnade entspricht, freudig und fröhlich, ohne unvernünftige Niedergeschlagenheit und unnütze Sorge. Die zweite ist, dass wir bis zum Ende unseres Lebens, das ja nur eine gewisse Zeit dauert, aus Liebe zu ihm, ohne zu murren oder gegen ihn zu streiten, standhaft auf ihn warten. Das dritte ist, dass wir aus vollem und wahrem Glauben großes Vertrauen zu ihm haben, denn es ist sein Wille, dass wir wissen, dass er allen, die ihn lieben, in einem unerwarteten, seligen Moment erscheinen wird.«*[12]

Was Juliana der Christenheit zu sagen hatte fand durch ihre von großer schriftstellerischer Begabung und dem kenntnisreichen Umgang mit der lateinischen Vulgata-Bibel gekennzeichneten Schriften eine große Verbreitung. Ihre »Revelations of Divine Love« zu lesen ist eine Begegnung mit Mystik und Theologie, die durch die Hand einer großen Schriftstellerin auf einzigartige Weise miteinander verwoben sind. Das Buch beginnt ganz schlicht als Journal ihrer Gotteserfahrung:

> *Hier ist eine Vision, die durch die Güte Gottes einer frommen Frau gezeigt wurde, und ihr Name ist Juliana, eine Einsiedlerin in Norwich und noch am Leben im Jahre des Herrn 1413, und diese Vision enthält viele Worte des Trostes, die jeden, der Christus lieben will, sehr bewegen werden.«*[13]

Sie erzählt von ihrem eigenen geistlichen Leben mit seinen Gebeten und Zeiten der Kontemplation und des gründlichen Nachdenkens über die Bibel. Ihre Schilderungen sind anschaulich und visuell eindrücklich, besonders wenn sie den blutenden Körper Christi beschreibt, verherrlicht und erhöht, jedoch immer noch an seinem Kreuz. Es bleibt nicht bei *einer* schlichten Schilderung oder auch bei *einer* tief gehenden Schilderung ihrer persönlichen Erfahrung; stattdessen flicht sie sorgfältig und wohl überlegt die Grundlagen der christlichen Theologie in ihre Texte ein. Besonderes Interesse hat sie an der Rolle der Dreieinigkeit, der menschlichen Sündhaftigkeit und der Erlösung. Ihr Werk enthält Bezüge zum Denken des scholastischen Theologen Thomas von Aquin und auch die Schriften von Geoffrey Chaucer klingen in ihren Texten an.

Wir können in ihr noch heute eine wunderbare Lehrerin sehen, die vor allem Menschen mit der Frohen Botschaft bekannt machen wollte, denn ihr Hauptinteresse gilt Gott, der menschlichen Familie und der Versöhnung zwischen Gott und der gefallenen, sündigen Menschheit. Alles sieht sie im Zusammenhang mit der Person Jesu, des Knechtes, des Fleischgewordenen, dessen Tod und Auferstehung Erlösung und Versöhnung bringen. Ihr Gottesbild ist besonders stark von der Dreieinigkeit Vater, Sohn und Heiliger Geist geprägt, wobei sie durchaus revolutionär und ihrer Zeit weit voraus darauf besteht, dass Gott auch das Bild einer Mutter verkörpert. Sie erinnert uns an den Propheten Jesaja, der beschreibt, dass Gott Israel tröstet »wie eine Mutter ihr Kind« (Jes 66,13). Sie zitiert Jesus, der ein Bild der Mütterlichkeit wählte, als er Gott als eine Henne beschrieb, die ihre Küken unter ihren Flügeln sammelt. Dabei geht es ihr nicht darum, Gott auf ein ausschließlich feminines Bild festzulegen, sondern eine vollständigere Theologie der Dreieinigkeit zu entwickeln. Gott gibt und nährt das Leben; Gott bringt uns durch Barmherzigkeit und Zärtlichkeit zum Wachsen. Die Mutterschaft Gottes ist für Juliana kein Gegensatz zu seiner Vaterschaft, sondern eine Ergänzung oder Vervollständigung der theologischen Wahrheit.

Und so sah ich, dass Gott sich darüber freut, dass er unser Vater ist, und dass Gott sich darüber freut, dass er unsere Mutter ist, und dass Gott sich darüber freut, dass er unser wahrer Ehepartner und unsere Seele seine geliebte Frau ist. Und Christus freut sich, dass er unser Bruder ist, und Jesus freut sich, dass er unser Erlöser ist.«[14]

Sie beschließt ihr Buch mit einem bemerkenswerten Lobpreis, in der Hoffnung, es werde nur in die Hände solcher Menschen geraten, »die seine treuen Liebhaber sein wollen«. Sie sind treu, sagt sie, treu gegenüber der Kirche, treu gegenüber den Lehren der Schrift und treu gegenüber dem Herzen Jesu, »unserer wahren Liebe und unseres Lichtes und unserer Wahrheit, der dies allen reinen Seelen zeigen wird, die sanftmütig und beharrlich seine Weisheit von ihm erbitten.«[15] Sie wagte zu glauben, dass ihre Vision von Jesus gekommen sei »als sicherer Wegweiser und Führer für euch und uns zur immerwährenden Seligkeit«.[16] In einem der erstaunlichsten Texte des Mittelalters zeigt uns Juliana den Weg in die Nähe zu Gott und in die wahre Identität als geliebte Kinder Gottes. Ihre Stimme spricht mit theologischer Präzision und geistlicher Leidenschaft. Da wir über ihr Leben so gut wie nichts wissen, können wir nicht sagen, auf welche andere Weise sie ihr Fenster zur Welt auch noch für das Reich Gottes genutzt haben mag. Dass sie als Lehrerin, Theologin und Mentorin für unzählige Menschen da war, ist an ihrem unbestreitbar großen Einfluss leicht zu erkennen.

Juliana ist ein hervorragendes Beispiel für das Ziel des geistlichen Mentorings – den Mentorand zu befähigen, den Ruf zu entdecken, den Gott in ihn hineingelegt hat. Ähnlich wie sie fand ein Jahrhundert später in Spanien Theresia durch ihre enge Freundschaft mit Gott zu einer gestärkten Stimme, die ihre Kraft aus dem Wortschatz der Reform schöpfte. J. Mary Luti schreibt: »Als Theresias Freundschaft mit Gott reifte, begann ihre Welt anders auszusehen und sich anders anzufühlen. Sie bemerkte Dinge, die schief lagen, und hatte plötzlich eine Menge über die Diskrepanzen zu sagen, die sich ständig ergaben zwischen ihrer Gotteserfahrung und dem, was andere als Gottes Wesen und Plan behaupteten.«[17]

Theresia von Avila wollte nur einen Konvent gründen, der auf dreizehn Frauen begrenzt war und erzeugte Aufruhr in ganz Spanien! Sie überlebte nicht nur die Gewalttätigkeiten gegen ihr kleines Kloster des heiligen Joseph, sondern gründete noch siebzehn andere, bevor sie starb. Ihr Fühlen und Denken kommen am besten in den Hunderten von Briefen zum Ausdruck, die sie an alle schrieb, die über Macht verfügten und Verantwortung trugen: an den König, den Papst, an Kaufleute, Bischöfe, religiöse Führer, adlige Männer und Frauen sowie an ihre Angehörigen und Freunde. Einmal äußerte sie sich fast ein wenig belustigt über die Gegner ihrer Reformen und sprach von deren »Erstaunen über solche Kühnheit, dass eine unnütze kleine Frau gegen ihren Willen ein Kloster gründet.«[18]

Theresia hatte sehr praktische Einsichten in das geistliche Leben. Oft warnte sie davor, sich auf die Verzückungen ekstatischer und mystischer Visionen einzulassen, anstatt die Vollkommenheit in der Übereinstimmung mit dem Willen Gottes zu suchen.[19] Ihr Bestreben war es stets, ein Leben des Gebets mit dem des Gehorsams so zu verbinden, dass es als Weg zu Gott erkennbar und nachvollziehbar wird. Ihr Mentorand Johannes vom Kreuz sagte: »Am Ende des Tages wird nur noch deine Liebe zählen.«[20] Theresias schlüssige Antwort kennen wir schon: »Worauf es ankommt, ist nicht, viel zu denken, sondern viel zu lieben; tu also, was immer dich zur Liebe anreizt.«[21]

J. Mary Luti beschreibt, aus welcher Quelle Theresia letztlich ihren reformerischen Mut und Eifer schöpfte:

> *Das Gebet war für sie Quelle und Instrument ihres Muts, ihrer Verwegenheit und ihres Verlangens. Wer nicht betete, also eine tiefe und dauerhafte Freundschaft mit Gott pflegte, der konnte die tragfähigen Wirklichkeiten nicht kennen und schätzen, auf denen authentischer Mut aufbauen musste. Im und durch das Gebet entstanden Selbsterkenntnis und Gotteserkenntnis in befreiender Verachtung gegenüber den Werten der Welt und in Furchtlosigkeit vor ihren betörenden Täuschungen – Lob, Tadel, Ehre, Ruhm, Reichtum, Status, intellektueller Stolz und alles andere. Gebet machte die Seele unvorstellbar kühn: Die heldenhaften Leistungen der Heiligen, ihre nahezu tollkühnen und verrückten Taten waren für Theresia nur dadurch zu erklären, dass diese Frauen und Männer Leute waren, die durch das Gebet in Gott geborgen waren.«*[22]

Angesichts der Hingabe Theresias an Gott und ihrer Entschlossenheit, durch ihr Leben Gottes Willen widerzuspiegeln, möchten wir noch einmal an die entscheidenden Fragen im Leben des Mentorands erinnern: Wer ist Gott? Wer bin ich? Was will Gott durch mich für sein Reich tun? Die folgenden Fragen sollen Ihnen helfen einzuschätzen, wie nahe Sie Ihren Zielen für das geistliche Mentoring schon gekommen sind:

- Haben Sie den persönlichen Ruf erkannt, den Gott in Ihr Leben hineingelegt hat?
- Was ist Ihr einmaliger, nur auf Sie zugeschnittener »Einsatzort« in Ihrer Welt?

➢ Wer in Ihrer Welt hilft Ihnen, die Kühnheit und den Mut zu finden, Sie für Ihren gottgegebenen Ruf freizusetzen?
➢ Wer nimmt Ihnen den Mut, Ihrem Ruf zu folgen?
➢ Welche Institutionen, Themen, Gruppen oder Personen sollten Ihre Stimme hören, sei es allein oder zusammen mit anderen?
➢ Was glauben Sie heute, nach Wochen oder Monaten des Mentorings, was Gott mit Ihrem Leben im Sinn hat?

Im Atrium

Wir saßen im Atrium eines Hotels in einem belebten Stadtviertel. Über uns eine Baumkrone, auf dem Tisch eine Kanne dampfend heißer Kaffee und ein Buch, das zum Abschluss gebracht werden wollte. Wir saßen da und rangen darum, welche Kapitel, welche Abschnitte hineinkommen und welche gestrichen werden sollten. So viele historische Mentoren sind zu Wort gekommen. Wir kennen ihre Geschichten und einiges von dem, was sie zum Werk des geistlichen Mentorings beigetragen haben.

In unserer Vorstellung blickten wir auf und sahen unsere sieben Freunde von den Seiten der Geschichte hereinkommen und sich an unseren Tisch setzen. Alle waren da: Augustinus aus Nordafrika, Aelred aus Rivaulx in England, Johannes vom Kreuz und Theresia von Avila aus Spanien, zusammen mit Ignatius von Loyola, Jeanne Guyon aus Frankreich und Juliana aus Norwich in England. »Woran arbeitet ihr heute?«, fragten sie. »Wir stellen uns die Frage: Woran erkennen wir, ob die Mentoranden gewachsen sind?

Jetzt, nachdem wir die ganze Arbeit mit der Anziehung, dem Schaffen von Vertrauen und Nähe, dem Entwickeln der Beziehung durch Disziplinen und Übungen fürs Wachstum hinter uns haben, wie können wir erkennen, ob es im Leben unserer Mentoranden wirklich Wachstum gegeben hat?« Und wir baten unsere sieben Freunde, es uns zu sagen. Ihre Antworten lauteten folgendermaßen:

Augustinus (wer sonst?) eröffnete das Gespräch. »Wenn dein Mentorand dem Herzen Gottes näher gekommen ist, dann kannst du sagen, dass du deine Aufgabe als Mentor gut erfüllt hast. Einsicht in göttliche Wahrheit ist wichtig, doch nur, wenn die Menschen auch Fortschritte in der Beziehung zu Gott und der Identität als geliebte Söhne und Töchter Gottes gemacht und Schritte zu einer aktiven Verantwortung im Reich Gottes getan haben.« Er teilte uns mit, was er als Mentor in dieser Hinsicht von Gott gesagt bekam: »Solchen also, denen du mir zu dienen befiehlst, werde ich enthüllen, nicht, was ich war, sondern was ich jetzt bin und noch sein werde.«[23]

Juliana stimmte ihm rasch zu. »Das vorübergehende Leben, das wir hier in unseren Sinnen führen, weiß nicht, was unser wahres Selbst ist, es sei denn im Glauben. Wenn wir erst wahrhaftig und klar erkennen und sehen, was unser Selbst ist, dann werden wir auch wahrhaftig und klar Gott, unseren Herrn, in der Fülle der Freude sehen und erkennen. Und darum kann es nicht anders sein, als dass wir uns, je näher wir der Seligkeit kommen, um so mehr nach ihr sehnen, und das sowohl von Natur aus als auch durch die Gnade. ... Und darum kommt es uns sowohl von Natur aus als auch durch die Gnade zu, mit all unserer Kraft Verlangen und Sehnsucht zu haben, unser Selbst zu erkennen. Denn in dieser Fülle der Erkenntnis werden wir wahrhaftig und klar unseren Gott erkennen, in der Fülle endloser Freude.«[24]

Wer ist Gott? Die Nähe zu Gott war der Ausgangspunkt für unser Gespräch und eignet sich gut als Ausgangspunkt für die Einschätzung der Befähigung von Mentoranden. In welcher Hinsicht sind Sie näher zu Gott gekommen?

Ignatius führte uns weiter, indem er darauf hinwies, dass wir auf unserer geistlichen Reise sowohl ein Wissen um unsere Dunkelheit als auch ein Verständnis des Besten in uns entwickeln. »Während dieser geistlichen Übungen gelangt man zu einem Verständnis der Wirklichkeit und Bösartigkeit der eigenen Sünden, das tiefer ist, als wenn man nicht so auf innere Dinge konzentriert wäre.«[25] Selbsterkenntnis, fügte er hinzu, dient nicht nur unserem eigenen Bewusstsein, sondern auch unserem Dienst. Unsere letzte Identität finden wir, wenn wir von Christus erfahren und lernen, was es bedeutet, uns für die Ehre Gottes im Dienst für ihn hinzugeben. »Hier geht es darum, um eine innere Erkenntnis alles Guten, das ich empfangen habe, zu bitten, damit ich, von tiefer Dankbarkeit bewegt, fähig werde, seine göttliche Majestät zu lieben und ihm in allen Dingen zu dienen.«[26]

Jeanne Guyon ergriff das Wort und sagte: »Im Grunde sprechen wir hier über genau die Sache, die dazu geführt hat, dass die frühe Kirche ihr Leben und ihre Schönheit verlor. Es war der Verlust einer tiefen inneren, geistlichen Beziehung zu Christus. Umgekehrt könnte die Kirche bald wiederhergestellt sein, wenn diese innere Beziehung zurückgewonnen würde!«[27]

Die stille Theresia beobachtete uns interessiert und sagte gelassen: »Doch diesen Herrn verlangt es sehr danach, dass wir ihn lieben und die Gemeinschaft mit ihm suchen; so sehr, dass er uns von Zeit zu Zeit ruft, ihm besonders nahe zu kommen. Und seine Stimme ist so lieblich, dass die arme Seele vergehen müsste, wenn sie nicht sofort täte, was er ihr aufträgt.«[28] »Meiner Meinung nach werden wir uns selbst niemals völlig erkennen, wenn wir nicht danach streben, Gott zu erkennen. Indem wir seine Größe betrachten, wird uns unsere eigene Niedrigkeit bewusst; indem wir auf seine Reinheit schauen, sehen wir unseren eigenen Schmutz; indem wir über seine Demut nachdenken, sehen wir, wie weit wir davon entfernt sind, demütig zu sein.«[29]

Jeanne Guyon bat um das Wort und sagte: »Wenn du dich mit Äußerlichkeiten abgibst, treibst du eigentlich nur deine Seele von deinem Geist weiter nach außen. Je mehr dein Geist auf diese äußerlichen Dinge ausgerichtet ist, desto weiter entfernt ist er von seiner Mitte und seinem Ruheort! Das Ergebnis dieser Art Selbstverleugnung ist das Gegenteil von dem, was du suchtest. Leider ist es genau das, was einem Gläubigen immer widerfährt, wenn er sein Leben an der Oberfläche lebt.«[30]

»Was ist also von dir gefordert?«, sinnierte sie. » Alles, was du tun musst, ist, beständig darin zu bleiben, Gott deine äußerste Aufmerksamkeit zuzuwenden. Er wird alles vollkommen machen. Die Wahrheit ist, dass nicht jeder fähig zu strenger äußerer Selbstverleugnung ist, aber jeder ist fähig, sich nach innen zu wenden und sich ganz Gott hinzugeben.«[31]

Wer bin ich? Unsere letzte Identität als geliebte Kinder Gottes war die zweite Antwort, auf die sie alle verwiesen. Selbsterkenntnis ist letzten Endes Gotteserkenntnis. Nähe zu Gott erzeugt ein vertieftes Wissen um unsere eigene Identität als geliebte Kinder Gottes. Wir sterben unserem Selbst und entdecken eine neue Tiefe des Selbst, indem wir lernen, uns selbst durch die wohlwollenden Augen der Liebe Gottes zu sehen.

Theresia betonte engagiert, dass Gott einfach Freude an unseren Seelen hat. Für Theresia wird unsere Identität zuerst von Gott definiert, von Gott gegeben und von Gott geformt und erst in zweiter Linie durch Beziehungen und Beruf ausgeprägt. Johannes vom Kreuz erinnerte uns daran, dass wir die Sicherheit des vertrauten, bekannten Selbst verlassen müssen, um das wahre Selbst tief in unserer Seele zu entdecken. Nähe zu Gott führt zu der Befähigung, unsere letzte Identität als geliebte Kinder Gottes zu erkennen.

In einem schienen alle mit Madame Guyon übereinzustimmen: dass das Leben für die Freude da ist. »Unser höchster Zweck ist es, Gott ... in diesem Leben zu genießen. Gott zu genießen! Das ist der wahre Zweck, für den wir geschaffen wurden. ... Gott dienen heißt herrschen.«[32] Juliana lächelte: »Das Suchen mit Glauben, Hoffnung und Liebe gefällt unserem Herrn; das Finden gefällt der Seele und erfüllt sie mit Freude.«[33] Sie konnte nicht aufhören: »Unser Herr ist voller Heiterkeit und Freude wegen unseres Gebets. Denn durch seine Gnade macht es uns dem Zustand nach ihm so ähnlich, wie wir es der Art nach sind; und so entspricht es seinem seligen Willen.«[34] Und hört weiter zu, sagte sie, »denn es gefällt ihm, in unserem Verstand mit Segen zu herrschen, in unserer Seele mit Ruhe zu sitzen und in unserer Seele endlos zu wohnen, um uns ganz in ihn umzugestalten. In diesem Umgestalten ist es sein Wille, dass wir seine Helfer sind und ihm unseren ganzen Verstand übergeben; dass wir seine Gesetze lernen, seine Ratschlüsse halten, danach verlangen, dass alles geschehe, was er tut, und wahrhaft auf ihn vertrauen. Denn wahrlich, ich habe gesehen, dass unser Innerstes in Gott ist.«[35]

Johannes, der am anderen Ende des Tisches still zuhörte, schaltete sich ein: »Gott teilt das Geheimnis der Dreieinigkeit mir als Sünder auf solche Weise mit, dass es mir, wenn seine Majestät nicht meine Schwäche durch eine besondere Hilfe stärkte, unmöglich wäre zu leben.«[36] Ignatius, der jede Gelegenheit nutzte, die anderen zu lehren, sagte: »Menschliche Wesen sind geschaffen, um Gott, unseren Herrn, zu preisen, zu ehren und ihm zu dienen, und dadurch ihre Seele zu retten.«[37]

Wir unterbrachen sie mit unseren eigenen Fragen: »Eure Worte hören sich so an, als wäre das Leben reifer Nachfolger Jesu passiv oder ginge ganz in mystischen Akten der Anbetung und des Lobpreises auf. Ist das das Ziel unserer geistlichen Entwicklung – eine mystische Vereinigung mit Christus zu erleben?«

Ignatius antwortete rasch: »Liebe sollte sich mehr durch Taten als durch Worte zeigen.«[38] Während der Kontemplationszeiten forderte er seine Mentoranden auf, sich zu fragen: »Was habe ich für Christus getan? Was tue ich für Christus? Was sollte ich für Christus tun?« Er drückte es noch konkreter aus: »Liebe besteht in einem gemeinsamen Teilen von Gütern; zum Beispiel gibt und teilt der Liebhaber mit seiner Geliebten, was er besitzt, oder etwas von dem, was er hat oder geben kann; und umgekehrt teilt die Geliebte mit dem Liebhaber.«[40]

Theresia, die Lehrerin der mystischen Vereinigung mit Christus, schaute in die Runde und nickte zustimmend. »Eine letzte Bitte: Die Liebe sollte nicht träge sein. Jemand, der seiner Majestät so nahe ist, muss mit besonderer Sorgfalt und Aufmerksamkeit die Tugenden ausüben und dabei besonders auf die Liebe zum Nächsten, die Demut (das Verlangen, als der Geringste eingeschätzt zu werden) und das treue Versehen seiner alltäglichen Pflichten achten.«[41] Die Folge einer innigen Verbindung zu Jesus werden gute Werke sein. »Wenn also auch unsere Werke klein sind, werden sie für ihn den Wert haben, den unsere Liebe verdient hätte, wären es große Werke gewesen.«[42] Es war offensichtlich ihre Überzeugung, dass die Vertiefung der engen Beziehung zu Gott ein Leben ermöglicht, das durch den Heiligen Geist geleitet und befähigt zu einem wirkungsvollen Dienst an anderen führt.

Ignatius war begeistert: »Denkt doch daran, wie viele Menschen, Apostel, Jünger und dergleichen der Herr der ganzen Welt sich erwählt. Er sendet sie durch die ganze Welt, um seine Lehre unter Menschen jeden Standes und in allen Lebensumständen zu verkünden.«[43]

Aelred sagte: »Mit allen Mitteln, die uns zu Gebote stehen, sollten wir die Schwachen aufrichten, die Gebrechlichen stützen, die Kranken trösten und die Zornigen beschwichtigen. Außerdem sollten wir das Auge eines Freundes so sehr achten, dass wir nichts zu tun wagen, was unehrenhaft ist, oder nichts zu sagen wagen, was sich nicht gehört.«[44]

Theresia wurde nachdenklich. »Lasst uns begreifen, (...) dass die wahre Vollkommenheit darin besteht, Gott und den Nächsten zu lieben. Je vollkommener wir diese beiden Gebote halten, desto vollkommener werden wir sein.«[45]

Was soll ich mit meinem Leben tun? Gott hat uns in unserer Einzigartigkeit berufen, seine Mitarbeiter zu werden. Weil ich in der Nähe Gottes lebe und weiß, dass ich von Gott geliebt bin, entdecke ich in mir die Befähigung, dem Ruf zu folgen, ein Leben um des Reiches Gottes willen zu leben und an andere zu verschenken.

Juliana hatte das letzte Wort, als sie die drei Befähigungen zusammenfasste, die uns gezeigt wurden: Nähe zu Gott, Identität als geliebte Kinder Gottes, Entdeckung des einzigartigen Rufs für den Dienst im Reich Gottes. »Wenn wir unseren Verstand durch das Wirken von Barmherzigkeit und Gnade an die Liebe und die Sanftmütigkeit hingeben, werden wir ganz weiß und rein gemacht. ... Hier können wir sehen, dass er selbst diese Liebe ist; und er tut an uns, wie er uns lehrt, an anderen zu tun. Denn in der Fülle seiner endlosen Liebe zu uns und zu unseren Mitchristen will er, dass wir ihm gleich sind. ... Er will, dass wir die Sünde selbst hassen und die Seele des Sünders unendlich lieben, so wie Gott sie liebt; dann würden wir die Sünde hassen, wie Gott sie hasst, und die Seele lieben, wie Gott sie liebt.«[46]

Wir wollten schon aufbrechen, als Theresia ein Lied anstimmte:

»Mein Gott,
lass mich singen von deiner Barmherzigkeit
für alle Ewigkeit,
denn dir hat es gefallen,
sie so großzügig über mir auszubreiten,
dass alle staunen, die es sehen,
und ich selbst mich darüber wundere;
dann stimme ich Loblieder für dich an.«[47]

Dann schloss sie mit einem anderen Lobgesang an Gott:

»O Gott, deine Güte ist unendlich:
Ich sehe deutlich, wer du bist
und wer ich bin.
O Freude der Engel,
wenn ich jenen himmelweiten
Unterschied zwischen uns betrachte,
sehne ich mich danach, völlig verzehrt zu werden
von Liebe zu dir. ...

Leben aller Leben,
du verurteilst nicht, die dir vertrauen
und dich zum Freunde wünschen:
So erhältst du das Leben des Leibes
und gibst ihm Gesundheit
zusammen mit dem Leben der Seele.«[48]

Weitere Denkanstöße für den Mentor
1. Was wird Ihnen durch den Ruf im Leben Ihres Mentoranden, den Sie gemeinsam mit ihm entdecken durften, neu über Gott bewusst?
2. Inwieweit versuchen Sie aktiv, die einzigartige Berufung Ihres Mentoranden freizulegen, so dass er dem Ruf Gottes mit seinen gottgegebenen Gaben antworten kann?
3. Welche Herausforderungen haben Sie Ihrem Mentorand gegeben, um Wege zum Dienen, zum Lieben, zum Geben und zur Verkündigung des Evangeliums in der Öffentlichkeit zu suchen?
4. Wie leben Sie Ihrem Mentoranden vor, sich in dieser Welt zu engagieren, statt sich vor Leid und Schwierigkeiten zurückzuziehen?

Weitere Denkanstöße für den Mentorand
1. Inwiefern fangen Sie an, Ihren eigenen Ruf zu entdecken?
2. In welche Richtung(en) öffnen sich die Fenster Ihrer Seele? In welche Richtung bewegen Sie die Bilder von Juliana – nach innen oder nach außen?
3. Wie spiegelt Ihr Leben eine innige Beziehung zu Gott wider?
4. Woher beziehen Sie Ihre Identität?
5. Was ist Ihrer Wahrnehmung nach Ihr einzigartiger Ruf, Ihre Berufung für den Dienst im Reich Gottes?

Anhang

Anhang 1
Clintons Mentoring-Typen

J. Robert Clinton unterscheidet neun Typen von Mentoring-Beziehungen, die sich wiederum in drei Kategorien einteilen lassen

Aktive Mentoring-Beziehungen

1. **Nacharbeiter** (vermittelt Grundlagen der Nachfolge Christi)
   - Gebet: Sprechen und Hören
   - Wort: Aufnehmen und Anwenden
   - Gemeinschaft: Annehmen und Einbeziehen
   - Dienst: Erleben und Entdecken
   - Lehre: Theologische Perspektiven vorgeben

2. **Geistlicher Wegweiser** (vermittelt Rechenschaft, Wegweisung und Einsicht für Entscheidungen)
   - Vertieft den geistlichen Reifegrad des Gläubigen
   - Befasst sich mit Problemen des inneren Wachstums
   - Schätzt das geistliche Leben des anderen ein
   - Versucht, innere geistliche Motivation zu erzeugen
   - Gehört zum Wirken des Heiligen Geistes
   - Konzentriert sich in erster Linie auf das Wachstum der Nähe zu Gott
   - Ist wesentlich für die Charakterbildung
   - Ermutigt zum Weitergehen auf der Reise des Glaubens
   - Bietet Perspektiven für ein wirksameres Leben des Dienstes

3. **Coach** (vermittelt Motivation, Fähigkeiten und Anwendungen zur Erfüllung einer Aufgabe)
   - Leitet eine auf Fähigkeiten ausgerichtete Beziehung
   - Bietet Motivation
   - Vermittelt Fähigkeiten
   - Gibt konkrete Sachkenntnis weiter
   - Teilt erwünschte Fähigkeiten in »mundgerechte« Stücke auf
   - Kann sanfte, aber feste Disziplin beibringen
   - Konzentriert sich auf Gehorsam und Verantwortlichkeit

Die aktiven Mentoring-Beziehungen erfordern regelmäßigen Austausch und eine klare Zielvorstellung, während Sie alle fünf Mentoring-Phasen durcharbeiten, die im Anderson-Reese-Modell des geistlichen Mentorings aufgeführt sind.

Gelegentliche Mentoring-Beziehungen

4. **Ratgeber** (bietet zur rechten Zeit Rat zur Einstellung zu sich selbst, zu anderen, zu den Umständen und zum Dienst)
   - Wendet die geistliche Gabe der Ermahnung an
   - Er gibt sich nicht-professionell und informell
   - Bietet zur rechten Zeit Rat und Perspektiven für angehende Leiter
   - Bietet Anreiz, das eigene Potenzial zu nutzen

5. **Lehrer** (Kenntnisse und Verständnis eines bestimmten Wissensgebietes)
   - Format kann formell oder informell sein
   - Befähigung steigt mit der Informalität
   - Bietet Motivation zum Lernen
   - Konzentriert sich auf Integration von Theorie und Praxis
   - Stellt sich auf unterschiedliche Lernstile ein

6. **»Sponsor«** (vermittelt berufliche Beratung und Unterstützung innerhalb einer Organisation)
   - Beeinflusst andere
   - Setzt sich innerhalb der Organisation für seinen Mentorand ein
   - Vernetzt Ressourcen, um Entwicklung zu fördern
   - Bietet anderen Unterstützung, damit sie ihr Potenzial ausschöpfen
   - Bietet berufliche Beratung und Schutz
   - Kann Aufstieg zur Leiterschaft beschleunigen
   - Bringt die Entwicklungsbedürfnisse des Einzelnen und der Organisation zur Übereinstimmung

Gelegentliches Mentoring besteht vor allem aus Anziehung, Aufgeschlossenheit und Befähigung, während eine Beziehung und Rechenschaft nicht unbedingt erforderlich sind (Clinton 1991: 6.1).

Passive Mentoring-Beziehungen

7. **Zeitgenössisches Vorbild** (ein lebendes, persönliches Vorbild, das zur Nachahmung anreizt)
   - Ein Weg, um Wertvorstellungen und Fähigkeiten zu erlangen
   - Ein eigenverantwortliches Nachahmungs-Modell des Mentorings
   - Ein Weg, um der eigenen Bestimmung auf die Spur zu kommen

8. **Historisches Vorbild** (Persönlichkeit der Vergangenheit, die dynamische Prinzipien lehrt)
➤ Beispiele von Leuten, die »gut ans Ziel« kamen
➤ Notwendigkeit, sich auf konzentrierte Leiterschaft zu zu bewegen
➤ Stets verfügbare Quelle der Motivation
➤ Ein Weg zum nachahmenden Erlernen von Fähigkeiten und Wertvorstellungen

9. **»Kontakt mit Gott«** (eine Wegweisung oder Erkenntnis durch göttliches Eingreifen im richtigen Moment)
➤ Entscheidende Begegnung, die das Leben dramatisch prägt
➤ Günstige Fügung, um an Ressourcen und Möglichkeiten zu gelangen
➤ Quelle von Perspektive, Klärung, Bestätigung und Motivation
➤ Strategische Stimme in Zeiten der Krise oder Abgrenzung

Die passive Kategorie bietet eine reichhaltige Quelle des Mentorings ohne die Notwendigkeit einer Mentoring-Beziehung (Clinton 1991: 2.23).

Anhang 2
Moderne Definitionen für geistliches Mentoring

William A. Barry und William J. Connolly
»Wir definieren also christliche geistliche Wegweisung als eine Hilfestellung, die ein Christ einem anderen gibt und die diese Person befähigt, auf Gottes persönliches Reden zu achten, diesem persönlich redenden Gott zu antworten, immer mehr die Nähe Gottes zu suchen und die Konsequenzen dieser Beziehung auszuleben.«

(1983: 8)

Besondere Gesichtspunkte:
➢ Mentor hilft Mentorand, auf das zu »hören«, was Gott dem Mentorand sagen möchte.
➢ Mentorand antwortet Gott.
➢ Mentorand wächst in Nähe zu Gott.
➢ Mentorand ist verantwortlich dafür, die Weisungen, die sich aus seinem Wachstum ergeben, in sein Leben umzusetzen.

Marie Coombs und Francis Nemeck
»Geistliche Wegweisung befasst sich demnach damit, den spiritualisierenden Einfluss Gottes im Innern des Angeleiteten zu erkennen, wie er sich in und durch seine/ihre Gedanken, Gefühle, Wünsche, Pläne, Aktivitäten und Beziehungen manifestiert. (...) Indem sie gemeinsam auf Gott hören, erkennen Wegweiser und Angeleiteter seinen Einfluss im Innern des Angeleiteten wie auch die geistliche Richtung, in die er weist.«

(1984: 66).

Besondere Gesichtspunkte:
➢ Mentor und Mentorand erkennen Gottes Einfluss im Leben des Mentoranden.
➢ Ansatz beeinflusst verschiedene Dimensionen des Daseins des Mentoranden.
➢ Mentor und Mentorand »hören« gemeinsam auf Gottes Handeln.
➢ Gott leitet das geistliche Leben des Mentoranden an.

Tilden Edwards
»Ein geistlicher Freund zu sein heißt, der Arzt einer verwundeten Seele zu sein. Und was tut ein Arzt, wenn jemand mit einer blutenden Wunde zu ihm kommt? Drei Dinge: Er reinigt die Wunde,

bringt die getrennten Teile wieder zusammen und verordnet Ruhe. Das ist alles. Der Arzt heilt nicht. Er bietet nur eine Umgebung, in der der dominante natürliche Prozess der Heilung seinen Lauf nehmen kann. Der Arzt ist in Wirklichkeit eher Hebamme als Heiler.«

(1980:125).

Besondere Gesichtspunkte:
- Vertrautheit der Mentoring-Beziehung fördert Wachstum.
- Mentor schafft Atmosphäre, in der Reinigung geschehen kann.
- Mentor schafft Bewusstsein für inneres Leben.
- Mentor gibt Anregungen, um Gottes Handeln im Leben des Mentoranden zu verstärken.
- Gott ist es, der heilt.

Richard J. Foster
»Was ist der Zweck eines geistlichen Wegweisers? (...) Seine Wegweisung besteht schlicht und einfach darin, uns zu unserem wahren Wegweiser zu führen. Er ist das Mittel Gottes, um den Pfad zur inneren Belehrung des Heiligen Geistes zu bahnen.«

(1988: 185).

Besondere Gesichtspunkte:
- Prozess führt Mentorand zu Erfahrung mit Gott.
- Mentor bietet Atmosphäre, in der die innere Bewegung des Heiligen Geistes entdeckt werden kann.

Margaret Guenther
Geistliche Wegweisung heißt, »Gottes erstaunliches Wirken in uns und unter uns im Alltag des menschlichen Daseins zu erkennen. (...) Sie unterstreicht die Forderungen absoluter Verantwortung und die Verheißung absoluter Vergebung.«

(1992: xiii).

Besondere Gesichtspunkte:
- Methode erkennt Gottes inneres Wirken im Leben des Mentoranden.
- Prozess führt zur Erkenntnis der Vergebung.
- Prozess ruft zur Verantwortung auf.

Alan W. Jones
»Das Ziel der geistlichen Wegweisung ist es, uns zu helfen, in Kontakt mit Jesus als dem Schlüssel zur wahren Gemeinschaft zu bleiben. (...) Geistliche Wegweisung versucht, uns durch das Mittel der Gemeinschaft tiefer in das zweifache Mysterium Gottes und unserer selbst hineinzuführen.«

(1982: 47)

Besondere Gesichtspunkte:
➢ Methode fördert
   – Nähe zu Gott
   – tiefere Fragen der Spiritualität
   – Verstehen des eigenen Selbst
   – Nähe in der Mentoring-Beziehung.

Jean Laplace
»Wegweisung kann definiert werden als die Hilfe, die ein Mensch dem anderen gibt, im Glauben er selbst zu werden.«

(1988: 26)

Besondere Gesichtspunkte:
➢ Wegweisung wird im Kontext einer Mentoring-Beziehung erreicht.
➢ Mentor fördert Selbsterkenntnis des Mentoranden.
➢ Mentor schafft Atmosphäre für verantwortliches geistliches Wachstum des Mentoranden.

Kenneth Leech
»Es ist eine Kunst, die beinhaltet, die Regungen des Heiligen Geistes in unserem Leben zu erkennen, bei der schwierigen Aufgabe, diesen Regungen gehorsam zu sein, zu helfen, und Unterstützung in den wesentlichen Lebensentscheidungen zu bieten, die unsere Glaubenstreue erfordert.« (Zusammenfassung der Gedanken Leechs über geistliche Wegweisung von Henri Nouwen 1977: vi).

Besondere Gesichtspunkte:
➢ Geistliche Wegweisung bietet
   – Erkenntnis des Handelns Gottes
   – Rechenschaft und Motivation
   – Ermutigung
   – enge Beziehung, die das Entdecken der Nähe zu Gott ermöglicht.

Thomas Merton
»Der ganze Zweck der geistlichen Wegweisung ist es, die Oberfläche des Lebens eines Menschen zu durchdringen, hinter die Fassade der konventionellen Gesten und Einstellungen zu kommen, die er der Welt präsentiert, und seine innere geistliche Freiheit herauszubringen, seine innerste Wahrheit, die das ist, was wir das Bild Christi in seiner Seele nennen.«

(1960: 16).

Besondere Gesichtspunkte:
➤ Geistliche Wegweisung
  – fördert Authentizität beim Mentorand
  – deckt tiefere Dimensionen des geistlichen Lebens auf
  – beeinflusst Handeln und Einstellungen
  – ermöglicht Entdeckung der geistlichen Identität
  – erfordert unverblümte Offenheit und Urteilsvermögen des Mentors.

Eugene Peterson
»Dies ist die Hirtenaufgabe, die historisch als Seelsorge bezeichnet wird. (…) Seelsorge ist also die von der Schrift geleitete, im Gebet gestaltete Fürsorge, die Personen einzeln oder in Gruppen zuteil wird, um ihnen zu helfen, sich auf das Wesentliche zu konzentrieren. (…) Seelsorge ist das bewusste Wahrnehmen der Tatsache, dass Gott bereits die Initiative ergriffen hat. (…) Gott war bereits eifrig und strategisch zur Rettung am Werk, bevor ich auf dem Plan erschien, bevor mir klar wurde, dass es hier etwas für mich zu tun gibt.«

(1989: 66-69).

Besondere Gesichtspunkte:
➤ Geistliche Wegweisung
  – basiert auf der Bibel
  – wird in einer betenden Haltung gestaltet
  – geschieht einzeln oder in Gruppen
  – erkennt das bereits vorhandene Wirken Gottes im Mentorand
  – versucht, auf das zu hören, was Gott im Leben des Mentoranden bereits tut
  – erfordert Urteilsvermögen und geistliche Einfühlsamkeit des Mentors.

Anhang 3
Eine Auswahl klassischer christlicher Autoren

Augustinus 354-430	Aelred von Rivaulx 1110-1167	Juliana von Norwich 1342-1416	Ignatius von Loyola 1491-1556	Theresia von Avila 1515-1582	Johannes vom Kreuz 1542-1591	Jeanne Guyon 1648-1717

Augustinus (354-430)
»Mein Hüter genügt mir. (...) Solchen also, denen du mir zu dienen befiehlst, werde ich enthüllen, nicht, was ich war, sondern was ich jetzt bin und noch sein werde. Doch auch mich selbst verurteile ich nicht. So werde ich also Gehör finden.«

(Weber 1994: 130)

Schwerpunkt des Autors in diesem Buch:
Augustinus' Beitrag zu diesem Buch findet sich in Kapitel 3, »Die Kunst des guten Anfangs«. Augustinus' Einsichten geben den Ton an, wenn wir versuchen, den Mentor herauszufordern, der Weisheit dieses Heiligen zu folgen: »Ziehe sie durch dein Leben an.«

Aelred von Rivaulx (1110-1167)
»Hier sind wir. Du und ich, und ich hoffe, ein Dritter ist auch anwesend – Christus selbst. Da sonst niemand da ist, um uns zu stören, öffne dein Herz und lass mich hören, was du zu sagen hast.«

(Laker 1977: 51)

Schwerpunkt des Autors in diesem Buch:
Wir sprechen über dieses Vorbild der geistlichen Freundschaft in Kapitel 4, »Vertrauen und Nähe aufbauen«. Aelreds Gesichtspunkte beziehen sich auf die Notwendigkeit, einen gastfreundlichen Raum für die geistliche Mentoring-Beziehung zu schaffen.

Juliana von Norwich (1342-1416)
»Ich sage euch mit voller Wahrheit, dass all unsere unendliche Freundschaft, unser Stand, unser Leben und unser Sein in Gott sind.«

(Weber 1994: 386)

Schwerpunkt der Autorin in diesem Buch:
Juliana von Norwich kommt in Kapitel 7, »Das Ziel – die Befähigung«, zur Sprache, ein passendes Kapitel für diese widerstandsfähige Frau, die inmitten der Dunkelheit einer schwierigen Zeit des Umbruchs ihre Mentoranden anleitete, den einzigartigen Ruf in ihrem Leben für den Dienst im Reich Gottes zu entdecken.

Ignatius von Loyola (1491-1556)
»Denn genau wie ein Spaziergang, eine Fußwanderung oder ein Dauerlauf körperliche Übungen sind, so bezeichnen wir als geistliche Übung jede Art und Weise, die Seele vorzubereiten und zu bewegen, sich von allen ungeordneten Neigungen zu befreien und nach dieser Befreiung den Willen Gottes für unser Leben zur Errettung unserer Seele zu suchen und zu finden.«

(Ganss 1991: 121)

Schwerpunkt des Autors in diesem Buch:
Ignatius von Loyola kommt in Kapitel 6, »Die Gnade der Rechenschaft«, zu Wort. Seine Übungen bieten eine zeitlos gültige Anleitung, die dem Mentor hilft, den Mentorand während der geistlichen Mentoring-Beziehung zur Rechenschaft anzuhalten.

Theresia von Avila (1515-1582)
»Es ist wunderbar, wenn man mit jemandem reden kann, der über diese Seelenburg spricht, wenn man sich nicht nur zu denen hält, die sich offenbar in den gleichen Räumen aufhalten wie man selbst, sondern zu jenen, von denen man weiß, dass sie dem Raum in der Mitte schon näher gekommen sind. Gespräche mit solchen Menschen werden uns von großem Nutzen sein, und wir können so viel mit ihnen reden, dass sie uns dahin bringen, wo sie sind.«

(Kavanaugh und Rodriguez 1980: 300)

Schwerpunkt der Autorin in diesem Buch:
Kapitel 5, »Offen und belehrbar«, enthält die Schwerpunkte der Einsichten Theresias. Die Gebetsbewegung der »sieben Räume« oder »Wohnstätten« hilft dem Mentor, den Mentorand durch die verschiedenen Stufen des Gebets zu führen, um eine größere Aufgeschlossenheit für das innere Wirken des Heiligen Geistes zu erreichen.

Johannes vom Kreuz (1542-1591)
»Diese Wegweiser sollten bedenken, dass sie selbst nicht die Handelnden, Führer und Beweger der Seelen in dieser Sache sind, sondern dass der wichtigste Führer der Heilige Geist ist, der die Seelen nie vernachlässigt, und dass sie Werkzeuge sind, um sie durch den Glauben und das Gesetz Gottes nach Maßgabe dessen, was der Geist Gottes jedem gibt, zur Vollkommenheit zu führen.«

(Kavanaugh und Rodriguez 1979: 627)

Schwerpunkt des Autors in diesem Buch:
Auch Johannes vom Kreuz hat in Kapitel 5 das Wort. Sein Leben reflektiert den Kern dieses Kapitels über »Aufgeschlossenheit«, weil

er sich dem Mentoring durch Theresia von Avila unterordnete. Johannes' Gebetshaltung in der »dunklen Nacht der Seele« kann für den Mentorand wie für den Mentor in bestimmten Situationen eine große Hilfe sein, um beim Mentorand eine Aufgeschlossenheit für die Führung durch den Heiligen Geist zu bewirken.

Jeanne Guyon (1648-1717)
»Die Menschen sind es seit jeher gewohnt, Leute zu heilen, indem sie ihnen irgendein Mittel für den äußerlichen Leib verabreichen, wenn doch in Wirklichkeit die Krankheit tief im Innern sitzt. Warum bleiben Bekehrte trotz aller Anstrengungen im Grunde unverändert? Weil diejenigen, die über ihnen stehen, sich nur mit den Äußerlichkeiten ihres Lebens befasst haben. Es gibt einen besseren Weg: Geh direkt ins Herz! (…) Lehre den Gläubigen, Gott in seinem eigenen Herzen zu suchen.«

(G. Edwards 1975: 121)

Schwerpunkt der Autorin in diesem Buch:
Madame Jeanne Guyon wurde von politischen und geistlichen Führern aufgesucht, weil sie fähig war, einen sicheren Raum zu schaffen, in dem der geistliche Sucher lernen konnte, Gottes Wegweisung zu entdecken. Aus diesem Grund verdient sie zu Recht einen Platz neben Aelred von Rivaulx in Kapitel 4, »Vertrauen und Nähe aufbauen«.

Anhang 4
Eine persönliche Zeittafel aufstellen

Diese Anregungen sind aus Clintons »Dienst-Zeittafel« entnommen. Eine detaillierte Analyse der Fortschritte, die ein Leiter entlang der Dienst-Zeittafel macht, findet sich in J. Robert Clinton, »Leadership Emergence Theory« (Altadena, Kalifornien: Barnabas, 1989). Der Zweck dieser Übung ist es, einem angehenden Leiter zu ermöglichen, seinen Entwicklungsstand zu analysieren. Ein entscheidendes Ereignis ist definiert als eine Beziehung, eine Erfahrung oder ein Umstand von großer Bedeutung, die sich als prägend für die persönliche Entwicklung erwiesen haben.

Phase I	Phase II	Phase III	Phase IV
Grundlagen	Wachstum	Schwerpunkt	Konvergenz

A ⟶ B ⟶ A ⟶ B ⟶ C ⟶ A ⟶ B ⟶ A ⟶ B ⟶ C

Phase I: Grundlagen
A Souveräne Grundlagen: Frühprägung des Charakters, der Persönlichkeit und der Wertvorstellungen
B Übergang zur Leiterschaft: Erste Schritte zur Entdeckung des Dienstes und der Berufung

Phase II: Wachstum
A Vorläufig: Erste Versuche mit vollzeitlichen Aufgaben
B Wachstum: Nutzen bekannter Begabungen, Entdeckung der bevorzugten Rolle und des Leiterschafts-Schwerpunktes
C Kompetenz: Dienste versehen in Rollen, die zu der Begabung passen; Identitätsfragen kommen auf

Phase III: Schwerpunkt
A Rollenübergang: Bewegung zur Übereinstimmung in Gaben, Rolle, Leidenschaft und Berufung
B Einzigartigkeit: Von einer geistlichen Autoritätsbasis aus mit einzigartiger Effizienz leiten

Phase IV: Konvergenz
Besondere Führung: Bewegung auf eine Rolle zu, die sich auf das Erbe konzentriert
B Konvergenz: Erfüllung der persönlichen Bestimmung
C Spätwirkungen: Nachwirkung, wenn einer gut ins Ziel gekommen ist; geistliche Autorität

Schritte zur Entwicklung einer persönlichen Zeittafel

✶
_____

_____
Ihr Geburtsdatum

1. Zeichnen Sie eine horizontale Linie und tragen Sie links Ihr Geburtsdatum und rechts das heutige Datum ein.

2. Markieren Sie das Datum, an dem Sie Ihren beruflichen oder nebenberuflichen Dienst begonnen haben.

3. Zeichnen Sie entscheidende Ereignisse zwischen dem Geburtsdatum und dem Eintritt in den Dienst ein (Phase I).

4. Lesen Sie in Ihrem Tagebuch entscheidende Ereignisse während dieser »Grundlagen«-Phase nach.

5. Zeichnen Sie entscheidende Ereignisse zwischen dem Dienstantritt und dem heutigen Datum ein.

———————————————————▶

_____
Heute (Datum)

6. Zeichnen Sie verschiedene »Perioden« oder Diensterfahrungen in dieser zweiten Phase ein.

7. Lesen Sie in Ihrem Tagebuch entscheidende Ereignisse und Diensterfahrungen während dieser Phase nach.

8. Analysieren Sie Ihre Entwicklungsfortschritte anhand der obigen Zeittafel.

9. Stellen Sie eine Liste der verbindenden Aspekte auf, die sich aus Ihrer Zeittafel-Geschichte ergeben.

10. Sprechen Sie mit einem geistlichen Mentor über die Aspekte aus Ihrer Zeittafel.

Anhang 5
Empfehlenswerte Bücher über geistliches Mentoring

Egner-Walter, Ute
Das innere Gebet der Madame Guyon (München: Vier-Türme-Verlag, 1989)
Augustinus, Aurelius
Bekenntnisse (München: dtv, 1997)
Augustinus, Aurelius
Über den Lehrer / De magistro (Ditzingen: Reclam, 1998)
Theresia von Avila
Sämtliche Schriften der heiligen Theresia von Jesu,
in 6 Bänden (München: Kösel)
Henri Nouwen
Adam und ich. Eine ungewöhnliche Freundschaft (Freiburg: Herder, 1998)
Johannes vom Kreuz
Sämtliche Werke (München: Kösel)
Ignatius von Loyola
Geistliche Übungen (Würzburg: Echter, 1998)
Howard Hendricks, William Hendricks
Man(n) braucht Freunde. Persönlich wachsen durch lebendige Beziehungen (Gießen: Brunnen, 1998)

Anmerkungen

Kapitel 1: Glaube ist Nachahmung

1. **Thomas à Kempis,** The Imitation of Christ (Grand Rapids, Michigan: Zondervan, 1967), S. 1.
2. **George Lane**, Christian Spirituality: An Historical Sketch (Chicago: Loyola University Press, 1984), S. v.
3. **Elizabeth A. Dreyer,** Earth Crammed with Heaven (New York: Paulist, 1994), S. 34.
4. **Tilden Edwards**, Spiritual Friendship: Reclaiming the Gift of Spiritual Direction (New York: Paulist, 1980), S. 35.
5. »God's Grandeur«, in Poems and Prose of Gerard Manley Hopkins, hg. von **W. H. Gardner** (Baltimore: Penguin, 1963), S. 27.
6. **Walter Brueggemann,** The Creative Word (Philadelphia: Fortress, 1982), S. 1.
7. **Kenneth Leech,** Soul Friend: An Invitation to Spiritual Direction (San Francisco: Harper, 1977), S. 41.
8. Ebenda.
9. Ebenda, S. 68.
10. **Hopkins**, »God's Grandeur«.
11. **W. B. Yeats,** The Variorum Edition of the Poems of W. B. Yeats, hg. von Peter Allt und Russel K. Alspach (New York: Macmillan, 1977), S. 553.
12. **Barbara Brown Taylor,** The Preaching Life (Boston: Cowley, 1993), S. 15.

Kapitel 2: Was ist geistliches Mentoring?

1. **Thomas Merton,** Spiritual Direction and Meditation (Collegeville, Minnesota: Order of St. Benedict Press, 1960), S. 16.
2. **Jeanne Guyon,** Experiencing the Depths of Jesus Christ, hg. von Gene Edwards (Beaumont, Texas: Seed Sowers, 1975), S. 143f.
3. Ebenda, S. 7f.
4. **Philip Babcock Gove** (Hg.), Webster's Third International Dictionary (Springfield, Massachusetts: G. & C. Merriam, 1981), S. 1412.
5. **J. Robert Clinton**, The Mentor Handbook (Altadena, Kalifornien: Barnabas, 1991).
6. **Eugene Peterson,** The Contemplative Pastor: Returning to the Art of Spiritual Direction (Carol Stream, Illinois: Christianity Today; Dallas: Word, 1989), S. 119.
7. **Alan Jones,** Passion for Pilgrimage (San Francisco: Harper, 1989), S. 4.
8. Ebenda, S. 20.

9. **Irenäus,** Five Books of Saint Irenaeus, Bishop of Lyons, Against Heresies, hg. von John Keble (Oxford: J. Parker, 1872), 4.40.6.
10. **Margaret Guenther,** Holy Listening: The Art of Spiritual Direction (Cambridge, Massachusetts: Cowley, 1992), S. xi.
11. **Eugene Peterson,** Under the Unpredictable Plant: An Exploration in Vocational Holiness (Grand Rapids, Michigan: Eerdmans, 1992), S. 75.
12. Ebenda, S. 16.
13. Ebenda, S. 86.
14. **Merton,** Spiritual Direction, S. 16.
15. **Peterson**, Contemplative Pastor, S. 69.
16. **Leech**, Soul Friend, S. vi.
17. **Theresia von Avila,** The Autobiography of St. Theresia of Avila, hg. von E. Allison Peers (New York: Doubleday/Image, 1960), S. 41f.
18. **Phil Cousineau,** The Art of Pilgrimage (Berkeley, Kalifornien: Conari, 1998), S. xxiii–xxiv.
19. **Thomas Groome,** Educating for Life: A Spiritual Vision for Every Teacher and Parent (Allen, Texas: Thomas More, 1998), S. 416.
20. **Carolyn Gratton,** The Art of Spiritual Direction (New York: Crossroad, 1992), S. 36f.
21. **Theresie von Lisieux,** Story of a Soul: the Autobiography of St. Theres of Lisieux, Übers. John Clarke (Washington, D.C.: Institute of Carmelite Studies, 1975), S. 113.
22. Zitiert nach **A. Aaudreau,** The Degrees of the Spiritual Life (London, Burns & Oates, 1926), 2:245.
23. **Ignatius von Loyola,** The Spiritual Exercises of Ignatius Loyola, Übers. Anthony Mottola (New York: Image, 1964), S. 15.
24. **Ted Engstrom,** The Fine Art of Mentoring (Brentwood, Tennessee: Wolgemuth & Hyatt, 1989), S. 15.
25. **Bob Biehl,** Mentoring (Nashville: Broadman and Holman, 1996), S. 59.
26. **Peterson,** Contemplative Pastor, S. 183, 185.
27. Ebenda, S. 186.
28. Ebenda.

Kapitel 3: Die Kunst des guten Anfangs

1. **James M. Houston,** Einleitung zu Bernard von Clairvaux, The Love of God, und Aelred von Rievaulx, Spiritual Friendship, hg. von James M. Houston (Portland, Oregon: Multnomah Press, 1983), S. xiv.
2. Ebenda.
3. **Marie Theresa Coombs** und **Francis Kelly Nemeck**, The Way of Spiritual Direction (Collegeville, Minnesota: Liturgical, 1985), S. 48.
4. Aus **Timothy P. Weber** (Hg.), The Treasury of Christian Classics (Nashville: Thomas Nelson, 1994), S. 5.
5. **Augustinus,** The Letters of Saint Augustine, hg. von John Leinenweber (Liguori, Missouri: Triumph, 1992), S. 99.

6. **Eugene Peterson,** Leap over a Wall (San Francisco, HarperCollins, 1997), S. 3f.
7. **Clinton,** The Mentor Handbook, Kapitel 7, S. 1.
8. **Theresia von Avila,** The Book of Life 9.8. Siehe Theresia von Avila, The Collected Works, Übers. Kieran Kavanaugh und Otilio Rodriguez (Washington, D.C.: Institute of Carmelite Studies, 1976), 1:73.
9. **Aelred von Rievaulx**, Spiritual Friendship, Übers.: Mary Eugenia Laker (Kalamazoo, Michigan: Cistercian, 1977), S. 72f.
10. Ebenda, S. 83.
11. Ebenda, S. 84.
12. Ebenda. S. 84f.

Kapitel 4: Vertrauen und Nähe aufbauen

1. **Clinton,** The Mentor Handbook, Kapitel 2, S. 16.
2. **Parker Palmer,** To Know As We Are Known: A Spirituality of Education (San Francisco: Harper & Row, 1983), S. 69.
3. Ebenda, S. 69–75.
4. **Houston,** Einleitung, S. xvi.
5. Ebenda, S. xxviii.
6. **Aelred**, Spiritual Friendship, S. 71.
7. Ebenda, S. 72.
8. Ebenda.
9. Ebenda, S. 91.
10. Ebenda, S. 93.
11. Ebenda, S. 103.
12. Ebenda, S. 105.
13. Ebenda, S. 112f.
14. Ebenda, S. 122.
15. Ebenda, S. 131.
16. **Henri Nouwen,** Ministry and Spirituality (New York: Continuum, 1996), S. 217.
17. Ebenda, S. 218.
18. Ebenda, S. 219.
19. **Henri J. M. Nouwen**, Adam, God's Beloved (Maryknoll, N. Y.: Orbis 1997) S. 81 u. 82.
20. **Aelred,** Spiritual Friendship, S. 120.
21. **Peterson**, Leap over a Wall, S.60f.
22. **Andrew Greeley,** Andrew Greeley's Chicago (Chicago: Contemporary, 1989), Titelblatt.
23. **Aelred,** Spiritual Friendship, S. 51.
24. **Theresia von Avila,** Collected Works, 3:119f.
25. **Dallas Willard**, The Spirit of the Disciplines (San Francisco: HarperSanFrancisco, 1988), S. 31.
26. **Theresia von Avila**, Perfect Love (New York: Doubleday/Image, 1995), S. 146.

Kapitel 5: Der Geist der Belehrsamkeit

1. **Clinton,** The Mentor Handbook, Kapitel 2, S. 17.
2. Ebenda.
3. **Theresia von Avila,** The Book of Life 9.8. Siehe Theresia von Avila, Collected Works, 2:25.
4. **J. Mary Luti,** Teresa of Avila's Way (Collegeville, Minnesota: Liturgical, 1991), S. 87.
5. **Cheslyn Jones, Geoffrey Wainwright** und **Edward Yarnold** (Hg.), The Study of Spirituality (Oxford: Oxford University Press, 1986), S. 365.
6. **Johannes vom Kreuz,** The Ascent of Mount Carmel, in Selected Writings, hg. von Kieran Kavanaugh (New York: Paulist, 1987), S. 143.
7. Zitiert nach **Luti**, Theresia of Avila's Way, S. 68.
8. Ebenda, S. 69.
9. **Theresia von Avila,** The Interior Castle, übers. und hg. von E. Alison Peers (New York: Doubleday/Image, 1989), S. 197.
10. Ebenda, S. 162.
11. Ebenda, S. 14f.
12. Ebenda, S. 28.
13. Ebenda, S. 76.
14. Ebenda, S. 231.
15. Ebenda, S. 229.
16. The Collected Works of St. John of the Cross, Übers. Kieran Kavanaugh und Otilio Rodriguez (Washington, D.C.: Institute of Carmelite Studies, 1979), S. 13.
17. **Johannes vom Kreuz**, Selected Writings, S. 201.
18. Ebenda.
19. Collected Works of St. **John of the Cross,** S. 83.
20. Ebenda.
21. Ebenda, S. 164.
22. Ebenda, S. 77f.
23. Ebenda, S. 78.
24. Ebenda, S. 164.
25. Ebenda, S. 168.
26. Ebenda, S. 173.
27. Ebenda.
28. Ebenda, S. 174.
29. Ebenda, S. 175f.
30. Ebenda, S. 176.
31. Ebenda, S. 177.
32. Ebenda.
33. Ebenda, S. 178.
34. Ebenda, S. 185.
35. **Johannes vom Kreuz**, Selected Writings, S. 78f.
36. Ebenda, S. 185.

Kapitel 6: Die Gnade der Rechenschaft

1. **Thomas R. Kelly**, A Testament of Devotion (San Francisco: Harper, 1969), S. 93.
2. **Clinton**, The Mentor Handbook, Kapitel 2, S. 18.
3. **Ignatius von Loyola,** The Spiritual Exercises and Selected Works, hg. von George E. Ganss (New York: Paulist, 1991), S. 10.
4. Ebenda, S. 40.
5. Ebenda, S. 49.
6. Ebenda, S. 50f.
7. **Leech,** Soul Friend, S. 149.
8. **Ignatius von Loyola,** The Spiritual Exercises of St. Ignatius, Übers. Louis J. Puhl (Chicago: Loyola University Press, 1951), S. 1.
9. Ebenda, S. 78.
10. Ebenda, S. 69.
11. Ebenda, S. 82.
12. Ebenda, S. 90
13. Ebenda, S. 103.
14. Ebenda, S. 102.
15. **Leech,** Soul Friend, S. 59.
16. Collected Works of St. **John of the Cross,** S. 63.
17. **Leech,** Soul Friend, S. 149.
18. **Ignatius**, Spiritual Exercises, Übers. Puhl, S. 142.
19. Ebenda.
20. Ebenda, S. 143.
21. Ebenda, S. 15.
22. **Leech,** Soul Friend, S. 149.
23. **Ignatius,** Spiritual Exercises and Selected Works, Hg. Ganss, S. 177.
24. Ebenda, S. 54.
25. Ebenda, S. 25.
26. Ebenda, S. 29.
27. Ebenda.
28. Ebenda, S. 165–187.
29. **Daniel Taylor**, The Healing Power of Stories (New York: Doubleday, 1996), S. 21.
30. **Ignatius,** Spiritual Exercises, Übers. Puhl, S. 15.
31. **Joseph Allen**, Inner Way: Toward a Rebirth of Eastern Christian Spiritual Direction (Grand Rapids, Michigan: Eerdmans, 1994), S. 109.
32. **Groome**, Educating for Life, S. 165.
33. **Wendy Miller,** Learning to Listen (Nashville, Tennessee: Upper Room, 1993), S. 33.
34. **Dallas Willard**, The Divine Conspiracy: Rediscovering Our Hidden Life in God (San Francisco: HarperSanFrancisco, 1998), S. 357f.
35. Ebenda.
36. Ebenda, S. 361.

37. Ebenda, S. 363.
38. **Guyon,** Experiencing the Depths of Jesus Christ, S. 145f.
39. Ebenda, S. 150.
40. Ebenda, S. 7f.
41. Ebenda, S. 9f.
42. **James Fowler,** Stages of Faith (San Francisco: Harper & Row, 1981).

Kapitel 7: Das Ziel – die Befähigung

1. **Gordon Cosby**, Handbook for Mission Groups (Waco, Texas: Word, 1975), S. 98.
2. **Annie Dillard,** The Writing Life (New York: Haprer & Row, 1989), S. 68.
3. **Eugene Peterson,** Run with the Horses (Downers Grove, Illinois: InterVarsity Press, 1983), S. 13.
4. **Juliana,** Showings, S. 27.
5. Aus **Weber** (Hg.), Treasury of Christian Spiritual Classics, S. 331.
6. Ebenda, S. 332.
7. **Juliana,** Showings, S. 130.
8. Ebenda, S. 137.
9. Ebenda, S. 164.
10. Ebenda, S. 165.
11. Ebenda, S. 191.
12. Ebenda, S. 196.
13. Ebenda, S. 125.
14. Ebenda, S. 279.
15. Ebenda, S. 343.
16. Ebenda.
17. **Luti**, Theresia of Avila's Way, S. 148.
18. Ebenda, S. 76.
19. **Theresia von Avila,** Collected Works, 3:116–123.
20. **Johannes vom Kreuz,** Complete Works, S. 225.
21. **Theresia von Avila**, The Interior Castle, S. 76.
22. **Luti,** Theresia of Avila's Way, S. 77.
23. Aus **Weber** (Hg.), Treasury of Christian Spiritual Classics, S. 130.
24. Ebenda, S. 383.
25. **Ignatius**, Spiritual Exercises and Selected Works, Hg. Ganss, S. 135.
26. Ebenda, S. 176.
27. **Guyon,** Experiencing the Depths of Jesus Christ, S. 118f.
28. **Theresia von Avila,** Collected Works , 2:298.
29. Ebenda, 2:292.
30. **Guyon,** Experiencing the Depths of Jesus Christ, S. 50.
31. Ebenda, S. 51.
32. Ebenda, S. 92.
33. Aus **Weber** (Hg.), Treasury of Christian Spiritual Classics, S. 348.

34. Ebenda, S. 378.
35. Ebenda, S. 403.
36. Collected Works of St. **John of the Cross**, S. 31.
37. **Ignatius**, Spiritual Exercises and Selected Works, Hg. Ganss, S. 130.
38. Ebenda, S. 176.
39. Ebenda, S. 138.
40. **Ignatius**, Spiritual Exercises, Übers. Puhl, S. 101.
41. **Theresia von Avila,** Collected Works, 2:274.
42. Ebenda, 2:278.
43. **Ignatius**, Spiritual Exercises and Selected Works, Hg. Ganss, S. 155.
44. **Aelred,** Spiritual Friendship, S. 119.
45. **Peers** (1980), S. 295f.
46. Aus **Weber** (Hg.), Treasury of Christian Spiritual Classics, S. 376f.
47. **Theresia von Avila,** Praying with Saint Teresa, Zusammenstellung Battistina Capalbo, Übers. Paula Clifford (Grand Rapids, Michigan: Eerdmans, 1997), S. 17.
48. Ebenda, S. 37.

Für persönliche Notizen

Für persönliche Notizen